形如槁木身若磐石坚壁壁觀乃以入道谓我達摩達乎未也西来秋意付爾情之 敬作達摩尊者像一鲢

焚香看書人事都盡隔蕉花影松梢月上鐘馥忽度推窗仰眎河漢流雨大勝晝时非洗心滌慮未可獨契此語

鵬程

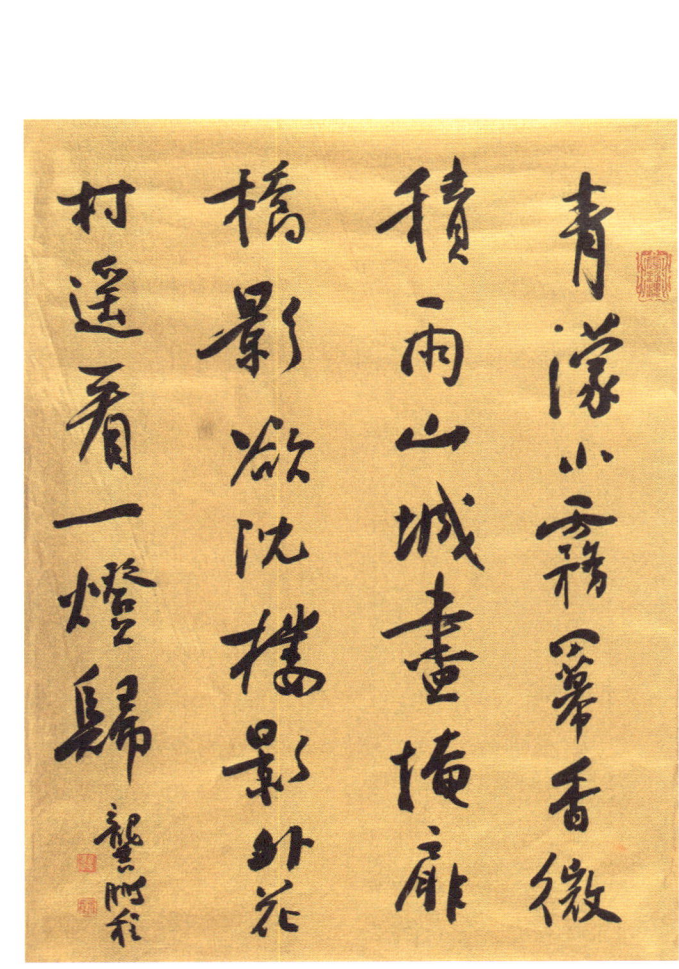

青漾小雾簦香微
積雨山城畫掩扉
橋影欲沈樓影外花
村遙看一燈歸
龍門舫

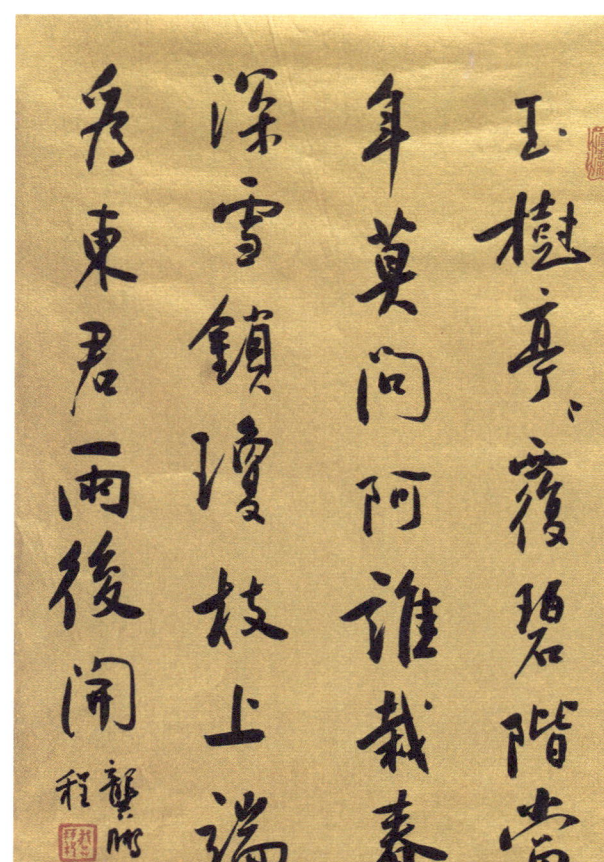

玉樹亭亭覆碧階當年莫問阿誰栽深雪鎖壇枝上端為東君雨後開

孟德斯鸠迷惑了中国

龚鹏程 著

海南出版社
·海口·

图书在版编目（CIP）数据

析理：孟德斯鸠迷惑了中国 / 龚鹏程著. -- 海口：海南出版社，2023.9

（龚鹏程文选）

ISBN 978-7-5730-1272-2

Ⅰ.①析… Ⅱ.①龚… Ⅲ.①东西文化-比较文化-文集 Ⅳ.① G04-53

中国版本图书馆 CIP 数据核字（2023）第 150261 号

析理——孟德斯鸠迷惑了中国
XILI——MENGDESIJIU MIHUO LE ZHONGGUO

作　　者：	龚鹏程
出 品 人：	王景霞
策　　划：	彭明哲
责任编辑：	张　雪
特约编辑：	蒋　浩　田　丹　高　磊
封面设计：	unclezoo
责任印制：	杨　程
印刷装订：	北京兰星球彩色印刷有限公司
读者服务：	唐雪飞
出版发行：	海南出版社
总社地址：	海口市金盘开发区建设三横路 2 号
邮　　编：	570216
北京地址：	北京市朝阳区黄厂路 3 号院 7 号楼 101 室
电　　话：	0898-66812392　　010-87336670
电子邮箱：	hnbook@263.net
经　　销：	全国新华书店
版　　次：	2023 年 9 月第 1 版
印　　次：	2023 年 9 月第 1 次印刷
开　　本：	787 mm × 1092 mm　1/32
印　　张：	10.75
字　　数：	195 千字
书　　号：	ISBN 978-7-5730-1272-2
定　　价：	68.00 元

【版权所有，请勿翻印、转载，违者必究】

如有缺页、破损、倒装等印装质量问题，请寄回本社更换。

目 录

近代思潮是退潮 ……………………………………………… 1
晚清所谓新派人物,皆处在创造性倒退中 ………………… 17
从龚自珍到黄遵宪 …………………………………………… 30
感应海洋的经络,在时间的面相下 ………………………… 44
媒体革命:中国报纸起于马六甲 …………………………… 52
不了解传统文人怎么理解近代人物? ……………………… 61
近代知识分子的教主人格问题 ……………………………… 75
西方传教士带来的不是科学,是一套话语体系 …………… 87
百年汉字屈辱史 ……………………………………………… 103
科学主义与科学无关 ………………………………………… 125
何以中国没有史诗? ………………………………………… 134
中西戏剧观念的差异 ………………………………………… 150
中西比较文化学到底应该比较什么? ……………………… 164
西方的情欲结合不良问题 …………………………………… 176
中国人不爱看相 ……………………………………………… 189
西方人文主义这面镜子里有中国人的镜像吗? ………… 202

i

孟德斯鸠迷惑了中国 …………………………………… 222
历史档案拍卖行里的中西文艺复兴 …………………… 233
权衡中西法学 …………………………………………… 246
鼓吹海洋文化者，该补补课了 ………………………… 264
一切以西方模式解释中国的讲法都该停下来 ………… 273
我们需要更多向不可能开放的经验 …………………… 281
为救中国，必须把它变成美国？ ……………………… 292
汉学研究的话语权应该回到中国 ……………………… 310
汉学是外国人研究中国的学问？ ……………………… 330

近代思潮是退潮

我有一首《昨夜》说:"昨夜秋江暗落潮,无边风雾压归桡。归来不解金貂醉,犹把书灯照宝刀。"诗总是意蕴丰富的,所以不能展开讲,兹只说点潮流的事。

一

谈到近代思想和哲学,一般都称之为"近代思潮",因为它还难以被称为思想,只是思想的浪花。而其潮起潮落、来往奔腾,又确如潮水一般,与其他时代比较稳定相比,且有主线的不同。这些思潮是相互竞争的,当时虽有胜负,但是非迄今未定。例如维新与革命、君主立宪与民主共和,当然是后者赢了,可是当时这样的选择是否一定好,终究难以断言。因为君主立宪未必就不能民主,老牌民主示范国的英国就至今仍是君主制,而民主制在中国似乎尚有水土不服的问题,故其中还大有讨论空间。同理,辛亥以后,政体上也有联省自治和中央郡县制之争。当时情境,自然是怕联省自治会使军阀割据正当化,造成实质分裂,但学理上是否一定只能是中央集权,就还可以研究。诸如此类,可说数不胜数。

二

我在台湾成长。现在许多人都以为那时台湾只有国民党,且设有党禁,不准成立其他政党。其实不然,至少还有青年党、民社党呢!青年党,是留法的曾琦、李璜等人1923年在巴黎成立的,初名"中国国家主义青年团",后定名为"中国青年党"。其自我定位为革命政党,以"国家主义"为宗旨。1949年后迁台。李璜等人旧学修养均极好,但其国家主义是糅合费希特与西方民族主义思潮而成的。另一个民社党,则以"国家社会主义"为大旗,由张君劢领导。张是著名的新儒家,但深受英国拉斯基(Harold Joseph Laski)和德国宪政的影响。前几年,张汝伦曾将中国现代自由主义思潮分为两路:一条为以胡适为代表的"西化自由主义";另一条为从梁启超开始,经"研究系"到第三方面的"本土自由主义",以张君劢为代表。张汝伦认为"'第三方面'提出的'中间路线',未尝不可说是今天在西方讨论的'第三条道路'的先声",二者的"根本目标却是完全一致的,这就是政治民主加经济民主,统称社会民主"。其目标也可以是全体中国人今天奋斗的目标。这种论点,就显示了民社党虽然弱小,思想上还是有一定分量。

三

放眼整个晚清、民国,这类事例可就太多了。如无政府主义,李石曾、吴稚晖、张静江、褚民谊、章太炎、刘师培、何震、张继、戴季陶、刘师复都是早期的推动者。1911年江亢虎甚至在上海成立了中国社会党,这也是中国近代第一个以"党"命名的政治团体。20世纪20年代,各地无政府主义社团多达三十多个,出版刊物七十多种,代表人物有黄凌霜、区声白,也有无政府个人主义派的朱谦之等,波澜壮阔。又如基尔特社会主义(Guild Socialism),梁启超、张东荪、梁漱溟等人都曾打起过它的旗号,出版"基尔特社会主义丛书",起草"基尔特社会主义国宪法",把罗素请来演讲等。一时潮涌,也颇为可观。在新人文主义方面,20世纪初期,则美国白璧德《文学与美国的大学》《新拉奥孔》《法国现代批评大师》《卢梭与浪漫主义》等亦震动一时,抨击欧洲过度放纵,呼吁节制情感,恢复人文秩序。梁实秋、梅光迪、吴宓等都曾受教其门下，深受其影响，归国以后也大力提倡了一阵。这些思潮后来的衰落，一般都认为是竞争不过苏联传来的列宁主义之故。但列宁主义之外也还有一个宣扬托洛茨基思想的"托派"。他们曾成立全国总干事会，由史唐任总干事长，陆一渊任宣传部部长，张特任组织部部长，在武汉、香港、广州、北京、哈尔滨等地建立了支部。1929年陈独秀则组织"无产者社"，1930年刘仁静又组织"十月社"，赵济组织"战斗社"。他们反对"一国建成社会主义"，提倡国际"不断革命"，只把俄国革命视为世界革命之一部分。

四

这些潮流，特征之一就是"潮流"，跟衣饰、化妆品一样，是时尚，是风潮。一时兴起，真如春花怒放、红蕊烧天，但风过去，也就过去了。春归，更无觅处。就是主张的人，也无定见，往往随风摇摆，变来变去，如梁启超所说今日之我常要否定昨日之我。事实上，这种情况从廖平以来已然，一个人动辄三变五变。像梁漱溟就写了《我对于心理学上见解的变迁》《中国民族自救运动之最后觉悟》《我们政治上的第一个不通的路——欧洲近代民主政治的路》《我们政治上的第二个不通的路——俄国共产党发明的路》等，走来走去，走不通就变，变到后来，以为是最后觉悟了，其实还是要变。在儒学与佛学间,更是同样游移不定。其他像熊十力本来是佛教唯识学,后来变成儒学新唯识论。刘师培本来革命排满,后来保皇。陈独秀本来鼓吹学欧洲,后来倡议学苏联,又后则悔之;本来要废汉字,后来则写《小学识字读本》……这样的名单可以不断开列下去。时尚化的同时,是唯"新"是务。思潮等于新潮,好不好无所谓,新就是好。大家都如时尚女郎追逐新款式那样,抢着挂上新的标签。新青年、新唯心论、新民主主义、新生活运动,求新求变,以摆脱保守、守旧、古老、传统、落后的印记。如此求新求变,自然就浅薄,因为来不及深化,也不需要。思想既成了服饰和化妆品,这一百多年当然就姿态很多,意义甚少。传统学问已经愈来愈生疏,引进的西方新潮也只是潮头三尺浪花而已。真在思想上能与西方颉颃的,一个都没有。引进新潮的明星们,皆是掮客或批发商,有些会稍作一点本土化处理,有些则根本省略了这些手续。他们经常吵来吵去,但常常是争论欧美苏日哪家产品更好些,或把各种思想的战场搬到中国来继续吵,又或争辩谁才是某家思想之正宗(如前面谈到的"托派"与列宁主义之争、20世纪二三十年代社会史大论战、20世纪60年代美学大论战等)。这类例子也无处不在。如五四新文化运动阵营与学衡派之争,就是彼此对西方的理解不同。学衡诸君较近于新人文主义。"科学与人生观"论战时,丁文江指出"张君劢的人生观,一部分是从玄学大家柏格森化出来的","西洋的玄学鬼到了中国,又联合了陆象山、王阳明、陈白沙高谈心性的一班朋友的魂灵，一齐钻进了张君劢的'我'里面"。张君劢也反唇相讥，指出丁文江抄袭皮尔逊。看起来，有点像买办互殴，令人哭笑不得（从这个意义上说，20世纪90年代以后兴起的国学热中的国学家、传统文化业者，就还真有些是没入近代思潮之门呢！大抵荒江老屋，抱一二遗经以说蒙学而已，是常以不懂西学自喜自诩的门外汉）。买办互殴的结果，往往所得并非真品，而是仿真的劣货。如"科学与人生观"论战中主张科学的胡适、丁文江、陈独秀、瞿秋白等人，表现出的是科学吗？不是，是科学主义！

科学主义认为科学是唯一的知识，科学方法是获取知识的唯一正确方法。哲学、艺术、历史、宗教、道德和社会科学，要么应被同化为科学，要么将被排除，不存在也不该存在。这种谬论，正是打着科学旗号的伪科学。不幸被这些伪品喂养着的人们，仰望这些带来新潮时尚的掮客，钦敬不已。现在网上称这些人是"带货王""时尚达人"；过去我们则称胡适、丁文江、陈独秀等为"大师"。

五

时尚化、新潮化、浅俗化、掮客化、伪劣化之外，还要看思想的环境。思想犹如商品，在西方生产出来了，需要有掮客、留学生、买办输送到中国。传输来了以后，还需要宣传、销售、售后服务来巩固客户。宣传和销售都有商场业务的竞争、冲突及效益问题。这在商场上会具体形成商战，在言论市场上也同样论战不断。由于都诉诸顾客，故商场上的各种尔虞我诈、合纵连横、争名夺利、营销策略均出现于思想领域。这些手段、争吵、骂战，虽都与思想之销售有关，却不是思想，只是些伎俩。可是它关系到思想的流通和盛衰。许多商品不是不好，而是销售不得法、不得力。反之，某些产品不怎么样，却因缘际会，卖得特别好。每个人想必都曾在我们周遭看到过无数这样的例子。而其成败，既有天时、地利、营销手段等差别，也还有思想外部力量之因素。外部力量，指钱、权和暴力。一个商家，若资金雄厚或善于运作金融杠杆（如孙中山、康有为），它的产品当然就很容易打败其他竞争者。何况这百年来的思想竞争，还不乏国外资本直接操作（如资助代理人）呢！同理，某主张某主义，想要壮大或实践，若得到政治力量之支持，当然也就容易成功得多。近代思潮多依附于政团，即是此理。依附之不足，便自己朝政党发展，建立组织，直接夺权。夺权主要靠"力"。所谓革命不是请客吃饭，更不是来说理的。因而秀才遇到兵，才会有理说不清。近代各种思想之背后，帮会、军阀、政党、政权的支撑乃是如影随形的。当然，秀才终还是有用。枪杆子出政权之后，喝彩的任务、其所以成功的理由、"替天行道"的大旗都需要他们扛起来。思想是"理"，天时、地利和营销构成"势",政治力是"权",武力和财力是"力"。四者能合,当然好,可是合得来吗?生产思想者,能同时做销售拉帮结派,每天算计权、钱、势者,思想与人格能不受斫伤?理本来是评量、论断权和势的,现在却反过来,谁得势、谁有权,也就是"谁拳头大谁有理",那还需要思想吗?几十年论战不休,而最终"万马齐喑究可哀",其原因如此。

六

晚清以降,还有一个大众文化得势的现成空间,促成了上述的思潮发展。晚清媒体革命,报纸、杂志、大众通俗读物井喷,常令分析者把它跟"启蒙"联系起来,沉醉在知识分子用小说、哲学、艺术启迪民智的自我炫耀、心理暗示中,窃喜不已。其实这都如公鸡自夸的打鸣。近代报刊乃是商品,媒体乃是企业,服务于教会、商家、政团、党派、无甚知识的小市民。其共同点,不是启蒙,是媚俗与魅俗。媚俗者,阿谀附从世俗;魅俗者,更会诱惑世俗社会庸众往下走,以更膻、更色、更腥、更消闲、更游戏、更无耻、更消费、更平庸恶俗为当然。从《消闲报》《游戏报》《福尔摩斯》《茶花女》到现在的《壹周刊》等,大众化、恶俗化从未停止其脚步。媒体当然也是近代思想的载体或传播渠道,但媒体提供的不是经典、严谨论述,而是大众可以消费的材料。这是它的本质,因为它也要"活着"。如果群众不买单,什么大师经典都要下架。故它提供的是话题——让人可以街谈巷议,而非深思熟虑、鞭辟入里之正论。就算译介思想巨著,也必浅尝即止,否则观众就看不下去。勉强尝个新鲜以后,也必须赶快换换口味,否则便要腻了。影艺界不断炒作明星八卦、话题绯闻并推出新人,同样是这个道理。如此这般商品化、大众化的时代,其非思想家时代,还用再说吗?

七

可是我们近百年之思潮最可哀或最诡谲之处,我觉得还不只在这些地方,而在于走出了一条学西方却又反西方之路。反西方,不是指用传统文化反西方。大家常以为这是一个问题,其实不是。传统早被打趴了,已被革了命,哪有能力反西方?前面已说了,近代思潮间虽有争论,可是开火各方都是用洋枪洋炮的。"五四"之前,严复之古文、康有为之维新、章太炎之革命、刘师培之《国粹学报》乃至整个国学运动,以及王国维、鲁迅等,都是后来讲传统文化的人的主要渊源,可哪个不是取径于日本和欧美?"五四"之后,对五四新文化运动弹别调者,学衡派接续新人文主义,马一浮、熊十力、梁漱溟引入佛学。熊与张君励还有近于柏格森处。方东美、唐君毅、牟宗三对中国哲学之阐发贡献最大,而且也都是从西学转手的(没有西学功夫的钱穆,其实只是因民族文化感情被敬重,实质思想贡献甚小。考证方面,说老子在庄子之后、《孙子兵法》是孙膑所作等都是笑话。义理部分,虽心仪宋明理学,可是既不懂佛教又不懂道教,析理也欠深入,往往停留在史事史料层面上,并没提炼出什么思想。晚学盲言,读来徒然令人神伤)。所以,不要再想象有一种"文化保守主义"或传统主义在对抗新潮。大家都是新潮之波,一波又一波。可是这么努力随波逐流,我们的整体流向却是跟西方大异其趣的。

不明白这一点真是非常有趣,让我举个例子。刘钟灵《20世纪初期中西现代诗歌交流探微》曾说,美国20世纪初期,兴起了轰轰烈烈的新诗运动,其中的主力军是以庞德为首的意象派和以T. S.艾略特为代表的象征主义诗歌。但他们具有现代性的创作手法却来源于东方,中国的古典诗歌为意象派所大力推崇。而在中国,几乎处于同一时期的五四新文化运动中,中国新诗诞生了,它的产生和发展却来自西方诗歌的译介与影响。这个对比与反差多么有意思!可是他的结论是,二者在20世纪初期共同发展,共同繁荣,这是中西文学交流史上的盛事。称之为盛事,是只着眼于交流。可是交流之结果是什么?是西方取我们传统之长,发展了他们的诗;我们则打倒了自己的诗传统,说那些只是死文学、贵族文学、山林文学,然后去学那效法中国的美国意象派和象征主义，说这就是我们的新诗。这其实还不只在美国。庞德他们本来就活动于美国与欧洲。20世纪初，欧美诗歌只是"对济慈和华兹华斯模仿的模仿"，故庞德及英国诗人托马斯·休姆、理查德·奥尔丁顿等人要反对它。苏联也一样。最重要的女诗人阿赫马托娃也深喜中国诗，翻译了《离骚》和大量李白、李商隐的诗。那么，你说，打倒西方如此推崇、学习的传统中国诗，是盛事还是哀事？

再来看戏剧。1906年冬，李叔同等留日学生在东京成立春柳社，次年演出了法国小仲马的《茶花女》，并仿照日本新剧（即日本人引进的西方戏剧）的样子，摒弃唱腔，改用口语对白演绎故事。这被认为是中国现代话剧史的开端。这年王钟声也在上海组建了第一个新式戏剧学校。1910年上海又成立了新剧团体——进化团，标榜新剧、进化，目的就是要打倒旧戏。他们认为旧戏野蛮，也反对最有传统意义的"唱"，故称新剧为话剧、文明戏。1918年6月，更大的炮火来了。由胡适轮值编辑的《新青年》推出"易卜生专号"，批驳张厚载发表的《新文学及中国旧戏》，提倡易卜生主义，大骂旧戏。钱玄同、周作人、刘半农都很激烈，带动了中国戏剧的全面新潮。骂旧戏、学西剧，很热闹，但怎么样呢？陈独秀说得很清楚："尊论中国剧，根本谬点，乃在纯然囿于方隅，未能旷观域外也。"不是学西方吗，何以陈独秀批评他们"囿于方隅，未能旷观域外"？

因为他们根本没搞清楚西方当时的思想及方向。

那时，欧洲的气氛正是学习东方，故1935年梅兰芳率剧团赴苏联演出，才会引起轰动（说来荒谬，旧戏之成就高峰其实在"五四"以后，新文化运动对它的恶诟丝毫不起作用）。2015年中国戏曲学院举办了"纪念梅兰芳1935年访苏演出八十周年国际学术研讨会"，谢尔巴克夫·瓦吉穆的论文《梅耶荷德的表演艺术对东方传统戏剧经验的借鉴》则说明梅耶荷德借鉴东方传统戏剧创立了"音乐喜剧"的概念。他认为梅兰芳不仅使梅耶荷德的艺术理论和实践得到了确证，还直接影响了他重排诗化喜剧《聪明误》。更重要的是，梅兰芳还影响了当时正在苏联访问的布莱希特。现在，一般都说世界戏剧有以斯坦尼斯拉夫斯基（Konstantin Sergeyevich Stanislavski，苏联戏剧家）、布莱希特（Bertolt Brecht，德国戏剧家）和梅兰芳为代表的三大表演体系。这当然有点自我吹嘘。但布莱希特见到梅兰芳确实深受影响。他那具有划时代意义的"陌生化效果"（Verfremdungseffekt）则与梅兰芳最有关系。Verfremdung在德语中具有"间离""疏离""陌生化""异化"等多重含义。布莱希特即以此革新欧洲的现实主义传统。他以反传统出发，后来成了西方的主流。本雅明、罗兰·巴特、阿尔都塞等都对他的思想多有阐发。在现代主义作为一种文化抵抗的思想资源的意义上，他和贝克特的剧作发生的影响同样巨大。后现代戏剧思潮也常认为布莱希特是后现代的开拓者。

这一大堆事，都是胡适那批推动戏剧新潮的人所看不到的。他们"囿于方隅，未能旷观域外"，还抱着老掉牙的易卜生和话剧，孜孜不倦地想启蒙、改造旧戏呢！20世纪80年代以后，国内对于引进布莱希特戏剧和其表演理论是非常热衷的，布莱希特理论也借此得以广泛进入中国的戏剧表演教育体系中，但仍是把它当成新潮、西潮，不去追溯布莱希特戏剧思想的中国传统渊源，反而继续用以改革中国戏，涌现了很多试图运用布莱希特的表演手法来改造中国戏剧的尝试。

再说电影。20世纪电影艺术的革命性进展，是蒙太奇手法的运用，代表人物是苏联的爱森斯坦。这种手法，来自他对汉字的理解。他本来就喜爱中国戏曲艺术。梅兰芳去苏联时，苏联对外文化协会出版《梅兰芳与中国戏剧》来迎接他，其中即收了爱森斯坦《梨园仙子》一文。

这也说明了当时西方主要是想从中国学点东西以发展自己，跟中国人学西方（学自中国的）东西以打倒或改造中国相反。什么都这样：引进西医，就是要打倒中医；引进西方法律，就是要改造中华法系；引进西方政体，就是要打倒封建帝制；引进国学运动，就是要整理国故，清算、打鬼；引进西方文学，就是要文学革命；引进西方哲学，就是要用西方哲学框架、术语及观念来整理、评判固有思想……引进的，常是西方学自中国或深受中国传统启发的；或者常是西方人批判、反省启蒙运动、工业文明、科技发展、现代社会的。

可是我们不管，一律视为现代思潮，一律用来打倒、改造我们的传统，以为这就可以改变现况，可以让我们现代化。

八

新文化运动百年，我们主要的思潮动态即是如此。以为这就是学西方，喊得震天价响，却与西方根本南辕北辙。其中的关键是：我们是滞后性学习，西方在批判创新。西方的崛起，从文艺复兴开始，挣脱神权，到大航海，发展殖民主义；接着是启蒙运动，进一步反教会、反封建；经过工业革命，建立科技化、工业化、都市化的现代文明。由于19世纪以后西方侵略我国日甚，所以我们深感在资本主义工业文明压制下的痛苦，开始"师夷长技"，先学科技、制度，再学思想，尤其关注卢梭、康德、洛克、孟德斯鸠、黑格尔。

我称这是滞后式学习，是刻舟求剑式的。根据船上刻的标记去找掉下的剑，殊不知船早已开远了。因为自19世纪后半叶以来，西方思想已有很大进展，仍在康德、洛克、孟德斯鸠、黑格尔那里摸索，早已落伍。而欧美这种进展，又是批判性的。一方面延续旧路，政教分离、世俗化、理性化、工业化、商业化、都市化、科技化，高举达尔文主义，进步再进步；一方面批判这五百年根本走错了路。

19世纪末，欧洲由蒸汽时代进入到电气时代，粮食增产、日用消费品需求的增长，刺激并鼓励了制造方法的革新和新兴市场的发展，提升了欧洲的制造能力，促使欧洲建筑业、交通运输业、通信业等领域产生了巨大变革。资本主义体系大繁荣，但其内部种种矛盾也开始激化，两种思潮迅速崛起。一是民族主义，推动了国家权力的发展。英国、俄国、法国以及新独立的意大利、德意志纷纷进行殖民扩张，甚至巴尔干地区的新兴民族国家也加入抢夺者的行列，新兴帝国主义遂成为新兴民族主义的表现。二是社会主义。工业革命后，工人阶级迅速扩增，如何缓和劳资矛盾、改善工人处境成为大问题。一种思路是促使各国政府通过法案来改善；或让工人阶级更积极地争取权益，懂得建立工会和将劳工团体组织起来；或者，让工人阶级翻身，打倒资本主义社会。总之，社会主义思潮及运动蓬勃兴起，马克思主义即属其中一支。

这两种思潮构成的总体环境底下，各文学、哲学、艺术、史学分支当然还各有表现，但这两者最重要。民族主义与帝国主义思潮既促使各国加剧侵略我国，也促成了欧战。社会主义思潮则促生了苏维埃社会主义共和国联盟及共产国际，带动世界革命，要推翻资本主义社会。所以这是个新时代，在这儿需要重新检讨之前的思路，质疑过去所提倡的一切，例如理性、科学、国家、工业化、都市化等，转向非理性思潮、生命哲学、人文主义、宗教、诗性与感性。

九

相比之下,我们的心灵仍震慑于18世纪到19世纪初的"欧洲现代文明",以理性、科学、民主、建国、现代化为目标。欧洲流行的民族主义、国家主义,当然也曾风行一时。那些质疑、批判、反对现代的非理性思潮、生命哲学、人文主义、宗教、诗性与感性也都是要排斥的。其实,19世纪后期发展出的这些反省、批判才最有意思,逐渐带出了后现代以及21世纪的新未来。邪恶的现代社会之癌,没裹挟住西方,使之如施本格勒所说"西方文化的没落",即因它有此内在的平衡力量和反省火花。我们没有,引进的主要近代思潮恰恰都是老掉牙且要被打倒或已打倒的。所以,原以为西潮是盛大的新潮,现在才知是苍凉的退潮呢!"昨夜秋江暗落潮,无边风雾压归桡。"如此潮流,焉能示人归趋?

晚清所谓新派人物，皆处在创造性倒退中

描述近代史，长期以来使用一种二分法框架：中与西、落后与进步、挑战与响应、封建与现代、旧与新。历史的发展，即被讲成是由旧趋新的过程，说其如何渐具现代性，而终于"走向世界"。

传统的封建落后因素，被认为对现代化之进展，基本上起了滞后的作用。所以进步的知识分子，都要向西方学习，都要对中国的社会"启蒙"，都要打破传统。

持此类观点以论史，已有百年。著作汗牛充栋，现在仍源源不绝地被制造出来，占据着新书发布会的宣传版面。

其实多是谬论，相关论述多可入《笑林广记》。

以下，我要告诉你：魏源、龚自珍、曾国藩、吴汝纶、严复、康有为、黄公度、章太炎等被贴上新派标签的人，总

方向都不是趋新或"向西方寻找真理",而是复古。当然每个人所谓的复古都不一样,但在这个旗号底下,大家都在做着"创造性后退"的工作。据他们看,这远比求新求变更为深刻、有力!

他们的工作是全面的,不只在政治领域要如此,更涉及诗、文、词、赋、经学、书法、佛学等各方面。所以最终,革命运动乃以发扬国粹、古学复兴的面目出现,并作为其精神内核。

一

先说魏源。每一本近代史著作都把他列为变法派的代表,或称他是地主阶级改革派,强调变古。

哈哈,魏源怎么就变古了?《海国图志》固然是"为师夷长技以制夷而作",但他说得明明白白:"然则执此书即可驭外夷乎?曰:'唯唯,否否!此兵机也,非兵本也;有形之兵也,非无形之兵也。'"什么才是兵本?就是人心。所以他引"欲平海上之倭患,先平人心之积患",主张觉人心、起人才。

《默觚下·治篇四》讲得更清楚:"医之活人,方也;杀人,亦方也。……秦以尽坏古制败,莽以剿袭古制败,何其异轨而同归耶?秦之暴,不封建亡,即封建亦亡,两晋八王之事可见已；莽之悖，复井田亡，不复井田亦亡，隋炀、朱梁之辙是矣。《诗》曰：'枝叶未有害，本实先拨。'"

人心是本，法是枝叶，变不变法，岂是重点？

而且他说不能轻易变法，"君子不轻为变法之议"。纵使要变，也须掌握这个原则："今必本夫古。"《皇朝经世文编叙》也说："善言古者，必有验于今矣。"

因此魏源论法，重点不在"革"而在"因"。所编《明代食兵二政录叙》曾说："以三代之盛，而殷因于夏礼，周因于殷礼，是以《论语》'监二代'，荀卿'法后王'，而王者必敬前代二王之后，岂非以法制因革损益，固前事之师哉！"

他哪是现今史家所描述的"主张尽变古法"的人呢？

依据"本与末""心与事""人与法""古与今""我与物""因与革"的架构，魏源认为前者才是本。只有掌握本，方能"有验于事""有资于法""有验于今""有乘于物"。所重在本，而不在于末事机权。

所以《圣武记叙》论圣王之武功，特别指出："故昔帝王处蒙业久安之世，当涣汗大号之日，必虩然以军令饬天下之人心，皇然以军食延天下之人材。"所重者仍然是人心与人才。

从这些所谓经世思想的文献上看是如此，若综合魏源其他方面的表现和文章来说，那就更明显了。

他为何要作《书古微》《诗古微》《小学古经》《大学古本》？

为何说"乌乎！古学之废兴，关乎世教之隆替"？

为何说"《大学》之要，知本而已。……此千圣之心，传六经之纲领也"，"蒙以养正，是谓教本"？

为何主张治古文者须"沿溯乎当代经术掌故，以求适乎姬、孔之条贯"？

又为何会作《老子本义》？

为何会受菩萨戒，强调"是心作佛，是心即佛"？

为何要反对乾嘉之所谓汉学，谓其不够古，只恢复到东汉，而致力于复西汉之今文学？

又为何会称赞龚自珍之学能够复古，强调做学问须"大则复于古，古则复于本"？

从"经世""变法""向西方学习"等角度，对于魏源这些行为，绝不能通贯地解释。只有脱离这些流行的分析模式，我们才能重新认识魏源。

一个本乎心、本乎经、本乎古的魏源，重新在向我们说话，"无一物不归其本，无一日不有太古也"。

二

又如黄公度。研究者都说黄氏是在日本见到维新改革的成绩，又接受了王韬早期改良主义之影响，所以编撰《日本国志》，号召国人向日本学习。

试检《日本国志》,便知此说大谬。

该书《学术志一》说得很明白:日本在战国时期,将军专政,士大夫不知有名义。德川家康以后,汉学日盛,"民益知义。逮外舶事起,始主攘夷,继主尊王以攘夷,终主尊王。皆假借《春秋》论旨,以成明治中兴之功,斯亦崇汉学之效也"。明治维新以后,汉学衰,西学盛,但"明治十二三年,西说益盛,朝廷又念汉学有益于世道,有益于风俗,于时有倡斯文会者,专以崇汉学为主"。

可见在黄公度眼中,明治维新本是汉学之效。后来西学虽盛,日人仍欲复倡汉学。

不但如此,明治维新中崇西学、废汉学之风,公度也不赞成,故于《学术志一》后以"外史氏"评论道,"狂吠之士,诋諆狎侮,以儒为戏。甚且以仁义道德为迂阔,以尧、舜、孔、孟为狭隘,而《孝经》《论语》举束高阁。……而日本学者,正赖习辞章、讲心性之故,耳濡目染,得知大义。……卒以成明治中兴之功。则已明明收汉学之效矣,安在其无用也耶"?

所以他预测,"汉学之兴,不指日可待乎"?他作《日本国志》若欲使国人有所借鉴,当然主要是对日本这段西化历程的反省。

这样的反省,价值判断甚为明显,根本不认为西学胜于中土,只是说西学源于墨子、用法类乎申韩、设官近于《周礼》、行政同于管子。既然都源于中国,那么,"礼失而求诸野",把我们自己失传而他人发扬光大之术学回来,自不必以学洋人为耻。

但西学不过申韩管墨而已,又怎么比得上儒术?依那套学问发展下去,必有大弊:"吾观欧罗巴诸国,不百年必大乱。……伏尸百万,流血千里。"

这是对西学的绝望。

这些,在一般史著中当然不会提到。大家都说他主张变法,主张向西方学习,却未注意到他说要学习西方时,都是"权说",只是要工具性地使用西学,而非变古以求新。因此他说:"西人每谓中土泥古不变,吾独以为变古太骤。三代以还,一坏于秦之焚书,再坏于魏晋之清谈,三坏于宋明之性命,至诋工艺之末为卑无足道,而古人之实学益荒矣。"

所以,大家都说黄公度要求新求变,其实他是复古的,期望恢复古人之实学。此学若复,不唯"西人之学,未有能出吾书之范围者也",更可避免西学之流弊。

公度之本怀如此,所以光绪二十八年(1902年)梁启超想办《国学报》时,他便复书云:"公谓养成国民,当以保国粹为主义,当取旧学磨洗而光大之。至哉斯言!恃此足以立国矣。"

三

魏源与黄公度，只是两个例子。扩大来说，从魏源到黄公度，文坛之趋势，与其说是骛新，不如说是复古。从曾国藩到章太炎，都如此。

由文体看，古文势力最大的仍是桐城派。

现在大家都说道光中期以后，政治思想都变了，桐城那一套孔孟程朱之道、起承转合之法，便已为有识之士厌弃了，代之而起的是龚自珍一类文章。其实桐城派在姚鼐以后，弟子管同、梅曾亮、方东树、姚莹都是名望高、影响大的人物，方东树尤为重要。古文文法且发展到诗法上去，对道咸以后诗坛之发展至为关键。光宣朝时，张裕钊、吴汝纶父子、马其昶、姚永朴、姚永概、严复、林纾等也都属于桐城文脉，可见声势浩大，未尝衰亡。

桐城派在发展中还衍生了另两支，一称阳湖派，一称湘乡派。称湘乡派，是曾国藩的缘故，他欲恢复姚鼐"义理、考据、辞章"三途合一之路，而以义理为核心。

古文之外，骈文同样复兴。古文运动之后，古文盛而骈文未衰，一直是并行的。骈文且有时文之势，具应世谐俗之用。而且乾嘉汪中、胡天游、袁枚、刘星炜、孙星衍、邵齐焘、吴锡麒、洪亮吉、曾燠、孔广森诸家俱起，势力甚张。阮元虽力倡文笔分立，以骈文为"文"，并不能遽视为"复兴"。

可是为何骈文本已流行，而阮元却要刻意高扬之？骈文并未中衰，为何看起来却在此时有复兴之势？

原因在于古文运动之后，骈文一直处在被攻击面。苏轼称韩愈"文起八代之衰"。八代之文，特色是俪体，而亦以其骈俪被鄙视。古文的正当性建立于此。骈文虽仍流行，但未曾正面反对这一论述，只是不理它，兀自发展着而已。作骈文的人，唐宋以下，各有传承，亦未为八代平反。

乾嘉前后，情况才有了变化。阮元上溯"文"之古义，以《易·文言》为依据，认为骈文才是文之正宗，挑战古文之古。骈文之势，自然大张。情形犹如阮元提倡北碑，挑战了帖学的传统权威之后，书法风气亦为之一变。

加上科举经义文在此时亦被视为骈文之分支，骈文的阵营当然更见堂皇。阮元说"四书排偶之文，真乃上接唐宋四六为一脉，为文之正统也"。明代古文家曾拉经义文到古文阵营中去，现在又被拉回到骈文传统中了。

阮元之后，李兆洛作《骈体文钞》，地位略等于古文中姚鼐的《古文辞类纂》。其他流行选本尚有曾燠《清骈体正宗》、姚燮《皇朝骈文类苑》、王先谦《骈文类纂》等。一时文士创作，多效唐宋四六；经史学者，多作古骈。风气所染，名家络绎。

这段时期，论赋重唐，浦铣还另选刻评注了唐宋律赋。嘉庆间顾莼评选《律赋必以集》，道光间潘遵祁编《唐律赋钞》，也都如此。

再就是律赋。乾隆以后,翰林院每年举行的庶吉士考试,考律赋。士子揣摩,自然少不了要对此道痛下功夫。乾隆时李调元《雨村赋话》、同治间李元度《律赋正鹄》皆大便于骈文之盛行。

辞赋复古,渐渐就由宋而唐,而六朝,而魏晋了。吴锡麒为王芑孙文集作序,说自己常想"由六朝而晋而魏,沿流溯源,上规作者。……以仰窥东京之盛",讲的就是这个意思。因此,同治年间马传庚选注《六朝唐赋读本》;王引之替汪中作行状,也夸他"陶冶汉魏,不沿欧曾王苏之派,而取则于古";道光间许梿编《六朝文絜》,更由赋而及于整个六朝文风的推扬。《六朝文絜》经黎经诰详加注解,成为训士之通行教材,八代文风乃全面恢复矣!

到后来,"八代"竟成一特殊词语,以"八代"相标榜者不乏其人;也用在诗上,例如王闿运即编有《八代诗选》。

另一种由唐宋上复魏晋的文风,则不说八代、六朝而说五朝,文章也不是骈体。这就是章太炎、黄侃一类人讲的魏晋文。

一般讲六朝,都说其玄学与骈文。章氏不以为然,故特立一个"五朝学"的名目,以东晋及宋、齐、梁、陈为五朝。但实际上他所论的思想与文风,仍兼摄魏和西晋,说魏晋学风不只是玄学而已,论礼、论政、论艺、论颐养都很精微,说经论礼之文尤佳,足以为文事之楷模。

他及他的门人都发扬这一路,故不同于讲六朝骈文一系，也不同于古文家。魏晋南朝说理文字之美，久遭遗忘，至此乃得复兴。包括《文心雕龙》这样的书，自来并不受重视，到清代才有纪昀、黄叔琳开始替它做简单的校注，到黄侃作《文心雕龙札记》才大获表彰。

诗，与文章相似，各自寻着模范，以就典型。学明七子宗唐诗的谭献，用一种新观点恢复七子的诗风。

曾广钧、曹元忠、张鸿、孙景贤、李希圣、汪荣宝等则是学北宋刘杨[①]诸家以上溯李义山的，曾刻《西砖酬唱集》以继西昆。用熏香掬艳之笔，比兴寄事，辄亦无愧诗史，名篇极多。

另一种风气却是更古的，学唐以前，绝不做唐以下语。如王闿运，平生探源八代，集中除五律外都是古体。汪国垣《光宣诗坛点将录》推之为"托塔天王晁盖"，亦可见其曾有领袖群伦之地位。风气所及，湖湘诗人颇多景从。

元明以来，诗家均虚尊汉魏，实法唐宋。明代陈祚明《采菽堂古诗选》、王夫之《古诗评选》都曾想改正风气，上溯汉魏以超越杜韩元白，可惜议论虽精，创作之才调不足。经此振刷，汉魏六朝诗才真正成为可学习、可效法的典范。

在文章方面，与推崇八代的人相似而不相同的，有魏晋

[①] 刘杨指刘筠、杨亿，西昆体诗人之代表。西昆体是北宋真宗时出现的一种文风，专从形式上模拟李商隐，讲求辞藻，多用典故。——编者

一路；相对地，有桐城古文一路，诗坛亦略相仿。章太炎云"吾辈平日好谈建安，次外陶、谢"，属于前者；而声势浩大的却是后者。

陈衍《石遗室诗话》开篇第一则就说："道咸以来，何子贞（绍基）、祁春圃（寯藻）、魏默深（源）、曾涤生（国藩）、欧阳磵东（辂）、郑子尹（珍）、莫子偲（友芝）诸老，始喜言宋诗。"其后又说此时"盖合学人、诗人之诗二而一之也"。这也是大趋势。

当时所谓"学宋"，实是以宋元祐为基础而上溯元和、开元，然后再由唐再上溯到元嘉。

所以它是以宋合唐、合六朝的大综合之路。此派在晚清声势最大，名家不可胜数，也正因它代表了大综合取向。同光体，或细分为闽派、江西派、浙派，而其实这个大方向是差不多的。

同光体又与桐城派颇有渊源。曾国藩在其中的作用，不可小觑，其直接间接衍为同光，并不奇怪。毕竟义理与辞章合、诗与文合、人与诗合，正是从桐城到同光发展的总体趋向。

词，在晚清大盛，面貌与方向亦与诗文相同，均是复古的。俞樾在《徐诚庵大令词律拾遗序》中把词跟清朝"义理、名物、声音、训诂，无一不实事求是，力求古初"相提并论，即是有见于此。

道咸以后，词坛因词人众多（叶恭绰《全清词钞》所录三千一百九十六位名家中,道咸以后的占一半左右)、词论发达(唐圭璋《词话丛编》所收古今词话,晚清占了三分之二,且精到逾于往昔),故词风词学非常多元,区域性特征也颇明显,如湘籍、粤东籍、闽籍词人之作风即未必与江浙相同。

但整体看,大方向正是复古,内在精神则是把词当诗来作,寻求"与经义诗赋方轨"。

把词当诗来作,主要是反对词出于流行歌曲的事实,为其另构一种身世,说它出自诗这个传统,源头即《诗经》。故其作词之法,亦是把汉人解《诗经》的比兴、讽喻、美刺那一套移来要求词人,如此才能使"词与经义诗赋方轨"。

说词源于《诗经》,属于诗的传统,叫作"尊体"。

总之,诗、赋、文、词,由其整体方向上看,都是复古的。通过复古而得伦理经世之意,则可以用魏源《〈诗比兴笺〉序》的话来说:"自《昭明文选》专取藻翰,李善《选注》专诂名象,不问诗人所言何志,而诗教一敝;自钟嵘、司空图、严沧浪有诗品诗话之学,专揣于音节风调,不问诗人所言何志,而诗教再敝。而欲其兴会萧瑟嵯峨,有古诗之意,其可得哉!"

对过去整个文学传统,他们颇有李白那种"大雅久不作,吾衰竟谁陈"之感,所以刻意复古。复古者寻找的典范各不相同,彼此攻伐,颇不一致,但复古的态度很统一,认为文学应是"仁圣贤人发愤之所作焉,岂第藻绘虚车已哉",

谓诵诗足以论世，且可知人阐幽，恐怕亦是共识。

把当时如此明显的复古趋向，硬解释为求新求变，当然是这一百年学者们努力不懈的功绩。指鹿为马，颠倒黑白，效果很是神奇。只不过，眼翳不可能久而不刮，墨镜不可能永远戴着，睁开眼来看清史实，终究是必要的。创造性后退，这个概念及其动向，才值得今后的人多想想。

从龚自珍到黄遵宪

2019年（己亥）是"龚自珍（号定盦）年"，有人仿作《己亥杂诗》，有人写书、发文或开会谈论他，好生热闹。

但熟题也不一定好作。刚上市的王德威主编的《哈佛新编中国现代文学史》中译本中，宇文所安（Stephen Owen）写的《晚期古典诗歌中的彻悟与忏心》就不免翻了车。他说晚清仕途很窄。1820年龚定盦落榜，1829年才进士及第，但由于殿试失利，只能闲置内阁，依存于此一无所事事之制度中。这都是开口即错的。清朝的进士考试就称为殿试。考上的，统称进士。内中又细分为：一甲赐进士及第，二甲赐进士出身，三甲赐同进士出身。所以没有宇文所安以为的进士及第后"尚须通过殿试"这回事。而龚定盦去内阁，也非殿试失利的缘故。进士只是入门资格，所有考上的进士还需要参加朝考，考做官所需的论、诏、奏、议等。其中，擅长文学、书法的，可留下备用，称庶吉士；其余分发为主事、知县等。庶吉士又要在翰林院教习馆接受培训，肄业三年；然后参加散馆考试，也就是毕业考。优良者，可授为编修、检讨等。其余分发各部任主事或各省知县等。那些原先就授任知县的，其实也还需要经过候补、候选等过程。制度很复杂，不是像现在人想象的进士一考上就能荣登大官的。龚是殿试三甲第十九名赐同进士出身，故也不是一甲那种"进士及第"。他殿试后参加朝考，奉旨以知县用，其实算是不错的待遇了，但他不愿离开京城权力中心，所以呈请仍归中书原班。至道光十五年（1835年）始擢宗人府主事。道光十七年宗人府京察一等引见，奉旨记名，充玉牒馆纂修。三月，改礼部主事，祠祭司行走。四月，补主客司主事，仍兼祠祭司行走。选湖北同知，不就，故仍还原官。研究龚定盦的人，当然都惋惜他职小俸薄，颇屈大才。可是你看我解释就知道当时常态如此，龚并非仕途特别不顺。而且，前面说过，朝考后分为主事、知县者，辄有候补、候选多年终不得一官的。终身不得官的，也大有人在。而朝考后以庶吉士入翰林院学习的更多。散馆以后，其优等也不过为翰林院编修或检讨，或则再发入各部任主事。龚朝考后即得授知县，际遇已经很好了。他不愿去，仍请归中书原班，则可见在京优于外派。后来入宗人府、入玉牒馆、入祠祭司，更可看出他在做官这件事上另辟蹊径之巧。宇文所安不熟悉清朝制度，也不熟悉龚氏生平，故替人嗟惋，胡乱发挥啦！至于诗，宇文所安说定盦之诗已不是古典诗，具有现代性，因为传统语言与世界都崩塌了，古典诗文已经不能表达崭新的世界，所以即使定盦自己，道光二十年（1840年）以后的诗也多平庸云云。我当然也是不赞成的。底下，讲一点我对龚定盦和晚清维新人士关系的零碎意见。

（一）维新诗人与诗风

晚清民初，经定盦而入中晚唐者外，别有二派：一为南社诗人，一为黄遵宪、康有为等。梁任公《清代学术概论》尝曰，"光绪间所谓新学家者，大率人人皆经过崇拜龚氏之一时期"，于诗尤然。汪方湖《近代诗派与地域》言："当南海以新学奔走天下之时，文则尚连犿而崇实用，诗则弃格调而务权奇。其才高意广者，又喜摭拾西方史实、科学名词，融铸篇章，矜奇眩异。其造端则始定盦，其扩大则在康梁，其风靡乃及于全国。"盖当时不被风气者，仅张之洞及梁节庵、李详等寥寥数人而已。张之洞于庚子之乱后入京，作《学术》一诗，曰："理乱寻源学术乖，父仇子劫有由来。刘郎不叹多葵麦，只恨荆榛满路栽。"自注："二十年来，都下经学讲《公羊》，文章讲龚定盦，经济讲王安石，皆余出都以后风气也。遂有今日，伤哉！"此可证当时龚学之盛。江标任湖南学使，即以"龚学"名斋矣。吴雨僧《余生随笔》谓："大家如梁任公，其三十以前作，……固系处处形似。即近年作，……皆定盦诗……之句法也。又集定盦句，互相赠答，亦成一时风尚。近经南社一流，用之过多，遂益觉其可厌。予旧年亦躬自蹈之。"可见其风会焉。然亦有反对者，如李详即特厌定盦，又薄江西，故云"道咸以降，涪翁派曼延天下，又以定盦恢奇鬼怪，殽乱聪明子弟，如聚一丘之貉，篝火妄鸣，为详为制，至于亡国"。其实清末之喜定盦者，乃维新一派及主革命之南社，曰以之亡国是也，曰以此而得维新与革命亦是也。

（二）黄公度学龚定盦

康梁学定盦，世甚稔之；黄公度学定盦，则或忽诸。然公度之学龚，痕迹未化，不难举似。如定盦有《己亥杂诗》三百一十五首，公度亦有之，略为一生小影。又有《岁暮怀人诗》《续怀人诗》及《己亥续怀人诗》，皆仿定盦《怀人馆词》之例，遍咏同时交游朋辈。且康梁与定盦皆今文家，公度亦主今文。《喜闻恪靖伯左公至官军收复嘉应贼尽灭》"终累吾民非敌国，又从据乱转升平"可证。尤炳圻所撰黄氏年谱，引《新民丛报》公度《壬寅论学笺》所谓"太平世必在民主"，以及丘逢甲《寄怀公度二首》之一"一卷《公羊》宜起疾，先春重与订王正"亦可证也。

（三）世人不解公度诗

今人喜张黄公度"我手写我口，古岂能拘牵"之说，又引其《人境庐诗草·自序》以自饰，奚止愦愦，直瞽说耳。《人境庐诗草·自序》曰，"仆尝以为诗之外有事，诗之中有人；今之世异于古，今之人亦何必与古人同。尝于胸中设一诗境：一曰，复古人比兴之体；一曰，以单行之神，运排偶之体；一曰，取《离骚》、乐府之神理而不袭其貌；一曰，用古文家伸缩离合之法以入诗"。此光绪十七年（1891年）四十四岁时之说，后并不载于集中，盖宗旨已变也。吴雨僧搜求而得此文，录于《学衡》杂志中，世遂据此以论黄氏之自创诗界。其实此序所言，皆属旧法，乃同光体之蹊径，非自辟诗界之创说，故夏敬观《映庵臆说》论之曰："以文为诗，取材避熟就生，皆是旧法。即写目前之事、目前之名物，亦理所当然。"然同光体之为同光，又不止此而已。若伸缩离合等，概为语言形式及名物度数。言诗而津津以此为务，宁非舍本而逐末？如散原、海藏，甚至湘绮一叟之为诗，未尝不用此等法，然其勃郁清深之情、芬芳馨雅之怀，又岂仅所谓运单行于排偶，用伸缩离合之法，写眼前名物耶？公度以此言诗，适可以见其尚不知诗，而世乃据此以论誉之，谬哉！

（四）公度与散原

刘大杰《中国文学发展史》以郑珍、金和、黄公度为晚清诗之代表，谓其他作者仍不外陶写性情，自求典雅，唯三君能记社会之情状。此不知诗，尤不知晚清诗之说也。叶庆炳先生《中国文学史》更分三君与沈寐叟、陈散原为两派。其说亦误。《陈三立传》尝言散原"与鼎芬、遵宪及（范）当世论诗尤契"，而黄公度亦不讳言愿学散原，岂可区为二派？按，公度晚年曾语散原曰："天假以年，必当敛才就范，更有进益也。"斯即《上海喜晤陈伯严》所谓"横流何处安身好，从子商量抱膝吟"之意。又《闰月饮集钟山送文芸阁学士（廷式）假归兼怀陈伯严吏部（三立）》云："泼海红霞照我杯，江山如此故雄哉。马蹄蹴踏西江水，相约扶桑濯足来。"用《景德传灯录》六祖语马祖事，钦服之忱，亦可略见。至于郑珍，《石遗室诗话》卷三固尝云道光以来诗派之生涩奥衍者，以郑珍《巢经巢诗钞》为弁冕，乙庵、散原为其流派矣。别为二派，不知又何说也。

（五）郑珍与江湜诗

郑珍，字子尹，晚号柴翁，贵州遵义人，与莫友芝、江湜齐名。散原近于郑珍一路，江湜诗则海藏提倡尤力。周梅泉《今觉庵诗存》中有诗曰："江西苦涩爱者谁？观楼斋头始见之。海藏扬挹溢齿颊，渐令举世惊瑰奇。诗以遭乱例穷蹇，善作苦语酸心脾。中兴开山几巨手，巢经秋蟪胥伦魁。伏敔幽潜今始襮，异军突起张偏师。"即指郑珍、金和及江湜诗，且谓江湜《伏敔堂集》乃海藏所揄扬也。苍虬《书江弢叔诗后》亦云："苏堪苦说江弢叔，能表幽潜意自长。教外师传空倚著，卷中天地太悲凉。仲车狷介有深性，无己赓酬稀抗行。成就若为身世定，独行此士信堂堂。"自注："后山自苏黄后，所与交游者，多悉平流，故其酬唱不能如苏黄之胜。弢叔所交，亦未能无所憾也。"意较周氏尤长。大抵江弢叔得力于昌黎、山谷与后山、宛陵，略异于郑子尹之早年胎息眉山，然规摹老杜，二氏所同。弢叔七绝，尤洒落可喜；而纵笔所之，或不免于伤粗伤浅伤近。虽以此为近时论家所赏，然终非其宝也。

（六）金和诗

金和《秋蟪吟馆诗钞》，近世亦有诗哲之目，胡适等或诧为五百年来之奇作。其实誉非其伦。金氏诗颇夹诽谐，于体稍卑；而遭逢乱世，特著悲愁，又过于酸苦，一蟪吟秋，其天下之哀音也。于洪杨乱前，所作多妩媚，如"榜边帘影低迎月，楼上箫声暗堕风"，绝不与乱后相似。其后身陷金陵，目击戮杀流离之痛，始为悯乱伤时之作。自题《椒雨集》谓："是卷半同日记，不足言诗。如以诗论之，则军中诸作，语宗痛快，已失古人敦厚之风，尤非近贤排调之旨。"甘苦自知，胜似人间横论短长者多矣。

（七）金和诗集

金和诗集《秋蟪吟馆诗钞》，卷一名《然灰集》，二千余首[①]，皆自道光戊戌（1838年）至咸丰壬子（1852年）作，自谓"皆寥寥短章，观听易尽；其在闳裁巨制，虽偶有还珠，大抵败鳞残羽，情事已远，歌泣俱非"。《椒雨集》上、下，一百五十余首，多作于椒陵听雨之际，故名，然其境遇格味则与《然灰集》无异。又《残冷集》，乃出馆于泰州、清河、松江间之作，名为人师，实同乞食，残杯冷炙，因以

---

① 《然灰集》本有二千余首，因1853年太平军攻陷南京而尽失，"仅以身免。敝衣徒跣，不将一字"，后凭借记忆，录得若干，名之曰《然灰集》。——编者

名集。又《壹弦集》，系佐厘捐局于常州、江北、东坝时作，事在簿书钱谷、驵侩吏胥之间，凡二百余首。又《南栖集》，收未至粤及在粤焚烬之余。《奇零集》，则自识云："十余年中，来往吴会，九耕三俭，薪免寒饿而已。生趣既尽，诗怀亦孤……即或结习未忘，偶有所作，要之变宫变徵，绝无家法。正如山中白云，止自怡悦，未可赠人。乃知穷而后工，古人自有诗福。大雅之林，非余望也。……余已年垂七十，其或天假之年，蚕丝未尽，此后亦不再编他集矣。"呜呼，此可以观金氏诗！而金诗之所以终非同光体者，傥在于此耶？

（八）诗人之穷

穷而后工，古无此说，乃起于唐末。残杯冷炙，古无此理，亦起于唐末。夫此可以知世变也。汉魏六朝，诗人多为朝官贵胄，从容风雅，裙屐相高，否则为俳优倡畜之弄臣。仕途或有通塞，穷达相去不远，才秀人微，小有悲慨而已。唐以科举选士，士非昔之贵胄矣。奋身钻求，冀博一科名，或十试廿试而不第，流连京师，奔走请谒；终不获隽，则徘徊权门，或栖为掾吏，或侧身清客，求其不穷者，百不得一。及至诸路断绝，无可寄望，乃退归乡里，为馆课老儒；或游幕四方，为刀笔钱谷师爷。盖士之出路甚隘，不过此数种而已，叹老嗟卑，正其本分。穷而后工，斯又百不得一也。故唐代中叶以后之诗，例不脱一种酸苦气，穷则为"出门即有碍，谁谓天地宽"之诗因；达则为"致君尧舜上，再使风俗淳"之大言。贫儿骤饱，鼓腹高歌，初无实际也。中有欢愉之言，则非"痴儿了却公家事"，则已为某公清客，可以闲看"重帘不卷留香久，古砚微凹聚墨多"矣。黄茅白苇，一望靡余，至于金和，而为收束焉。金和之穷，等于孟郊；遭逢乱离，又同杜甫。所谓"东风用尽开花力，吹上侬衣只是寒"，九耕三俭，蕲免寒饿，虽肆吟咏，如燃死灰，惨淡阴黑，满地秋声，诚有如其集名所示者。《周还之葆淳作无题诗二十四首假以书愤同人多和之者余亦得四首》之一且云："朱楼落尽万花枝，洗面朝朝泪眼宜。山欲望夫和土化，鸟休思妇觅巢痴。竟沉苦海终非计，便出愁城已不支。学得南朝无赖法，破家时节苦裁诗。"较黄仲则"全家都在秋风里，九月衣裳未剪裁"尤为痛切。此非金和独居苦海，盖唐宋以后诗人穷愁之通例也。若同光则不然，诗非一己之哀戚，乃时代之写照；国家不幸，赋到沧桑，亦非某氏之穷通；抒怀感愤，实有理想与办法指寓其间，更非空为大言者。故诗至同光，为一大变，犹时自唐代中叶至道咸，道咸以后亦为一大变也。

（九）诗界革命

诗至同光为一大变，其变以湘绮之复古始，终则必为黄公度、谭嗣同等之诗界维新与革命。即公度本人，亦以复古而至于革命也。然当时言诗界革命三杰，初不数公度，盖公度言诗之改革，时在返归嘉应以后，远较谭嗣同、蒋观云、夏曾佑为晚。谭、夏、蒋三氏皆公羊学者，章炳麟《自订年谱》尝云，"二十四岁，……与穗卿交。穗卿时张

《公羊》《齐诗》之说"。穗卿即曾佑字也。所谓新诗，自彼发之，而谭嗣同附和最力。然谭嗣同《莽苍苍斋诗》二卷，题为"东海褰冥氏三十以前旧学第二种"，则其所谓新学之诗，面目如何，终不可得知。仅有《金陵听说法诗》，不载集中，或可见其端倪，其末数语云："纲伦惜以喀私德，法会极于巴力门。大地山河今领取，庵摩罗果掌中论。"喀私德即 Caste，指印度种姓制度；巴力门即 parliament，指英国议会。此非佳作，尤非坦途，夫人人知之，然固有以见其求新求变之意也。

（十）诗咏新事物

谭嗣同之用新名词入诗，与黄公度主张用切今之事物名称，正相类似。唯此乃当时诗家之惯技，且谭之拙稚、黄之粗强，皆非此中当行。

钱默存《谈艺录》尝讥公度掎摭声光电化诸学以为点缀，不能如严复、王静安之深刻，然静安诗用新事理多，用新事物少。其有用新事物、新名词而能佳者，犹不在少数。如夏敬观《哥而夫球》诗曰："一隅之地叠小邱，学作常山蛇势修。步驾桥屋施层楼，侏儒虽细不得游。曲柄倒置短竿头，持蹴弹丸通以沟。眼中儿戏行且休，英相老死谁复优。"谓英前首相张伯伦也。咏高尔夫球而一力白描。又《偕拔可直士恕维观制水泥》曰："泥石入炉冶，齑粉才一瞥。大釜烧水浆，飞炭吹赤屑。鼓动陶铸之，意以补倾缺。突冒烟火中，盘旋穿凹凸。鞡鞠欲聋耳，轮轴累相啮。背汗浃重纻，得户即奔出。江光豁到眼，泠风已狂热。人力怪若此，乍见宜吐舌。机心固寻常，久惯破肩镢。我身坐销磨，安得似精铁。矧将天眼观，此道诚大拙。初摧坚者败，终使散者结。是物聚如山，小比蚁营垤。俯视一莞然，吾语谅非谲。"警耸灵动，洵为奇作，非公度所能及矣。

（十一）公度诗之声价

近代论诗诸家最推公度者，为梁任公《饮冰室诗话》。斯乃乡谊与维新思想之契合使然。且任公得见公度之诗，始自光绪二十二至二十三年间（1896—1897年），其时于诗功力尚浅，故骤睹其作，惊为奇观。厥后虽未再读公度诗，然昔年触动之印象，常存脑际，笔之于诗话中，遂多尊美语。后辑得数十首，已觉其奇绝不如往日，然犹或以为此未必为公度得意之作也。成见误人，往往如是。且此亦犹任公早读定盦"落红不是无情物，化作春泥更护花"，以为奇作，后始厌其浅近。读诗者与时俱进，亦往往如是也。至于其他各家，靡不竞收公度诗者，则以全集晚出，而公度诗又多刺时事之故，潘飞声《在山泉诗话》有说。

（十二）维新本于复古

公度论诗，以为无革命而只有维新，然其维新之法，实即由复古来。《在山泉诗话》卷一云公度论诗，有宋不如唐，唐不如六朝，六朝不如汉魏之说。如此持论，则势不推至三百篇不止。而考诸三百篇之所以为佳，又以其为妇人女子矢口而成之故。此则又不能不放而为山歌之体，欲运天籁以变人籁，杂用方言口语，成新体以别出古体也。此所以公度诗实不同于《诗经》，而转有合于乐府。至于用功法门，则自《晞发集》出，非径学汉魏乐府者。盖我手写我口，我口中所言，但为诗料而已，要蕲能写，则恃其手腕如何。此其手段，遂不能不陶炼于古人。陈融《颙园诗话》谓其致力于古人处，功力甚深，正以此故。言诗者或扬创新而薄法古，或主习古而咎创新，以公度例之，则二者实一体之两面耳。

（十三）诗道之新旧

诗家搜罗物象，本无之而不可，所谓牛溲马勃，尽成雅言，岂有新材料、旧材料之说？自妄人不知谁何者，揭出此义，世遂哄哄，若诗果不宜于用新名词，果不能写当时事；偶或用之，则以为以新材料入旧体制，如于山水画中著一飞机轮船者然。于是为马远、夏珪、四王、八大，竟只能为马、夏、四王、八大，不可于其中入一今时衣冠人物矣。于是为唐、为宋、为汉魏六朝，遂竟只能为唐宋六朝，不得于其间著一时代语言事类矣。此弊自明人好用古官名地名始，以为用唐以下名物为不雅。夫雅俗自有品格，岂著一古衣冠即以为雅耶？唐宋人写秋千、写玻璃，又岂非当时事物耶？公度"凡事名物名切于今者，皆采取而假借之"云云，盖即针对此弊而发。然以此为宗旨，亦不免为矫枉过正之谈，若散原、敬观等，则依仁义行，非行仁义，不揭此为标榜也。夏敬观《暑日斋居口占》之一："电激风轮傍座隈，铿铿响似谷中雷。祛炎那有天然好？蘋末凉飔细细来。"咏电风扇，未尝不雅驯。《辛巳八月朔日食书感》："地轮绕日若大舆，月轮乃似照乘珠。有时交会掩赤日，遂使下界盲惊呼。傅人预告八月朔，日被月蚀无有余。设台武彝地磁测，俯仰观察凭斯须。今兹研讨学有用，何止析破往说诬。或云众星可昼见，此语虽甚理则无。中天光气尚四射，岂彼一兔真吞乌？春秋大事日食书，是证周历多粗疏。五行立说始汉儒，持此匡主毋乃迂！牛酒赐相相自劾，何曾寅畏解修德？蠢蠢小民卫社稷，撞金伐鼓救不得。"写新学说，亦未尝无寄托。而散原《读侯官严氏所译〈社会通诠〉讫聊书其后》云："悲哉天化之历史，虮于穹宙宁避此。图腾递入军国期，三世低昂见表里。我有圣人传作尸，功成者退恶可欺。蜕形范影视炉捶，持向神州呼吁之。"《次韵答黄小鲁观察见赠三首》之一云："别髯逾一岁，只如隔旦暮。依然蛛丝窗，茶鼎药炉驻。抵几搋衷曲，持之或有故。穷老尽气力，笑致悠悠誉。孰怜耽荣华，转以废百务！圣文见道真，涂泽乃皮傅。髯传濂学说，宁无为此惧。方今六合外，未可寻常谕。主义侈帝国，人权拟天赋。懵腾杯酒间，姑就哦断句。沉沉万鼓乱，渺渺寸心赴。江南黄篾舫，幸髯有所遇。"言进化论、军国主义等，更无所难。《感春五首》，尤为公度所自出。特公度以此为标榜，且明而未融，世遂亦以此见公度；散原则取秋为酒，读者未易觉察。任公且云散原不用新异语，而醇深俊微，不独异于古人，亦与时流异。实则散原非不用新异语，用之妥帖，人不以为新异耳。公度之明而未融，又如《己亥杂诗》《不忍池晚游诗》《海行杂感》诸诗，风调全仿龚定盦。钱仲联《梦苕庵诗话》云公度濡染于龚定盦、黄仲则及其乡人宋芷湾甚深，又于其沿袭之故，一一发举于所著《人境庐诗草笺注》中，是也。

感应海洋的经络，在时间的面相下

近代诗人之善言潮者，无如龚定盦，像"佛言劫火遇皆销，何物千年怒若潮""秋心如海复如潮"等皆以潮水譬喻心绪。我则另由海洋思维的路子，拟思潮于海潮，曾出版《汉代思潮》《唐代思潮》《晚明思潮》《近代思潮与人物》等。

潮，是水的运动状态，有涨有退。

为何朝夕有潮？古人说是星斗的作用，如《春秋元命苞》说"牛女为江潮"。现代科学解释只说是太阳、月亮的缘故。中国天文学是星斗的体系，现代西方只说太阳系，故谓潮是海在月球引力作用下产生的周期性运动。

这种自然现象用在人文含义上，就是时尚的意思，有"潮平两岸阔，风正一帆悬"那种"正当时"的感觉。因此说某个人比较时尚，就说他很潮。

但是，这样理解潮，可能更多的是说汐。潮水晚涨称为"汐"。

因为潮汐是每天起落动荡的，宛如时尚。我们现在说的"潮流""新潮"，即是这个意思。

1918年，傅斯年、罗家伦、顾颉刚等人成立了北京大学第一个学生社团——新潮社，与《新青年》桴鼓相应。此后，叫作"新潮流"的刊物、政团不计其数，可算是近百年最热门的词语之一（连台湾地区民进党最大的派系都叫作新潮流）。

而所谓新潮，在现代语境中，大家都知道它指的就是"西潮"。因为新跟旧是相对的，西方思想、文化、事物相对于中国老传统皆为时尚新衣。北大校长蒋梦麟后来就直接写了一本畅销书：《西潮》。

其实，潮讲的是水的动态状况，故《说文解字》说："淖，水朝宗于海也。"万水朝宗，即是水的一种运动状态。而这又是一种大运动，非一朝一夕之潮汐可比。

潮汐，由于是日月星辰之牵引，故其运动是表面的，是波、是浪。看来"春江潮水连海平"，却只是"滟滟随波千万里"而已，水之本体固未动也。

那么，什么是水体之动呢？陆地之水，万水朝宗，皆汇于海；海水也动，以洋流的方式，大动特动。

洋流随风而动。在北半球，洋流围绕副热带高气压带作顺时针方向流动，在南半球作逆时针方向流动。东西方向流动的洋流遇到大陆地，便向南北分流，向高纬度流去的是暖流，向低纬度流去的是寒流。

跟我们关系最密切的有两个。一是日本暖流，又叫"黑潮"，起于菲律宾的吕宋岛以东，流经中国台湾一带，到日本琉球群岛西侧与北太平洋暖流相接。二是千岛寒流，又称"亲潮"，源于白令海，自堪察加半岛沿千岛群岛南下，在北纬40°附近与黑潮相遇，汇入北太平洋暖流。

这些洋流像是大海的动脉，海面上看不出什么，它却在内里平稳而恒常地大动特动。

其运动，量甚巨大，非潮汐可比。例如墨西哥湾暖流从哈特勒斯角往下游处，流量竟相当于全世界河流流量总和的一百二十倍。

可是这么庞大的运动却又远比潮汐安静，在大海内部不动声色地进行着。全球气候、海陆生态、渔产，乃至一切人类活动，其实都深受其影响。

因此，"潮流"一词，若说有什么思想史意义，就是它本来兼含日日新、时时新的潮汐，和潜流暗动的大洋流两个方面。可是过去只从时尚新潮这一面来理解潮流，显然甚是偏颇。

目前我们讲晚清以来的思想，都认为是受西方之刺激后，逐渐由排斥、融合（洋务运动及中体西用等）到接受的过程。这个过程，是对中国传统的逐步背离，渐趋于欧化（或称为现代化）。

如此说新潮，虽举出过无数个例子，证据也充斥我们身边（衣食住行），但终究讲的只是"潮汐"之"潮"。

一百多年来，日升月沉，潮起潮落，变了言说，换了花式，改了政权，修了口号，调来整去，反复折腾，把西潮学了个遍，好像什么都变了。可是说到许多人际关系、家庭伦理、思维方式、语言习惯、价值信仰、饮食口味等，你必然又会发现：中国人毕竟跟老外还不一样。

潮来潮去，而海之本体，到底动了没？

有些时候，我们把新潮看成时势，认为这是大势所趋，不可抵抗，也不会逆转。

例如从晚清到"五四"，古典语言体系逐渐瓦解常被看作是大趋势。传统的文言文系统，随着支撑它的科举制度之崩溃以及革命形势的需要（宣传、启迪民智等），逐步白话化，而趋近于西欧的语、文合一状态。所以我们可以看到梁启超的"小说界革命""新民丛报体"，他与谭嗣同等人推动的"诗界革命"，裘廷梁、汪赞卿等人办无锡白话学会、发行《中国官音白话报》等白话报刊等现象，一直持续到"五四"。

诗。清朝乾嘉时期袁枚、赵翼、蒋心馀等人，还较为浅易。同治以后，则不论是王闿运所代表的湖湘派，专学六朝，抑或曾国藩所开启，而经陈三立、陈宝琛、郑孝胥、沈曾植、林旭等人所发扬的宋诗风气，都远较乾嘉艰僻。

词。王鹏运、朱彊村、郑文焯等人，也发展出一种接近南宋的词风——寻幽凿险,讲究"重、拙、大"。

文章。自魏源、龚自珍以降,文章都不是平实的,而是奇怪与艰涩的,佶屈聱牙。而在这种趋向之中,居然还有骈文的复兴以及魏晋文章的复兴。

书法嘛,碑刻的书风到康有为而发展成一个庞大的理论体系,力贬唐以下书风,而上溯南北朝,表现出一种"艰难的美"。

整体学术,魏源《刘礼部遗书·序》也讲得很清楚:"今日复古之要,由诂训声音以进于东京典章制度,此齐一变至鲁也;由典章制度以进于西汉微言大义,贯经术、政事、文章于一,此鲁一变至道也。"所以他称赞龚定盦,就因龚能复古,做学问须"大则复于古,古则复于本"。

换言之,在我们认为时代愈趋新潮之际,其实存在着一个完全相反的趋向:传统愈来愈巩固,且还不断在深化,就如当时的戏一样。学自西方的文明戏,声势浩大地被引入了,看来是打倒"野蛮的旧戏"了,可是这时旧戏最辉煌的时代才刚刚到来,生旦几大流派一时俱起,爨演争锋,甚至风靡世界(如梅兰芳之巡演于美、苏、日)。

故而,这两种趋势,首先就不能仅说其一,而假装没看到另一面。其次,还要分辨分辨哪个更主要。

新潮乃是变来变去的时尚,光鲜亮丽。但若要谈思想,则时尚能有什么思想性?

时尚会不断介绍思想,但绝不能让思想真住进你的脑子里，否则时尚就进行不下去了。所以那是波、是浪花，琐碎却闪耀着钻石般的光，还带上一些枯枝败叶、浮沫、沙石和垃圾。

钻石般的光总是诱人的，有的人谈思想史，也以为就该看见每个时代的这些闪光点。如胡适《中国哲学史大纲》（上卷）即说哲学史之任务，首在"明变"。

这不是哲学史的任务，是时尚观察者的。观乎海者不然，既要看钱塘潮，更要观大洋流，看变来变去的时尚之外，这个社会还有哪些比较定得住的东西。大洋流当然也动，但是深沉稳定的动，并不受潮汐影响。若说时代的动向，这才是，而非朝生夕死、变来变去的时尚碎花。

例如魏晋出现清谈，佛教也传进来了，时尚观察家讲思想史就都说这些。明变呀，兴奋呀，大谈特谈！其实这只是浪花，变不在这儿。

魏晋的清谈，东晋就受到大批判，改重"名教"；佛教短期跟老庄掺和了一阵，也融入儒家解经的大流中去了。故大流是什么？是东汉以来的经学礼法。士族社会靠这个建立，学术思想依这个发展。不知此大流，讲思想史、哲学史当然就脉络不清，只能逐潮拾贝，高举螺壳说大海。

脉络，就是大洋流的隐喻。人的头面，追逐时尚，日日打理，变化万千，不行还可以整容。肢体也可削骨截肢，五脏六腑亦不难改换。唯独这人身上气血流动运行的经络，抽不掉、拔不出、换不了，只能以针、灸、探、刺而知其意，以身体痹、麻、瘫、病而感其能。

治学，知历史之脉络，也是这样的。把不着脉，诊不对经络，只好把学治死了。

在我看，近代讲思想史的先生们，大多就是这等"庸医"，故把中国思想讲得经络错乱、面目扭曲。

像胡适那本书，原是他的博士论文《中国古代哲学方法之进化史》。以当时时髦的进化论为脉络，大谈孔子如何比老子进化，庄子、墨子等人又如何发展了生物进化论。这不是经络完全搞错了吗？依此为之，仅能成为一册植物人制造手册吧！

冯友兰《中国哲学史新编》用的则是更时髦的新实在论（Neorealism）。此派理论流行于20世纪初，不赞成唯心论，并把柏拉图式的讲法引进来，说理念或"共相"也和物理对象一样是独立的实在，认为世界的最根本的存在既不是物质也不是心，而是"中性实体"。所以冯先生也说"理"在逻辑上先于实际的物。例如"方"本身就是"理"。"实际底方底物"一定要依照"方"这个"理"而不能逃。我们言语中的普通名词如"人""马"等，普通形容词如"红""方"等所代表的，都是"理"，都是客观的有。

这样的"理"，很类似于柏拉图的理念（idea）和亚里士多德的形式（eidos）。可是冯先生又说"气"并不是一种物质实体。"气"本身没有什么性质。由于性质需依照"理"而有，而"气"并没这个"理"，因此我们并不能规定"气"

是什么。"气"既"无名",故被称为"无极"。

这样讲我国宋明理学家说的"理气""无极",你以为如何?会不会看得精神错乱?

进化论、新实在论等,本身就是那个时代的新潮。胡先生、冯先生是依附于这些新潮的弄潮儿,故在当时都成了时尚模特,领一代之风骚。但时尚也者,过时即不尚也。思想以及思想的脉络,不在这些浪花上,要从内里的洋流中求之。

媒体革命：中国报纸起于马六甲

中国的现代化始于晚清报纸杂志的媒体革命，这是大家都知道的事，但一般人可能还不知道的是：现代报纸，并不发轫于中国本土，而是在马来西亚的马六甲。

自戈公振《中国报学史》以降，研究者公认1815年创刊于马六甲之《察世俗每月统记传》（*Chinese Monthly Magazine*）为现代报纸之嚆矢。其后则有1828年同在马六甲刊行之《天下新闻》（*Universal Gazette*）。

这中间还有段趣事，充分显示历史的诡谲。《察世俗每月统记传》是传教士马礼逊带着梁发办的。排版工人梁发后来也写了很多宣传基督教的书和小册子，刊行于1832年、署名"学善居士"的《劝世良言》即是其一。该书共九卷约九万字，大部分记录马礼逊翻译的《圣经》章节，其余是梁发的学习体会，很适合初学者。而这本不起眼的小书，却影响了一个大人物，酿成了一场震动世界的大事。洪秀全，就是在1836年考试落榜后偶得此书的。所以，这算是《察世俗每月统记传》的外篇。

当然，也有些研究中国报业史的同道认为，1833年刊于广州之《东西洋考每月统记传》才是鼻祖，因为它毕竟是在国内创刊的。但即使是这一份报纸后来也于1837年迁至新加坡发行。

可见，当时新加坡及马来西亚华文报业与中国境内报纸，实构成一种整体关系，不仅来往密切，用中国纪年，亦表示中国意识。

这关系在1898年戊戌政变后益发明显。康有为等人赴南洋组织保皇党支部，创办报纸，宣传维新勤王；"国父"孙中山先生也以南洋为基地，创办报刊，鼓吹革命。其言论与报道不唯号召华侨，也直接影响国内政局之发展。

这种情况不难理解：因晚清政局特殊，言论不见容于国内者就多跑去新加坡及马来西亚鼓吹改革。故服务华侨、维系其祖国认同之报纸，与讨论时政、意在导引我国发展方向的报纸，格外蓬勃。其风格与言论，对尔后国内报纸及政局均有深远之影响。

此一现象，是研究晚清史、华侨史及报业史者所不能忽视的；一般人想了解晚清时局，也绕不开这个领域。

这些华文报纸的发展，略可分为三期：一是1815年至1880年，此期办报者以传教士为主，旨在传教；二是1881

年至1919年，此期华文报业勃兴，借报纸议政之风气甚为普遍，卒显示为革命党和保皇党的报业竞争；三是1919年以后五四运动出现，国内政局丕变的阶段。以第二阶段最为重要。因为到1911年时，马来西亚华人人口已多达九十一万，华文报纸之发展空间甚大。

据我所知，清末民初新加坡、马来西亚之华文报，大约有这些：

1815年　《察世俗每月统记传》（马礼逊、梁发，马六甲）

1828年　《天下新闻》（吉德，马六甲）

1833年　《东西洋考每月统记传》（郭士立，1837年移新加坡）

1858年　《日升报》（威廉·史密斯，新加坡）

1881年　《叻报》（薛有礼，新加坡）

1890年　《星报》（林衡南，新加坡）

1896年　《槟城新报》（林华谦、黄金庆，槟城）

1898年　《天南新报》（邱菽园，新加坡）

1899年　《日新报》（林文庆、黄乃裳，新加坡）

1904年　《图南日报》（陈楚楠，新加坡）

1905年　《南洋总汇报》（陈楚楠，新加坡，1906年改名《南洋总汇新报》，1927年改名为《总汇新报》）

1907年　《槟城日报》（黄金庆，槟城）

1907年　《中兴日报》（陈楚楠，新加坡）

1909年　《星洲晨报》（周之贞，新加坡）

1909年　《吉隆坡日报》（林道南，吉隆坡）
1910年　《南侨日报》（黄吉宸，新加坡）
1910年　《光华日报》（孙中山，槟榔屿）
1911年　《四州周报》（陈占梅，吉隆坡）
1914年　《国民日报》（陈新政，新加坡）
1919年　《新国民日报》（谢文进，新加坡）

至1919年以后，因五四新文化运动兴起，政局结构迥异于前，报纸编辑宗旨及言论内容亦随之丕变，故应属于另一期之发展。

一般对于自1881至1919年此一时期报纸之关注点主要有二：

1. 对于报业史之意义：本时期报纸乃现代报业之先驱，具有历史意义，自不待言。

2. 报纸之政论功能：报纸有娱乐功能、告知功能、引导功能等。本时期报纸，在充分告知民众有关内幕、新闻事实之外，引导性的评析至为蓬勃。戈公振就说过："至最近辛亥数年之间，政府以预备立宪饴人民，而内幕之腐败愈甚。其尤著者，在官僚亦知舆论之不可终遏，乃设法沟通报馆，以为私人作辩护。斯时报纸之道德，固已坠落达于极点，而真正舆论无可发泄，则激成反动力，主张根本改革之反对报纸，乃应时而发生也。"

在这些主张改革、批评政府的报纸中，又分化成保皇、维新与民主革命等系统，相互辩难，以致曾虚白所编《中国新闻史》也专立《政论报纸的兴起及其发展》一章，讨论本时期报纸之特性，且认为本时期报纸此类特性对尔后报纸影响深远。

总之，这时期的新加坡、马来西亚华文报，对于研究晚清政治思想史，我国早期报业史，新加坡、马来西亚华人开拓史，或新加坡、马来西亚大众传播事业史都具有极大的吸引力，是无疑的。

但目前的讨论仍不理想，大多数只是报社报人之回忆性资料，或附论于华人史中。若干由报学、新闻学角度讨论其发展之作，亦仅属综述概论性质，且时日距今皆已久远。

可见此一时期之报纸虽受重视，却仍有待更深入之探讨。近三十年间，更是越来越少有相关研究面世。所有观点，大体仍局限在戈公振、曾虚白两书所提示的内容中。

研究之所以久无进展，可能的原因有三：

1. 资料已佚。曾虚白所编《中国新闻史》第五章曾谓："关于革命党与保皇党的报业对抗，是政论报纸发展非常重要的一环，清末侨报在海外的蓬勃，与这一斗争有密切的关系。冯自由《中华民国开国前革命史》曾就当时双方的报纸列了一张很详细的表，可惜现在这些报纸大半都亡佚了。"

冯氏所列，其实尚不详备，但其中资料都已经散佚不齐了。时至今日，许多材料更难觅至，研究者只能依传闻及旧有论述重抄一遍，研究遂难有进展。

2. 新加坡、马来西亚历经日军占领及独立之后，其社会发展与中国已无整体关联。我国研究新闻或报业的朋友，对于这些"外国报纸"逐渐丧失理解及研究意愿。

3. 新闻史之研究，在传播学领域中，夙属较为冷僻之科门，因为研究者必须兼具历史学及传播学知识，而这样的人在传播学领域很少。而在史学界中研究晚清及民初的，又很少人知道或能运用这批材料来研究晚清政治、社会、思想、风俗、文艺史。可是，事实上当年之新加坡、马来西亚华文报纸，目前虽多已散佚，但依然可以间接考察。尤其是1910年创刊于马来西亚槟榔屿的《光华日报》，除于1941年至1946年因日军占领被迫停刊四年多外，一直保持发行，为马来西亚历史最悠久的华文报之一。至今仍正常出刊。

该报于1936年收购了原由保皇党所主持的《槟城新报》，使得研究晚清民初两派人士如何运用报业相互竞争者，在资料的获取上十分方便。若能以《光华日报》为基础，全面清查现存于新加坡、马来西亚的当时报纸资料状况，合并已收录于国民党党史会所编《革命文献》中的相关资料，仍是大有可为的。

此外，过去的相关介绍、评述，对于本时期报纸均只有概括的描述语，云某报为保皇党所主持，某报支持革命党而已，完全没有内容分析（content analysis）。因此对于这些报纸究竟表达了什么观念，反映了什么样的政治社会现象等均属茫然，完全可以进行新的研究，也立刻就可以创出成绩。

清末民初，维新派与革命派之论战及报业竞争，主要在三个地方：一是日本，《民报》与《新民丛报》可为代表；二是美国檀香山、旧金山地区，以《檀山新报》与《新中国报》为代表；三即是南洋地区。

一般论者较注意在日本的论战。其实发生于南洋地区之争论，不但激烈程度不逊于日本，而且其报业经营方式、竞争关系，较日本更为复杂。

例如革命党人所办《图南日报》纯属赠阅性质，停刊后，继办《南洋总汇报》。俄而合伙者拆股，承接者约了倾向维新者加股，遂成为保皇党之主要报纸。

同样的，创刊于仰光的《光华日报》，原是在中国同盟会缅甸分会所收购原支持维新保皇之《仰光新报》的基础上创立的，后转而为保皇党人所收购，易名《商务报》。革命党人乃又办第二《光华日报》，与《商务报》展开笔战。保皇党人又于1910年夏，请求清朝领事向缅督控告《光华日报》鼓吹无政府主义。缅督下令将主笔居正驱逐出境，《光华日报》又遭第二次的停版。一个月后，革命党人又用该报的资金筹组报馆，易名《进化报》，继续鼓吹革命。但八个月后又被保皇党结合地方警吏，迫使《进化报》停刊。革命党人乃于1910年再发刊第三《光华日报》于槟榔屿。

这样的报刊变动过程所显示的传播媒体经营问题，是日本地区所没有的。

换言之，若一方面进行内容分析，说明在南洋的论争曾提出了哪些问题与说法，是在其他地区所没有的；另一方面则进行报业经营管理学的讨论,探究报纸的开办、停刊、改组与易主,将报纸放入其社会状况与脉络中去观察,就完全可以突破现状。

研究报业发展及其内容,结合社会面的探讨,可举数例言之:

1. 1849 年统计华人移民进入新加坡、马来西亚之人口仅有两万七千九百八十八人,但至 1881 年已暴增至一十七万四千三百二十七人。可见 1881 年华人开始办华文报,实有其市场需要之因素。

2. 移往南洋之华人,原本以劳工为主,来此谋生而已,并无太强烈之政治意识,更无政治组织。但中国领事馆于 1877 年设于新加坡,黄遵宪等著名文人及外交官络绎南下,北洋舰队且三度访问新加坡,致力于维系海外侨民对清廷的忠诚,中国意识乃逐渐提高。再加上戊戌政变的刺激,才使得华人政治意识高涨,并逐步发展出政治组织,而此类组织又是与其原先之移民会馆不同的。

3. 革命党人及保皇党人除了办报之外,也办学会、办学校。新加坡、马来西亚两地之华校即建立于此一时期。

据陈育崧《星马华文教育近百年史绪论》说,康有为所推动建立的华校即有三十所。革命党人之策略则是办书报社,在全马各地城镇郊乡,共办了五十八家书报社,并以书报社来办学校,如槟城钟灵(1915 年,槟城阅书报社)、崇德(1911 年,槟城公益阅书报社)、日新(1918 年,槟城中华阅书报社）、益华（1913年，槟榔屿益智阅书报社）；喜州（1907年，霹雳喜州光汉阅书报社）；森美兰州中华（1913年，华商书报社）；培智（1919年，柔佛爱群书报社）。

因此，研究当时之报纸，结合学校及书报社来讨论，深入了解其间复杂之关系，探索新加坡、马来西亚华人社会，是非常有意思的。

纵使我们不太关心南洋华人社会，只愿着眼于国内，也该知道当时南洋华文报纸之言论及办报目的除针对当地之外，也针对中国政局的改造。因此有必要观察它与国内政局的关系。

事实上，除了辛亥革命以前保皇党与革命党之争论外，辛亥以后，南洋仍有支持复辟及拥戴袁世凯的报纸。故考察它与中国政局的关联，比较它与国内报纸立论的差异，也是极有益的。

以上我讲的这些话，有点像"劝进书"，呼吁大家赶快进军南洋，好好利用这批宝藏。哈哈，是的，那里面真是宝贝甚多。我上文所说，只偏重于政治思想，其实那里面诗词戏曲、民情风俗大有可观，略略辑出，便有可供谈助者。

我曾有一个夏天，闭关在新加坡大学的图书馆，把头塞进微缩胶卷的放映箱里，阅读这批华文报。看啊看，不知西方之既黑。出来，摸黑绕出校园，到处找吃的，却不知哪里传来一曲粤讴，竟是我在报上看得熟了的《解心事》："苦海茫茫，多半是命蹇。但向苦中寻乐，便是神仙……"

不了解传统文人怎么理解近代人物？

一

讨论近代思想史，王韬（1828—1897）一直是个甚受瞩目的人物。研究者称他为"早期资产阶级改良主义政论家和历史学家""现代化先驱""当代伟人"，视其为晚清变法论之代表。

但我读王韬《瓮牖余谈》，却常读到不同的景观。例如他盛赞割股疗亲，其书卷二载有《孙女割股》《孝媳割股》；且是因清朝政府并不鼓励这种毁损体肤的行为，故他特地写这些文章，希望政府能对此类"孝行"予以旌表，以维持风化。

同时，他也极推崇妇女守贞洁。《记贺贞女事》《书彭孝女事》《一门节烈》《陆节妇事》等，都对近人所谓"封建道德"之忠孝节义至为激赏。

不唯如是，他对外国女子的欣赏角度，也颇与此有关。如《法国奇女子传》所言之奇女子，即圣女贞德也。贞德率兵存国，他固然颇为称道，但他特别指出，"法国俗尚淫靡，男女聚会歌舞，女（按：指贞德）辄以庄重自持"。又《英国才女法克斯》也说法克斯"天资颖敏，贞静自好"，"幼耽文事而于闺阁本务亦不之废，女红精巧绝伦"。

可见他所秉持的女性观，乃至伦理道德态度，都与所谓现代化悬异。他认为妇女应以女红为本务，应孝烈贞洁，而且主张借着推崇这类事例，来促使社会风俗更形敦厚。

王韬同时也是个喜欢谈神怪的人，如《物异四则》《嘉兴灾异》《安徽风异》都可以看到他这一面，主张"人事变于下，则天象变于上。修省恐惧，可以转灾沴为休祥。齐景一言，彗星退舍。高宗修德，雊雉无声。前事之效，亦后事之师也"。

由这种休祥灾沴思想发展成的一些解说，也与科学知识相去甚远。如他相信天上可以下雨似的降下钱铁等物是因为天空有吸力，所以像天上降下冰雹，就是冰厂里的冰被大气吸走，然后再降下来的。

这样一个人物，有忠君思想也不足为奇。他曾多次向清廷献御戎、和戎、平贼等策。他对太平天国的批评以及对忠君死难之士的赞扬，亦均极明显、极强烈。

从这些地方，我看到的实在是一位非常"传统"的名士文人，根本不能发现他的欧洲阅历及他对西方政法、社会、风俗之知识曾影响了他什么。

即使碰到西学之价值已为世人普遍接受的事物，王韬的态度也很有意思。例如当时"京师于同文二馆之外，另设一所，专行肄习天文算法，延泰西名儒为之教授"。王韬却认为"算学宜先师古"，提醒道："新法之精密，人人知之矣，而要皆从古法之疏舛者对观而出。……新法未尝不从旧法中来也。不特西法如此，即中法亦何独不然？……皆从古法参悟对观而出者也。不明古法，不能知新法之善而悉其变通之得失。故中国人士讲历算者当先从经学中算术始，继之以各史历法之沿革。……苟中国学者徒知以西法入门，而于经史历算本末未尝一考，则亦未见其得也。"这是非常有趣的辩护，也明确显示了王韬有迥异于现代观念的想法。

然而王韬又有完全接受西方思想观点的地方，尤其是深受西方殖民主义之感染，以殖民者之角度去看文化差异。

例如他说印度叛英，又说美国初开辟之际，"教士初至时，屡以道劝化土人。土人顽硬，加以横逆，因不得已歼毙其类"，把印第安人形容为野兽，好拜偶像，不谙义理。又说澳洲土著，"性最愚鲁，面色尽黑……山林野性，非复可羁縻也。其远处土人尤凶恶，搏人而食。……寝皮剥肤，并饱其腹"。南太平洋各岛民也被他形容为"土民性悍恶，搏人而噬，无异牲牢"。英国的殖民行动，则是众颇悦从，一变其前日恃强积悍之习。谈到台湾，他也很鄙夷原住民，

"其人裸袒睢盱,殊非人类","土番素非良善,有不可以情喻理遣者矣",主张全部逐去。

这些都是以西方殖民者的眼光来看事情。

这种态度,在《日本略记》一篇中特别明显。他从"西士理雅各,东游日本"的角度,说日本"淫祠丛兴,不可究诘。此其蔽也","平居男女无别,廉耻不励。东方椎结侏离之俗,犹未尽变焉"。

他自己住在东方,就推崇东方中国的忠孝节义,就相信鬼神休咎,现在却站在西方教士及殖民者的立场,说东方朴鄙之俗应该改变,说东方的宗教信仰是淫祠,这不是很有趣吗?

为何出现此种现象?袁英光和桂遵义《中国近代史学史》认为这是由于他曾得英领事的庇护才能逃出上海,住在英殖民地二十年,又帮英人理雅各翻译,故为英人说话,把英人之侵略视为"天道之所当然"。

我则认为他并不是直接从西方殖民主义之思想上受到影响的,而是那种殖民者对待异文化的态度,唤起了王韬本身从自己的文化中学习到的夷夏观。

王韬曾著《春秋左氏传集释》《春秋朔闰至日考》《春秋日食辨正》《春秋朔至表》等,对春秋尊王攘夷之义,自必熟稔。所以他径直把这些土著视为"夷狄",需要"教化",才能让他们从野蛮进入文明;对于西方殖民者处理异文化的方法,也予以认同。若非如此,就不可能一方面称道中国之忠孝节义礼俗，一方面批评非西方社会之粗鄙野蛮了。

从以上的举例分析中，可以让我们进一步想到许多东西。

二

前文说过，王韬曾被视为晚清变法思想的代表人物。早期的研究，多致力于说他如何介绍西方思想进入那陈旧不知变通、不明世界局势的社会中。西力冲击着古老昏睡的中土，只有早起的先觉者才被惊醒，才懂得举目外望，望见西潮之波涛，望见鼓浪前行的汽轮，于是大声疾呼，呼吁国人一齐醒来，努力变法，学习西方，以求生存。

王韬、郭嵩焘、魏源等，即是这类先觉者。后来的严复、谭嗣同等，乃至更后来的陈独秀、胡适、鲁迅等，形态虽不相同，出现的意义是一样的。

大家都向西方学习，在中西的对比中看到了中国的落后、封闭，而主张变革以救亡，最后甚至形成启蒙与救亡的自我冲突。

相对于他们的努力，社会上则仍存在着严重的保守势力。自居天朝，不知国际大势，对西潮无力回应，仍死抱着传统的世界观、道德观、文化观，以致发展到五四新文化运动时，求变以救亡者忍无可忍了，全面与之决裂，要把传统打破，视一切传统均为进步之障碍。

到1967年，柯文（Paul A. Cohen）才开始分析王韬所写有关国际形势的文章，断定王氏的权力观念仍植根于孟子思想，虽主张中国应努力学习西方以达富强，但却不满足于停留在西方列强竞立的霸权阶段，而提倡必须进至孟子的王道理想。故王韬并非一面排斥传统，一面吸收西学，反而是努力想调和中西，以寻求最佳的改革方法。

因此，柯文提醒学者不要忽略中西文化里某些素质的可能重叠或汇合，孟子的王道和西方社会的公义当有相通之处。1967年柯文又结集他研究王韬的成果，写成《在传统与现代性之间：王韬与晚清改革》。

论者认为他的研究有两点重要意义：第一，显示"传统"与"现代"之间有某些价值是相合的；第二，说明近代中国知识分子是站在固有的文化基础上来调和西方思想的。

前者使得研究近代史者重新考虑中国传统的存在价值，不再把传统看成完全是负面的东西。后者也可把从前被过分简单化为"顽固守旧分子"的思想家变成有待深入探究的新课题。

1971年张灏的《梁启超与中国思想的过渡（1890—1907）》出版，也对现代化观点提出修正。他认为像梁启超一类的知识分子，虽受西学影响，但并未怀疑儒家许多有关个人行为和人际关系的规范，故梁启超其实希望综合中西道德的优点来建立他心目中的新道德体系。

因此，中国传统和西学，对于梁启超而言，并非对立冲突的问题，也不是"挑战—回应"这么简单。我们应注重思想本身的内在动力及传统文化的多样性和复杂性。

其后又经不断深化的研究，论者才渐渐开始了解到中国文化的多面性，近代知识分子吸收西学时也非完全排斥我们自己的传统。

所以20世纪70年代的美国史学界，已普遍倾向于发掘中国传统中与现代不相违逆的地方，以肯定其时代意义。

例如傅乐诗编的一部文集《变革的限制——论民国时代的保守主义》即发现近代守住传统的知识分子受西方学说的影响及对西方文化的认识程度，丝毫不逊于提倡反传统的人。贾世杰（Don C. Price）的《俄国与中国革命的根源（1896—1911）》也指出近代追求西化富强者的意识中，不乏传统思想。

以上这样的王韬、梁启超研究史，当然也可以扩大来看。

三

1979年美国学者马若孟（Ramon H. Myers）与墨子刻（Thomas A. Metzger）合写的《汉学的阴影：美国现代中国研究近况》中第一部分，便检视美国汉学界有关中国近代思想史的研究，指出美国的历史学家许多关于近代中国的著作都局限在"现代化典范"与"革命典范"的狭隘领域。思想史亦不例外。

所谓"现代化典范",是指把中国传统文化视为不合时宜,且是踏上现代化坦途时所必须摈弃的。"革命典范",则将中国革命视作历史逻辑发展的结果。

直至20世纪70年代初,美国史学界才逐渐反省此种观念的错误并开始转向。

故前文所述,有关王韬研究的第一种态度,当然就是"现代化典范"下的产物。而把王韬这一类人,视为"资产阶级改良派"的进步思想家,且谓其尚未能摆脱历史的局限,则是采取"革命典范"者之习惯做法。

这些范式影响巨大,成名学者几乎都是这一类。林毓生的名著《中国意识的危机——"五四"时期激烈的反传统主义》也是这个潮流下的产物。

林毓生保留了现代化的价值判断,认为整个中国传统的一元论主知主义思维模式(Monistic Intellectualistic Mode of Thinking)即是中国不能发展出现代民主科学的原因。但他分析近代思想史上的反传统者,发现此类人士仍保持着这种思维模式,故其与传统之关系并非对立或断裂的。其全盘反传统主义与传统之关系乃是吊诡式的关系(paradoxical relation),全盘反传统主义必须采取传统思维模式以成其事。

林先生的雄辩,能否成立呢?恐怕问题甚多。"五四"时期知识分子是把传统当成一个整体来拒斥吗?据我看根本不是。当时人虽常以全称式的"传统""中国传统"为批判对象，但很清楚地不曾把传统视为一个应全盘反对的整体。例如陈独秀等人明白说过，他们反对的不是孔子，而是那被帝制运用的孔教；胡适也一再申说其所主张之科学方法，即是程朱以来一脉相传，且为清代乾嘉诸儒发扬光大的格物致知考证之法。在儒学内部，胡适显然就是吸收某些成分（如王充、二程、朱熹、顾炎武、戴震）而反对另一部分（如董仲舒、《白虎通》、理学、礼教），并非全盘反传统。若我们再把眼光放大点，则"五四"人物对儒家以外，如墨家、道家、法家之思想传统，吸揖发扬处也远多于批判拒斥。

林先生的另一个根本问题是：他反对"五四"知识分子的全盘反传统态度，但他费力地替这种错误态度找到一个传统的根源，于是，批判的矛头转向了传统。所以，他认为唯有放弃儒家传统一元论、有机观以及"以思想文化解决问题"之思维，才能真正走出桎梏。

这种思维其实才是反传统的，才是把传统视为一个整体，同时他也是想从思想文化上解决问题的。若反传统真如林先生所云，是无生机的，那么林先生何以自我解嘲？

此外，林先生把"五四"时期知识分子主张借思想文化以解决问题的态度，归咎于经典儒家以后的一元论和唯智论的思想模式，也令人大惑不解。把中国文化简单地解释为儒家，而儒家影响于后世者，又简化为一元论、唯智论思维模式，实在是简得太不成样子了。且中国文化本不限于经典儒家，若云儒家为一元论、唯智论，那么佛家、道家是否也具同样的思维模式？如否，为何中国变革时期深受佛、道影响，而对经典儒家又恰好丧失信仰的知识分子，反而深陷经典儒家之一元论、唯智论思维窠臼？再者，孟、荀、朱、陆、王是否都是一元论和唯智论，实在也大可商榷。特别是他以唯智论来形容孟子、王阳明之思维特点，殊有文不对题之感。乾嘉朴学反对理学，但林先生居然只举了戴震《孟子字义疏证》"正心"之说，便说清儒亦因袭了唯智论的思维模式，浑不考虑戴氏此书在清代朴学中毫无代表性。因此，整体地看来，林先生对传统的理解与描述也是极为粗疏简陋的。

总之，林毓生这类学者代表了一种过渡形态。不论他们对传统之评价为何，或对传统如何描述，这一时期的论述较常致力于说明传统与现代之间的非断裂关系，或指明变革者仍有传统观念，或申辩保守传统的人也对现代西学有所了解。"传统与现代"之架构已被松动，但事实上并未完全瓦解，只能说是原有分析架构的修正。因为所谓"进步与保守""西洋、现代与中国、传统""变革与守旧""资本工业社会与封建社会""民主、科学与贫穷、疾病、愚昧、贪污、扰乱"等思维概念仍然充斥于这些论著中。只不过论述的重点，已由"从传统到现代"转移到"传统与现代之间"罢了。

四

全面批判"传统与现代"思维模式,要等到1984年柯文的另一本著作:《在中国发现历史:中国中心观在美国的兴起》。

在这本书里,他说美国的中国近代史研究早期是以"西方冲击、东方反应"为主轴,以正面角度来呈现西方的扩张,而以负面措辞来表现中国对西方的抵抗。到1970年后,史家则发展了"帝国主义理论典范"。这套典范,其实仍是西力冲击说,只不过在价值判断上换了位,认为中国近代史是一部帝国主义者侵略中国,反对中国独立,阻碍中国资本主义发展的历史。

因此,根据现代化理论,中国只有走向现代化,才能摆脱贫穷、愚昧与落后;而依帝国主义理论,只有走向革命,反帝反侵略,才能真正改善中国的处境。

对这两种论析典范,柯文都不同意,所以他提出了另一个模式,亦即20世纪80年代以后美国史界走的一个新方向:以中国为中心的中国史研究。

此一研究方向所包含的观念,大致如下:(1)清末以至民初的社会状况,主要并不因西方冲击而形成,乃是中国社会长期发展的结构使然,例如人口压力、领土扩张、农村经济商业化、社会各阶层日增的内政挫折感等。故主要应由中国内部来看中国的历史,而不是从西方外部来看。(2)所谓从中国内部看，还可以从空间上研究各省、府、区域、城市。（3）从阶层上展开不同阶层之探索。由此，开启了区域史、地方史、民众史之研究。（4）因中国历史及社会甚为复杂，既不只从特定角度来观察，便须结合各种社会科学人才与方法，始能获得好成绩，务实地说明中国历史。

我觉得这也是柯文对王韬研究的扩大。因为在他的《在传统与现代性之间：王韬与晚清改革》一书中，已尝试区分晚清变法家为沿海与内陆两类。他认为趋向于沿海一类的变法家，因受西洋影响的机会多，故最易接受变法，思想亦较内陆一类进步些。后来他所指出的走向以中国为中心的中国史研究之第二种研究法，显然即由此发展成形。

五

顺着柯文对美国史学界的批判及其王韬研究来看，我们会发现像王韬这样的人，其实根本无法纳入西力冲击的"挑战与回应"模式中去了解。他的伦理态度，完全未受西潮影响。他既不足以代表慕羡西学、知晓西学，而鼓吹变更传统社会文化以适应新局者，又不能说他是个拥抱传统的保守分子。过去讲王韬如何如何可以视为中国现代化之先驱，都只是戴着现代化理论的眼镜，在他的著作中找些片面的材料来印证自己的成见而已，对上文我所谈的一些现象则视而不见。

王韬当然也不能纳入帝国主义理论的模式中去认识。他对各洲土著之鄙夷,颇似殖民主义者的口吻;对东方文化的批评,很有东方主义的架势。但他对中国文化却又毫不贬抑,其用以批评土著之观念,恐怕也非帝国主义的殖民思想,而是中国的夷夏观。何况,他也压根儿欠缺民族解放、阶级平等之类想法。

那么,用柯文"在中国发现历史"之法来看王韬呢?

柯文虽说要在中国发现历史,然而他基本上仍视王韬为一变法者,只是说王韬之变法思想仍系以中国传统作基础。我们上文的分析却显示他可能并非如此。王韬能不能称为一位"变法家",殊堪怀疑。谓其为沿海类型之变法家或改革派,且据此推论沿海地区因在物质与文化上直接受到西方之影响,故易于接受改革思想云云,当然就更显得十分牵强。内陆地区如湖南、湖北主张变革的人,其实不亚于沿海。

像这样的研究,只是一个例子,用以说明迄今为止整个近代思想史研究的困窘境况。

据周作人《苦竹杂记·关于王韬》之考证,王氏虽然"在同光之际几为知识界的权威",但其人好酒、好色、好抽鸦片,去日本游历时,只知"日在花天酒地中作活,几不知有人世事"。故周氏说他不脱名士才子气,终究只是个清客,在太平时帮闲、在乱世帮忙而已。

这样的描述,不是立刻超越了什么西力东渐现代化,或帝国主义分析范式吗？越是套用那些分析架构、思维模式、术语，我们就越不懂王韬。只有摆脱这一切，我们才能重新认识这个抽大烟，好酒色，喜欢女人贞节孝烈，相信灾沴休咎，既参与太平军，又痛骂"发逆"而不断表态效忠的王韬。

研究近代史、近代人物，靠的终究不是什么新写法、新理论，而是对中国文人生活形态和思维的理解。而那些现在还在出版物和自媒体上兜售的晚清变革人物故事，是八九十年前老掉牙的研究框架，早该扔了。

近代知识分子的教主人格问题

人因理性而不理性,是很常见的,形态也很多。

一种是只讲理性,缺乏或排斥感性等能力,以致旁人看来纯粹是呆子、神经病,不可理喻。毛奇龄讨厌苏东坡,别人说东坡也有好诗,"春江水暖鸭先知"岂不挺好?他就说此诗便不合理,春江水暖,鹅就不能知道吗?这种人,焉能跟他说理。

另一种是理性精神过度伸张,结果形成了理性的专断。例如鬼神问题,实事求是,尊重客观证据,最多只能说有关灵魂不灭的各种论证尚不够充分,尚不足以证明确有鬼神及上帝;神秘经验及宗教体验,又无法客观化,故亦不易明了。却不能立刻就说,因无法充分证明其为有,所以就是无。孔子说过:"君子于其所不知,盖阙如也。"庄子也说"六合之外,圣人存而不论"。这是理性精神的适当分际。可是五四运动以来，强调理性的人却往往逾越了这个分际，形成了理性的非理性专断。

还有一种是自居理性，把其他人都看成笨蛋、没脑子、不思维、该打倒，故他们做出各种非理性的行为来，还自认为是正义的，是拯救了迷信者，是启蒙了。于是惯常表现出一种我是真理，我是道路，你必须抛弃你的迷信，以服从我的拯救之态度。像陈独秀给胡适的信说，"改良中国文学，当以白话为文学正宗之说，其是非甚明，必不容反对者有讨论之余地，必以吾辈所主张者为绝对之是，而不容他人之匡正也"。这是公然替代上帝，在宣讲启示真理了。陈独秀是写《偶像破坏论》《有鬼论质疑》的人，我们有理由相信这种态度是与其批判偶像崇拜之理性精神一致的。然而，结果如此。近代知识分子多有此类"教主人格"，其可叹也亦如此！

另外，根据克罗齐的看法，那些背弃过去或设法把传统套死在僵固的框框里的人，都是今日的无神论者与不信宗教者。他们剥夺了人类最后一种宗教信仰，这种宗教就是历史。历史可以把人和万有（the All）连接起来，但"五四"的反传统态度却是要斩断这种联系的。所以反传统的人，也是一种"因理性而不理性"者。

一

近代，是历史上最强调理性的时代。强悍的理性精神，已把理性视为人存在之本质。人之所以为人，古代认为主要是"仁"，这是人之所异于禽兽之处。故学术及教育活动，主要是在教人明此仁善之心，然后去爱人、爱天下。现在则认为人最主要的能力是理智，一切学术或教育皆为知识之增进与彰明而设。这是对"人"的了解与期待从根本上起了变化。所以，理性被看成人了解及掌握世界的唯一方法。

近代"进步"的知识分子不认为除理性之外，还能有理解世界的管道。因此，理性又可作为价值判断的依据，凡"合于理性"即代表"对"与"好"。这是一种迥异于传统的态度，从根本上扭转了对于人与世界之认识，而这种认识又被宣称是一种反蒙昧、反权威的力量，提供了改造社会的武器。表现在方法上，是乾嘉朴学的发展，是科学方法；表现在学术立场上，是反形而上学，反宋明理学；表现在学术见解上，则是贬抑儒家之方士化，推崇不信天命与鬼神的王充、范缜等；表现在政治上，是反对君权神授，反对社会迷信，主张打破一切偶像崇拜及神话。

而以上种种态度事实上即表现为"科学的人生观"，这也是"五四"新时代知识分子的人生态度与价值选择。延续至今，许多人并不觉得自己还这么理性化，觉得离"五四"已经很远了；但碰上事来，才晓得原来真是如此。根据理性建立的世界史已教育了我们：西方近代就是一个理性化的过程。理性的"祛魅"作用，消解了西洋人对宗教与上帝的依恋，开启了近代科学与资本主义等活动。所以我们也只有掌握了这个钥匙，才能发展出现代文明。

解释我们自己的历史时，我们也努力以理性为归趋。如胡适把先秦比为希腊的理性时代，学术文明均极发达。汉魏南北朝隋唐，则是中古黑暗时期。一方面有儒家的方士化，讲阴阳谶纬、迷信灾异，提倡君权神授，又建立了儒教的权威；另一方面则有佛教传入中土、道教兴于民间。要到宋朝，才发展理性精神，廓清妖氛。不幸陆王崛起，又主张玄学，此一精神遂未能发扬光大。

五四新文化运动，被称为启蒙运动，就是自觉地要运用此理性精神、朴学方法，打倒儒家、神权、迷信，以臻于科学与民主，犹如欧洲必须打倒教会势力及上帝权威，才能发展出民主与科学那样。这其实是胡适那一代推动新文化运动者一致的态度，如冯友兰、顾颉刚都有一个类似的历史解释模型。胡适在《介绍我自己的思想》中，曾说他受杜威与赫胥黎二人影响最大。前者教他怎样怀疑，教他不信任一切无充分证据之物；后者提供他方法：求证。赫胥黎之说，在胡适看来，即他引张载云为学要"于不疑处有疑，方是进矣"之意。其实不然。严复说："迷信者，言其必如是，固差。不迷信者，言其必不如是，亦无证据。故哲学大师如赫胥黎、斯宾塞诸公，皆于此事谓之 unknowable，而自称

agnostic。"胡适把存疑论（Agnosticism），转为摧陷廓清的"怀疑论"。要人持此怀疑之眼光，打破权威，本来是承认宗教亦自有其领域的学说，到此遂变成摧毁一切宗教的戈矛。

二

把西洋近代社会发展，看成是在启蒙运动的理性之光照射下，摆脱神魅，开创了新的文明，乃是一种简单化的讲法，殊非事实。

首先，欧洲近代文明，与其说是理性的发展摧毁了宗教，不如说是更新了宗教，创建了新的宗教。从1825年起，即有圣西蒙"新基督教"（Neo-Christianity）的呼吁。这并非教会人士要在炮火下重建碉堡以资防御，而是整个人文宗教发生的讯息。实证主义、青年黑格尔派等，均对此甚为关切。这时，正如费尔巴哈所说，"神学就是人类学"，宗教被认为是出于自我投射或客观化的人性而为现实世界之反映。这种人性的宗教（the religion of humanity）抛弃了上帝，但它奠基于对人的信仰之上。他们之间也颇有分歧，如黑格尔、费尔巴哈与孔德、马克思便很不相同。然其分歧，似乎主要在于对"人"的界定范围宽窄不同及对"人性"之看法有异。如费尔巴哈即云，从前被当作上帝来观照与崇拜的那个东西，现在被看出原来是人自己具有的性质。马克思则说，上帝是人受自然界和阶级的不可忍受之压迫而产生的一些观念。前者在于寻找基督教之本质，认为那即是人之本质。后者也呼吁人的本质，不能被自然界及社会状况所异化。这在批判上帝的同时，转化为另一种宗教了。这个宗教的基础在于人，其目的也在于人，形成一人文宗教之形态。讲西洋近代史的人不能忽略这个线索。后来如巴特和布尔特曼的新正教（Neo-Orthodoxy）、马里旦的新托马斯主义（Neo-Thomism）、新神秘主义（Neo-Mysticism）、怀特海等人的历程神学等，都标示着神学的复兴。而这些神学所要面对的，就是上述人类的宗教或自由主义的新教（Liberal-Protestantism）传统之类东西。换言之，西洋近代文明的开展，并非"上帝隐退"，而是上帝改变了形貌，继续在舞台上演出要角。理性不仅未曾将宗教逐出人世，反而是理性与宗教间的对话日益蓬勃，宗教也因理性之作用而获得新生。

其次，把西方中古时期界定为"黑暗时期"，本身便充满了偏见。马丁·路德抨击天主教会在繁文缛节的宗教仪式与组织下，隐藏着精神的堕落。然而，单凭宗教精神，便能使天主教在中古时期发展成一套宗教社会秩序吗？可见仪式、圣礼、神迹、组织等也不是无意义的东西。天主教对当时的欧洲具有形式理性与实质理性之功能。就仪式本身而言，它对当时之蛮族及社会即为一种教化、一种秩序，使人进入一个全新而又极为丰富的象征世界（Symbolic

World），使人逐步脱离巫术的生活，将日常生活伦理化。这一过程，其实也就是韦伯所说的"解除魔咒"过程，展现了实质理性。故理性化不是在宗教改革以后才开始的，天主教的传播已经是一种理性化的过程了。

最后，西方理性主义本身的发展，也不能说是由于摆脱宗教而得。以韦伯的研究来说，近代理性主义之发展，倘以资本主义为"理想类型"（ideal type），则资本主义精神的出现与宗教改革之后新教的伦理观实有密切关联，尤其是与加尔文教派的上帝理念有直接关系。正是基督新教伦理那种俗世内的制欲精神，促成了以职务观念为基础之理性生活态度。这一现代资本主义精神，导致资本主义经济组织之庞大秩序得以建立。所以这种独特的宗教伦理，是发展出现代理性资本主义的内在的、必要的启动力量。库恩（Kuhn）对科学史的研究也有同样的意义。他一方面揭露了范式在科学研究中的作用，并指出范式具有信仰的性质，打破了所谓科学客观性的迷思；另一方面细致地解说了近代科学如何从所谓"黑暗"的中古时期发展出来。这并不能只视为挣脱宗教，乃是由神学或形而上学中，获得了科学研究的基础预设。如笛卡儿便用许多神学中对上帝属性的界定，来推演惯性定律、动量守恒定律等。这一研究，与怀特海从希腊人的命运观、中古宗教神学等传统，来解说近代科学的发展，可谓异曲同工。故理性与信仰不仅不是对立的，理性的发展往往还得依赖信仰。

西方近代之理性、科学、民主、资本主义等，表面上看是由打倒宗教而生，实乃由宗教中来。所以近代西方固然也批判迷信，却又通过对迷信的理性探索，发展出各种理论，开拓了人类理性认知的新领域。例如，其社会学与人类学，致力于研究近代或原始社会里的信仰现象。其精神分析学，则讨论人类内在心理结构及隐藏于迷信行为之后的无意识结构。其心理学，又探索感觉、记忆等如何支配人的外在迷信行为，或个人与其周遭环境的相互影响。另外还有些人研究巫术与迷信的根源等，不但对迷信及其相关问题所知愈来愈丰富，也重新体认到非理性因素在历史中所扮演的角色。

三

我们不是这样的。我们奉行切断与打倒，认为若不彻底与宗教决裂、宣战，便不足以发展理性，亦无法使中国发展出近代民主与科学。

1920年少年中国学会就在北京通过了巴黎分会的提议，该提议说，有宗教信仰者不得入会，已有宗教信仰之会员得自愿退出。巴黎分会是李璜、曾琦等人主持的。当时李璜就认为将来人类必然会脱离宗教，因为：（1）中国必须现代化，而现代化世界是排斥宗教的；（2）中国需要一个理性的途径来重建，而宗教是反理性的；（3）中国需要的是真实、主动、平等、自由，这些都非宗教所能提供；（4）中国不需要宗教的不宽容。可见理性是反宗教最主要的理由及武器，且理性被认为是救亡、启蒙，是使中国现代化的不二法门。然而，理性之所以能成为新的权威，成功地成为主导近代社会的力量，最主要的却是以其"启示"与"预言"性格。启示，是指近代知识分子往往宣称理性能给人光，能让人走出蒙昧、黑暗和愚昧，自己看到世界，摆脱旧权威之宰制。预言，是预言未来世界在理性的导引下，必然更加美好。这既说明了革命之必要，也说明人类不能不走上理性之路。这其实就是一种宗教态度，所以理性也就被绝对化了，绝少人怀疑理性的价值以及理性之作用有其限度，对"非理性""反理性"之价值与功能亦不屑一谈。反之，理性还被赋予了道德意涵，代表正义且必然胜利的一方，塑造出一种启蒙的道德权威（moral authority），来替代旧日之圣贤教训或社会伦常道德权威。理性的权威，当然更可能建立在近代科学本身的发展上，直接从科学中获得权威。近代科学既然是因采用了理性的科学方法，而有长足之进步，那么，其他各学科、人类知识之各领域，若欲得到同样的发展，当然也须采用这种方法。这当然是不合理的。何以故？

1.科学固然是理性化的结果，但人类社会的理性化并不能从科学处得到保证。例如枪炮炸药之发明，是科学的成就，然此科学能作为人类社会之理性模范否？人类用枪炮自相残杀，可太多了！霸权国家的科学也可以很发达，但能说它就是合于理性的？

2. 近代知识分子往往认为合乎科学即合乎理性，这是对科学的信仰。可是科学门类甚杂，他们的理性行为到底应以何种科学为模型呢？殷海光曾批评胡适，"了解科学方法之来路系历史考证，而不是自然科学……所以对于科学方法的了解难免陷于过分简单的认识"。批评很有力，可是殷海光的科学方法也同样不是来自自然科学，而是逻辑实证论，那么是否他自己也难免陷于过分简单之认识呢？再者，若说科学方法必须直接由自然科学来，那又应取自何种自然科学呢？数学、化学还是地质学？

3. 以科学为学术工作之基本模型，任何学门都要讲究其科学性与科学方法，是近代理性精神伸张的一项表征。但是，我们似乎忘了问科学性及科学方法是否有其界限。也就是说，自然科学的研究目的、方法、范围、对象，是否可等同于人文及社会科学？西方自19世纪狄尔泰以降，对人文学与自然科学之不同，讨论甚多；人文学若可建立为一门科学，此一科学亦自有一套"人文科学的逻辑"。而我国知识人对此则未暇措意，反而努力地以自然科学来规范人文及社会科学，以致知识分子高举科学与民主之大纛，却不料科学竟反过来在知识界内部和社会意识方面成为压迫、宰制人文学发展的最主要力量。

整个社会对科学的崇慕与科技所占据的社会资源，都使得人文研究不受重视，人文学者毫无发言地位，人文学无法发展。科技所代表的工具、技术理性，也完全压倒了理性精神所应蕴含的价值理性面。这是近代理性精神发展的悲剧。此一悲剧之形成，固有世界权力结构之关系、政治社会运作的因素，然而，知识分子本身所秉持的理性精神本身，可能便含有若干问题，故导致这样不良的发展。此话怎讲？哈贝马斯曾指出科技内部的非理性（irrationality）问题，认为近代科学基于方法运作上的考虑，对价值、伦理问题暂不讨论，但如此一来，科学竟常以为价值与伦理问题不能理性地讨论，科学研究不必问目的与意义。如此一来，不但在理论上认识错误，更常在实践上造成一种非理性主义。

我国在清末民初所接受于西方者，乃英国经验论系统，而于法国、德国的理性主义传统极为疏隔。因此，近代虽号称为一理性时代，然事实上只显示了一种以理性为价值取向的心态，显示了一种似乎讲究经验实证与理性归纳程序的态度，而并未形成真正的理性主义。对理性之内涵、能力、运作及理性与感觉经验、意志力等之关系均少探索，对使用概念以演绎推论之方法亦不熟稔。即使在经验论的传统方面，我们因为并无类似欧洲理性主义的底子，故所吸收者亦颇浅浮。

启蒙运动中，道德哲学在英国获得了长足的发展：洛克由经验层面，亦即由人类行为所引起之快乐与痛苦来建立道德；休谟则强调道德感受，谓道德基于天生的同情心，宗教亦由情绪之需要而生。此与德国理性主义者如沃尔夫发挥理性主义系统，而以道德为最后目标，实有异曲同工之妙。我国近代知识分子的理性精神却以反道德为指归之一，批判儒家伦理，攻击良知说，不唯未发展任何伦理哲学，且视道德及道德教育为封建社会吃人的礼教。同理，我们吸收了卢梭《社会契约论》，却忽略了卢梭所代表的，事实上是对理性主义有所反省的一种思想。由于启蒙运动对理性过分强调，卢梭才凸显大自然赋予人的感受能力，以此为人类活动最深远的来源。漠视这一种思想，对启蒙运动的理解当然会显得偏宕而不充分。

当然这种对比是极粗略的，而且中国自有思想传统，发展道路亦不必同于西方。不过，由这样的比较，我们自会发现中国近代知识分子的理性精神，可能比启蒙运动的狭隘理性观问题更多，蕴含了更多理性不能真正落实的内在因素。凡事当先"反求诸己"，我们现在显然应该开始改弦更张或重新出发了。

嗨，如此理性地论来论去，其实也很无聊，不想写了。还是我那句老话：不懂伤春，不能诗酒，人趣已失，理性何存？风气再不改改，人快憋死啦！

西方传教士带来的不是科学，是一套话语体系

中西文化有种种异同。若先不说同而说异，传不传教就是其中非常大的一种差异。

西方，还有印度、波斯、阿拉伯，都热衷传教。犹太教、祆教、摩尼教、佛教、景教、伊斯兰教、天主教等，都为了传教打成一团，且陆续涌入我国传教。而我们却绝无这般波澜壮阔、持续久长的对外传教史。

一、王道风化

思想当然应该传播，但对于思想之影响他人，我们只说风化或教化，古代甚至没有"传教"一词。风化，是"君子

之德风，小人之德草"式的，春风风人，夏雨雨人。

特点一是柔和。风拂人，雨润物，非强力宣传、反复灌输的刚性传播。近代西方传教于全世界，往往胁之以武力、啖之以财货，便多是刚性的。

特点二是示范。君子之教，不是把什么东西塞进别人脑子，用什么规矩套住别人的行动，甚至要求人家"抛却自家无尽藏"，都只皈依你；只是自己显现为一种让人喜欢亲近并效法的状态，人家就逐渐移风易俗，效法他了。所以儒家并无摩西十诫和各教那样的戒律跟誓词，只说"先生之风，山高水长"。

特点三是感应与兴发。教化者和被教化者之间是感应关系，铜山西崩，洛钟东应，自然能"闻风兴起"，不需耳提面命。而兴起，兴起的是自己的生命，所以也不模仿原先让我兴发的人，更不必替他服务、替他传教。比如春风既至，百卉千丛，姿貌各异，皆因春风而不似春风。孔门弟子，岂非如是哉？都学孔子，可是颜回、子路、子贡、子游、子夏，各从其性，各各不同。

这种风化观或教化观，后来渐渐丧失了，因为出现了"传教"这个观念和词语。

二、霸道传教

最早是政治力量带来了刚性传播,职掌传布教令的郡吏就称为传教。《资治通鉴》卷八九愍帝建兴三年正月,"莅叱郡传教吴曾格杀之",胡三省注:"传教,郡吏也,宣传教令者也。"又《世说新语·宠礼》:"桓宣武尝请参佐入宿,袁宏、伏滔相次而至。莅名,府中复有袁参军,彦伯疑焉,令传教更质。传教曰:'参军是袁、伏之袁,复何所疑?'"

传教是指宣传教令的人,后世"传教士"一词正是这个意思:犹如信差,要把政令传达下去;又如扩音机,要把政令大声地宣扬出去。

这个词语,很快就被进入中国弘法的佛教吸收了。

弘法,是佛教用语,中国古代无此词,也无此观念。所以中国人常以"传教"来作为"弘法"的同义词。唐皇甫冉《赠普门上人》诗:"惠力堪传教,禅功久伏魔。"

后来兴起的各种民间宗教,也开始四处传教。

如明朝中叶,山东即墨人罗清创立罗教,提倡"真空家乡,无生父母"。此一概念,演变出唯一的女性神"无生老母",而为白莲教等教派所接受,宣扬无生老母将派遣弥勒佛下凡拯救世人。

这一时期,各教颇有竞争,传教的热情乃愈来愈被鼓舞起来。如神宗万历年间的闻香教:"蓟州人王森得妖狐异香,倡白莲教,自称闻香教主。其徒有大小传头及会主诸号,蔓延畿辅、山东、山西、河南、陕西、四川。森居滦州石佛庄，徒党输金钱称朝贡，飞竹筹报机事，一日数百里。……四十二年，森复为有司所摄。越五岁，毙于狱。"王森伏诛后，他的信徒巨野徐鸿儒、武邑于弘志分别于今山东、河北起事。

万历十五年（1587年），都察院左都御史奏："白莲教、无为教、罗教，蔓引株连，流传愈广，踪迹诡秘。北直隶、山东、河南颇众。"万历二十五年刑部奏称："白莲结社，遍及四方，教主传头，所在成聚。倘有招呼之首，此其归附之人。"万历四十三年，"近日妖僧流道，聚众谈经，醵钱轮会。一名涅槃教，一名红封教，一名老子教。又有罗祖教、南无教、净空教、悟明教、大成无为教，皆讳白莲之名"。清昭梿《啸亭杂录·癸酉之变》："大内太监多河间诸县人，有刘金、刘得才等，其家即习学邪教者，选入禁中，遂与茶房太监杨进忠等传教。"如此种种，可见一斑。

但无论他们传得如何厉害，仍只是在我国内部传，并没传出去。

唯一传出去的是一个"老子化胡"的传说，谓老子骑青牛出函谷关以后，往西到了西域等地，教化了佛陀。有一部经专讲此事。

这其实是宗教间常有的事。佛教徒古代就常说老子、孔子、颜回都是佛弟子（《清净法行经》云，"佛遣三弟子震旦教化：儒童菩萨，彼称孔丘；光净菩萨，彼称颜渊；摩诃迦叶，彼称老子。"）；现代也常说耶稣曾经到过印度，接受过佛陀的教导。

可是人情偏私，只喜欢说别人的教主都是我们的学生，却绝不喜欢听到谁是我们教主的老师。仅有的例外，是道家虽不太提孔子问道于老聃，儒家反而很乐意承认，以致佛教徒把《老子化胡经》恨之入骨，从南朝梁闹到元朝，花了数百年，终于说动朝廷把这本书焚了（幸好现在还有劫后余生的敦煌残卷）。

所以孔子曾想移民海外，老子传说曾去西域，事实上都没成功。礼又贵来学而无往教，是以至今我们也没什么海外传教事迹可说。汉传佛教略有一些海外道场，也只是佛教全球传播之续章，儒家、道教则都不成规模，政府之宣传更不用说了。

当然，刚性传教做不好，到底是利是弊、是福是祸，很难说。王道不行，而举世滔滔，都在努力践行霸道的传教伦理，或许正是我们这个世界不可能宁靖的一大原因。

三、西方传教士带来的不是科学

佛教传进我国，久而渐衰，近世之影响已远不如西方传教士。

可是我所指的影响，与一般人所说还不太一样。一般总强调传教士带来了"科学",如天文、地理、几何、工业技术等;我则认为否,他们最重要的是建立了一套话语系统,这才是"以夷变夏"的关键。

先说传教士带来了什么"科学"。

他们先痛贬中国天文学。如南怀仁将杨光先排挤出钦天监,自己负责制定历法后,短短数日内,即一口气写就《妄推吉凶辩》《妄占辩》《妄择辩》三书,用"科学的态度"痛批中国人以术数占断吉凶休咎之法。

这不是科学打倒了迷信,而是要传播另一套信仰:上帝与占星术。

传播上帝福音,在西方被认为是反科学的,但在中国却被称为科学,而我们的信仰则被称为"迷信"。

他们的天文学,应该是科学了吧?不,那里面多是占星术。

如耶稣会士穆尼阁译撰《天步真原》时,即在《人命》下卷列出十五个西方人物出生时的天宫图,并详加推演说明。南怀仁又照汤若望先前所译的《天文实用》一书,预推每年于春夏秋冬四正节、四立节以及交食等日的天象,凡说"各季所主天气、人物之变动效验,如空际天气□冷热、干湿、阴云、风雨、霜雪等项有验与否,下土有旱涝,五谷百果有收成与否,人身之血气调和、不调和,疾病多寡,用药治理以何日顺天、何日不顺天"等项,均是西洋占星术。

真正科学的部分,我们很差吗?不,利玛窦发现中国人记载的星数比欧洲人记载的多四百个,星象记录也比欧洲人完整,因此他给教会的报告说:"他们计算日月食的时间非常清楚准确,所用方法却与我们不同,这些人从来没有和欧洲人交往过,完全由自己的经验获得和我们相似的成就,真是一件可以惊奇的事。"他又在南京考察过北极阁天文台,盛赞其仪器"规模和设计的精美远远超过曾在欧洲所看到的和知道的任何这类东西。这些仪器虽经受了近两百五十年的雨雪和天气变化的考验,却丝毫无损于它原有的光彩"。

相反地,耶稣会传教士带来的世界图式却是托勒玫、亚里士多德的封闭的地心说,认为宇宙是由许多以地球为圆心的固体水晶球构成。这种错误的图式,远比我们基本正确的图式落后得多。这就好像我们去舶来品店买东西,以为他们带来的是最新的款式,所以对自己这身打扮自惭形秽了起来,却没料到他们带来的其实是老古董,两千多年前的古董。

水晶球说,源于古希腊天文学家欧多克索斯(前400—前347)的宇宙同心球组说,认为每个球绕着固定在外的一个球层里的一根轴而转动。亚里士多德把他假想的球层变成球体,认为诸球层皆由不生不灭、完全透明、硬不可入的物质构成。

该说曾被教廷视为异端,后来神学家托马斯·阿奎那将其与神学结合,教廷才钦定为教条。利玛窦《乾坤体义》卷上、阳玛诺《天问略》中介绍给中国的,就是这个荒谬的说法。

水晶球说之后，在西方天文学中产生重要影响的是托勒玫（约 90—168）行星系说：主张地球居宇宙中心不动，日、月、行星和恒星都环绕地球运行，这即是天文学史上有名的地心说。在华传教士对托勒玫学说的介绍主要见于《崇祯历书》。

《崇祯历书》还介绍了当时刚在欧洲出现不多久的第谷说。第谷体系认为：地球是宇宙的中心，月亮、太阳和恒星在不同的层次绕着地球转，而五大行星则绕着太阳转。

直至 1722 年编成《历象考成全书》时，被传教士奉为圭臬的仍是第谷体系。该体系在中国占主流地位达一百多年。

换言之，从明末至乾隆中期，传教士与中华天文历法学的斗争，所采用的全是错误的水晶球说和托勒玫说、第谷体系。

而利氏所说的天球，即《元史·天文志》所指浑天象，是郭守敬在 1276 年对宋代科学家韩公廉、苏颂制作的在当时领先世界的"水运仪象台"的调整修配品，基本保留了韩、苏原制，但观测精度更高。特点是能使仪器随天球运动而转动，这一先进的做法直到 1685 年才体现在意大利天文学家卡西尼利用时钟装置推动望远镜随天球旋转的设计中，但这是苏颂发明这项技术的近六百年后了。

另外，郭守敬所制简仪是将先前的黄赤道转换仪的黄道部件去掉，只保留赤道部分。从现代天球仪广泛使用赤道装置这点来说，郭守敬可谓这种做法的先驱。欧洲到了16世纪，第谷才放弃了欧洲人和阿拉伯人一贯使用的黄道坐标和黄道浑仪，采用中国人的赤道坐标，也比中国落后了三百多年。

故所谓西方传教士带来的科学，其实只是一套话语系统。明明比我们落后，且是错的，但他自称为科学，并一再指责、嘲笑我们不科学，于是我们就变成不科学的了。

这样的例子可以不断举下去。中医、中药、物理、化学、数学、宗教、哲学、文学，什么都可以这样套，直到"用科学方法整理国故"为止，直到中国人把"正确"的认识或做事方法统称为"科学的"为止。近代中国，没有科学，只有科学主义，这就是主要原因之一。

四、西方传教士带来的是一套话语体系

这是总体否定我们既有的文化，将之贬为"不科学"。然后，他们还要替我们另造一套言说系统：

（一）汉语拼音

首先要脱离中文汉字系统，另造一套西式语言的拼音系统。

汉语是个文字体系，西语是语言中心主义的，所以传教士虽然已认得汉字了，但仍然要用语言来"消化"汉字，把

汉字转化成一套如他们那样的拼音系统。

利玛窦1582年来中国，先在广东肇庆完成《葡汉辞典》，开始用拉丁文字给汉字注音。这是后世一切汉语拼音方案的鼻祖。他1605年又在北京出版《西字奇迹》，其中有四篇汉字文章加了拉丁字母的注音（《西字奇迹》原书已佚。明末《程氏墨苑》存此四篇，皆附有拉丁字母注音。《程氏墨苑》的读者是中国人，所以这是为了让中国人熟悉西文而设的）。

金尼阁1610年（即利玛窦卒年）秋来华传教。1626年完成《西儒耳目资》三卷，用利玛窦的二十五字母，上加五个音调记号，来拼读一切汉字。据他自述，目的"在使中国人能在三天内通晓西方文字体系"。注意，这与从前佛教僧人创造"守温三十六字母"旨在分析汉字声母、韵母的办法完全不同，是要中国人进入西方语言体系的。而我们到现在，还在传教士建立的这个语言体系中。入学，规定先学汉语拼音，之后才学汉字。没想过：古人读书，李白、苏东坡、王阳明，谁需要先学汉语拼音呢？

（二）传入语法学

拼音之外，开始介绍语法。马礼逊编写的《通用汉言之法》即是关于汉语语法的，时在马建忠《马氏文通》之前。

语法学，是中国古代没有的。经他们引进并强力推销于教育事业之后，现代汉语就跟传统汉语产生了鸿沟，渐渐变成一种"欧化"的汉语。

在学科专业分类上，也分属两个专业。某年我在某高校的古代汉语专业带研究生，一名学现代汉语的学生想来考就不行，急得大哭。你就知道这中间鸿沟有多严重。现代人写文言文写不好，主要也因为在现代语法环境中待久了，回不到原有的汉字语境中。

（三）创建新的词汇系统

从前佛教传来，也造了不少新词，如"眼光""缘起""手续""刹那""现在""翻译""翻案""方便""天堂""地狱""宿命""平等""悲观""觉悟""境界""唯心""实体""实际""真实""真理""真谛""信仰""因果""相对""绝对""信手拈来"等。同时还确立了汉语借词（外来词）的基本范式。西方传教士发展此一方法并予扩大。不同处在于佛教大多是你上面看到的，只偏向教理、教义、思想观念部分，西方传教士则"为万物命名"。

一是自名。

1584 年罗明坚译述的《天主圣教实录》，意译了"天主""宠爱""复活"等，音译了"耶稣"等词；将 angel 译成"天神"，后改译为"天使"；将 soul 译成"魂灵"，后改译为"灵魂"，并自创了象形表意词"十字架"。另有"上帝"（利玛窦 1595 年译辑的西方格言集《交友论》采用，直接把中国古词变成他们的专名）、"基督"（见卫三畏 1844 年在中国出版的《英华韵府历阶》）、"西儒"之类。艾儒略于 1623 年作的《西学凡》和《职方外纪》则有"原罪""采取""处置""救世主""造物主"等。

二是各种通名。

如利玛窦《交友论》有"人类"等语，1599年他编的《二十五言》有"生物"等语。

三是各种专业名。

天文地理。1602年利玛窦《坤舆万国全图》出现"地球"、南北二极、"北极圈"、"南极圈"、五大洲、"赤道"、经线、纬线等。李之藻编译的《浑盖通宪图说》中出现了"天体""赤道""子午规""地平规""天地仪""地球仪"等。

数学。1607年利玛窦与徐光启出版《几何原本》前六卷的译本，造了"点""线""面""平面""曲线""曲面""直角""钝角""锐角""垂线""平行线""对角线""三角形""四边形""多边形""圆""圆心""外切""几何""星期"等词。1613年利玛窦和李之藻合译的《同文算指》，又有了"平方""立方""开方""乘方""通分""约分"等词。

逻辑。1631年葡萄牙人傅泛际和李之藻合译的亚里士多德《名理探》出现了"明确""解释""剖析""推论"等词。

艾儒略《西学凡》《职方外纪》另有"公法""文科""理科""法科""法学""地球""大西洋""热带"等词。

其他物理、化学等学科皆如此。所以后来中国专业人士都只会用这类词语，而中文只成为一般生活用语。西化程度再高些，就直接用外文，例如医生根本不用中文开药方、写诊断书。

四是物名。

一般生活用品，如德律风（telephone）等物，也常常直接从外语语音直译。

（四）为万物命名之后，还要发展交流用语

1.在传教士的观念中，人的交流是以《圣经》为中心来展开的。

传教士所用各种汉语文本中，最忠实于原著、翻译最准确的是《圣经》，因此文本最为欧化的也就是《圣经》。它对中国教徒影响亦最大。

传教士来华传教，翻译及推广《圣经》是首要任务。故近代汉语的欧化，受到《圣经》和《天路历程》等必须严格遵照原意翻译的书影响极大。它形成一种欧化的语言暴力，改变汉语原有的表述习惯，使中国教徒在接受《圣经》之汉语时接受欧化。

《圣经》早期有文言文译本。但既然要另构一套话语系统，文言就不是最好的选择（虽然文言译本已经欧化得佶屈聱牙了）。1807年马礼逊来华传教后，就倾向于用白话来翻译《圣经》。1856年《圣经》的白话译本在上海出版，用南京官话译。这是将文言译本《新约全书》用南京官话改写的，虽不是翻译而是改写，却已经显示出欧化的特色，改变了许多白话原有的表述形态。所以《圣经》的官话译本也就成为欧化白话文的典范。1872年，出版了依《圣经》译本改写的《新约全书》北京官话译本。1874年，又出版了《旧约》的北京官话译本。以后便大量印刷发行。1890年，传教士召开大会，决定在已有中文译本的基础上，分别用文言、浅近文言、北京官话再次翻译《圣经》。这次译的完整北京官话《圣经》新旧约合订本于1919年1月问世，被称为"和合本"。它至今还在教徒中沿用，教会年年发行。

2. 与传教相配合的官话运动。

晚清传教士运用官话传教，所以编了许多官话教材、字典、书籍、报刊，一时蔚成风气。

以狄考文《官话类编》为例。他曾办学堂、编写教科书。《官话类编》一书收集了日常生活中常用的短语和句子，每课介绍一个语法点，便于学习者学习。他对汉语词类的看法与现代汉语的词类基本一致；因认为汉语缺少词形变化，故在课文中对词缀和重叠的构词法详予论述；也介绍了动补式、处置式和被动式句法；还收集了山东方言的许多词语和句式，有语料价值。

3. 通过官话，再进行民众教育。

艾儒略在《职方外纪·欧逻巴总说》介绍欧洲的学制，"欧逻巴诸国皆尚文学。国王广设学校，一国、一郡有大学、中学，一乡、一邑有小学……"，已经向中国引入了"大学""中学"和"小学"的概念。

后来官话运动与西人在中国推广欧式教育体制的关系，举一个例子来看，读者诸君就明白了。

此公即丁韪良（William Alexander Parsons Martin，字冠

西）。他是 19 世纪来华最著名的传教士汉学家，在中国生活了六十多年。他于 1851 年组了个学社，宗旨是"为了确定一个用以把'宁波口语'写下来的拼音系统"。这个系统就是用罗马字母拼写宁波话，最早的宁波话学习教材《鄞邑土音》就采用这个拼音方案。

至 1870 年止，宁波出版的罗马字母书籍达五十种以上，作者涉及二十余人。从出版物数量、内容、作者群计，可以说宁波的罗马字母书籍是整个吴语区甚至全国的引领者。

1862 年，丁韪良到北京。他从北京崇实馆校长，一直做到京师大学堂第一任总教习（故常被称为北京大学首任校长），光绪赐予二品顶戴。1907 年，他还向清廷建议制订官话罗马字母的拼音方案。

其他教会、传教士在中国从事教育事业、办学堂等事，不胜枚举，就不赘述了。北京大学后来为什么会发起白话文运动，脉络亦不难理解。

五、西游梦境之后

古人曾开玩笑说，佛教没传进来以前，中国人从来没下过地狱，也没任何人有前世。佛教传来，才有轮回、转生投胎、下地狱接受阎王审判等无数故事，或说是亲身经历，或有无数例证。

是的，宗教提供的是一套对人生和世界的解释，也就是一套话语。你信了这套话语，自然就会见到那样的世界。

这就像小说《西游补》所说，唐僧师徒过了火焰山之后，孙悟空去化斋，被鲭鱼精所迷，进入这个妖怪所幻造的"青青世界"。在里面往返奔走，上下探索，跌到了"万镜楼台"；又从这楼台上的镜子进入"古人世界"，再又进入"未来世界"。忽化为虞美人，忽当了阎罗王，颠来倒去。最后得到虚空主人的呼唤，才猛然醒悟了，从"青青世界"这个假天地脱身出来。作者董说，五岁能读《圆觉经》，后来出家苏州灵岩寺为僧。本是宗教中人，所以才能觑破此中奥秘。

我以此为说，用意也很明显。

1. 揭明中西方传教与不传教之别，做文化形态学式的分判（如果说有点现实讽喻，那就是说我们仍应采取"远人不服，则修文德以来之"的传统办法）。

2. 说明西方传教的内容，其深刻影响中国者，不在制度、技术和所谓科学，而在一套新话语系统，也就是鲭鱼精构造的梦。

3. 传教士是织梦师。我们则既需要梦，也需要悟空出梦。

但我不是反宗教人士，尤其不反天主教之类的基督教。因为所有宗教都传教，所构之梦不同而已。而传教也不限于宗教，其源头，我不是说了吗，"传教"一语即出于政治。对于政治家的编织，我们同样既需要梦，也需要悟空出梦。

百年汉字屈辱史

百年来的汉字史，乃是一部屈辱史。汉字背负了使中国积弱不振的罪名，成为被改革的对象。

针对汉字进行的改革，是民国初即已开始的文化运动，但与其他国家的文字改革性质不同。

一、消灭汉字

文字改革有两种。一种是在文字制度内部改，例如秦始皇的"书同文"，或印度尼西亚改用印度字母，后来又改用阿拉伯字母。改变仍在同一种文字系统内进行。另一种却是文字制度的变革。例如，朝鲜把汉字废了，改用谚文；越南改用拉丁化字，把表意文字转变为拼音文字。

我们的文字改革，则先是起于体制内的改变，而逐渐要废除汉字，变成了改变体制。以简化为阶段过渡，最终想要达到拼音化之目标。

一百多年前的1920年，钱玄同即在《新青年》第七卷第三号发表了《减省汉字笔画的提议》；1923年又在《国语月刊》发表了具体方案，倡行简体字。这种简体字之功能，即在于让汉字逐渐简省，逐渐抽象化，与拼音接轨。

此一思维，最基本的想法就是仿效西方。最早提倡拉丁化的朱文熊在《江苏新字母》（1906年）中就说，用官话字母或切音符号都不好，"不如采用世界通行之字母"。他所说的世界通行之字母，就是拉丁字母。

但当时着眼点仍在注音，并非用以代替汉字。可是这个方向迅速与新文字运动合流了。1931年瞿秋白等人在符拉迪沃斯托克举行中国新文字第一次代表大会。在瞿秋白的《中国拉丁化的字母》基础上，通过了《中国汉字拉丁化的原则和规则》方案："要根本废除象形文字，以纯粹的拼音文字来代替它。"但基于现实需要，"不是立刻废除汉字，而是逐渐把新文字推行到大众生活中间去"。随后就在苏联远东华侨工人间推行北方话拉丁新文字，渐渐发展到上海。推动主力是苏联。

当时非但是以简减汉字之手段，以达全面改变文字体制，走向"世界文字共同的拼音方向"，还与语音合流，发展汉语拉丁化。激烈的，甚至主张干脆也废掉汉语，全面采用拼音，或径用"世界语"。

二、仿效欧洲语言

然而，此种思想不折不扣是在欧洲中心论底下形成的，所谓拉丁化或"采用世界通行之字母"根本就是对欧洲拼音文字的模拟。因为，从来没有人提倡用阿拉伯字母、斯拉夫字母、印度字母。

以世界文字的分布来说，大抵有五大块，一是拉丁字母，二是汉字，三是印度字母，四是阿拉伯字母，五是斯拉夫字母，余为其他。因此，拉丁字母并非世界通用之字母甚为明显，但过去谁也不重视这一点。因为眼中只有欧美，而其他文字之地区更是被视为落后地域，故欧洲之拉丁文字遂理所当然地被视为先进的、科学的。

就人口数来说，汉字及汉字系之使用人数不亚于拉丁字母。就字母系文字来说，阿拉伯字母的分布地区亦仅次于拉丁字母区。可是在欧洲中心主义者的心目中，其地位都远不能与拉丁字母相比。

欧洲中心主义者不仅视野褊狭，更缺乏社会文化观。例如欧洲，沿着俄罗斯、乌克兰，到今天塞尔维亚、黑山的西边，分界线以西信奉天主教，用拉丁字母；分界线以东，信东正教，就用斯拉夫字母。为什么同在欧洲，那些用斯拉夫字母的人不都采用拉丁字母就好了呢？岂非文字之使用，内含有文化因素吗？

同理，北非、中东凡信伊斯兰教者都采用阿拉伯字母。

中亚、南亚一些地区，乃至过去我国新疆维吾尔地区亦然。印度尼西亚先采用印度字母，后改用阿拉伯字母，亦可印证其伊斯兰化的历程——相反的是土耳其，采用拉丁字母代替原先的阿拉伯字母，即显示了它想融入拉丁文化圈。印度字母，通用于印度、斯里兰卡、尼泊尔、不丹、缅甸、泰国、柬埔寨以及我国西藏等地，亦同样可说明文字并非工具而已。

文字改革者认为：汉字能够改革的根本原因，是文字的本质属性——工具性。工具既可借用或创造，当然也可以改革。如果汉字这种工具不方便、不好用，自然就需更换，所以全力去攻击汉字如何"不科学"，如何不便于学习、不便于应用。

殊不知由文化角度看，文字从来都不只是工具。由文化角度看，谁都认为别种文字不便学习、不便应用。由文化角度看，就算再不方便，难学难认难记，该文化体仍会坚持采用属于它的文字。这个道理，就像同在欧洲，信东正教的地区绝不会采用拉丁字母一样。

东亚很多民族本来都用汉字，后来文化自信渐增，就要自造文字，也是同一个道理。

所造文字，不少比汉字还要繁复。例如西夏文，一般单字笔画都在十画以上，且无明确之偏旁体系。壮族的壮文、越南的字喃，由于合体字多，笔画结构也颇繁复。在湖南的江永县、道县还有一种女书，是瑶族女子使用的一种汉系文字，既利用汉字减损变形，又有圈点等符号。

这些文字，我们非其文化圈的人觉得难，可是在孕育它的社会中广泛使用、流传，特别是在民间歌谣、故事的抄本中，人家可没嫌难。我们觉得它没啥存在的必要，不如干脆采用汉字，省事又能广为流通，但这种说法，能获得写女书的女人家认同吗？

凡此，均可知脱离了文化观点的文字工具论，乃是不符文字使用状况的意识形态编织。

同样的编织，就是他们有虚假的历史观。其现象之一是建立假的文字进化史观，二是把这种史观抽离具体而真实的历史情境，单独且概念化地述说。

假的文字进化史观，是说文字当由象形进化到拼音，或其他各种讲法，总之就是拼音最进步，汉字较原始或较落后，必须改进。

例如周有光《世界文字发展史》把文字史分为三期：一为原始文字（刻符、岩画、文字画、图画文字），二为古典文字（苏美尔楔形文字、埃及圣书字、中国文字、玛雅文字等），三为字母文字。他根本没谈印度、阿拉伯，直接说最高级的字母文字创于地中海腓尼基人，其后传入希腊，"开创了人类文字历史的新时期"。因此他又得出一个规律，"从'意音文字'向'音节文字'发展的规律"，在他看来都是共同的。

古印度亦为人类四大文明发源地之一，为何论字母文字就将其忽略了，径自说腓尼基人之发明"不胫而走，成为全世界通用的文字符号"？又为何古印度就可以脱离此种规律，一下子从原始跳入最高级的字母阶段？

再者，他抹杀了一个事实，即古埃及与苏美尔文字都是因国家被消灭才未继续发展下去的。使用拼音文字的民族占据了他们的故地，便被周先生解释为文字由古典时期进化为字母时期，这不是抽离乃至遗忘了历史，而孤立、概念化地编织文字进化史吗？同理，他艳称拉丁字母推行之广，强调汉字文化圈日渐萎缩，而根本没说那是欧洲殖民运动的结果。

目前拉丁字母的使用区是欧洲一半，美洲与大洋洲全部，非洲大部，西亚土耳其，东南亚新加坡、马来西亚、印度尼西亚、菲律宾、文莱、越南。这些地方，除欧洲本身外，都是因被殖民统治才采用拉丁字母的。

正如蒙古，早期采回纥字母书写，后采用藏文字母创八思巴蒙文，都非斯拉夫字母系统。及至苏联时期，受其控制，才改用斯拉夫字母。这是政治势力介入使然，非文字本身就有这么一个进化的规律。抽离或掩饰了这些历史事实而讲的文字进化史，只能是虚假的意识形态编织。

三、欧洲中心论对字形和语法的影响

此外，为了简化汉字以达到拼音化之目标，而且是用拉丁字母拼音，改革汉字的先生们还杜撰了另一条规律：文字符号由繁趋简，以"证明"简化是大势所趋，是进步的。

这种说法，违背了汉字文字学的基本常识：字，"言孳乳而浸多也"。其初简，其后繁是不待说的。一字多义时为了辨义，也会不断增加符号，如"云"加"雨"成"雲"，加"艹"成"芸"；"文"本义就是"花纹"，但字义分化后加"糸"成"纹"。一个字，本身当然也有古简后繁者，如"无"与"無"，"囗"与"國"。但大趋势就是繁，字愈来愈多，字还结合成词，词也愈来愈多。

何况，文字使用能力强是有文化的表现。越有文化的人，就越喜欢使用、能使用、常使用较罕用、较难写、字形较繁的字或词语，而且其词汇量也愈大。违背了这个文字社会学的事实，而空说简化规律，只能让人感叹成见之误人而已。

欧洲中心主义在语文方面之影响，不仅表现为语言文字改革而已，仿效欧洲建立的语法学也是其中一端。

中国古代并无所谓语法学。清末马建忠《马氏文通》以后，才模仿英文建立起语法学。这是大家都知道的事。此事不只在语法学本身甚为重要，对文字学也是有影响的。因为古代以文字学为主，附论声韵；现代学术，则只有语言学。

除了中文系仍开设文字学课程之外，试问有哪个大学或社科院会成立文字学所？《马氏文通》讲的却是语法，因为它模仿的是西欧文字。在西欧拼音文字体系中，文字只是语言的模拟或记录，因此文字仍是语言，只不过是"书面语"罢了。这跟中国文字迥然异趣。

整体语言学的欧化，除建立语法学之外，也表现在汉字已失去此一语言中心的思维中。现在的学科建置，就明定为古代汉语、近现代汉语等。

四、欧洲对汉字的排斥、吸收、误解与恐惧

从整体上看，注重分析和描述语言符号之结构，是20世纪西方语言学研究的普遍倾向，形成结构主义的思潮。对此思潮或现代语言学，英国语言学家莱昂斯（John Lyons）概括为五大特点：（1）承认口头语言的优先地位；（2）采用非规范性的描述方法；（3）承认共时研究的优先地位；（4）承认语言与言语的区分；（5）接受结构主义的观点，把语言看成一个关系的系统，而系统成员（声音、词语等）没有独立之关系与意义。

第一点，指从索绪尔《普通语言学教程》开始，即只重视语言，视文字为记录语言的工具："语言和文字是两种不同的符号系统，后者唯一的存在理由是在于表现前者。"基

于这个理由，现代语言学并不研究文字。就算研究，也仅限于表音文字体系。

索绪尔从能指的角度，讨论了文字系统的一些重要特征：

1. 文字的符号是任意的。例如字母 t 和它所表示的声音之间没有任何关系。

2. 字母的价值纯粹是消极的和表示差别的。例如同一个人可以把 t 写成好些变体，但在他的笔下，这个符号不能跟 l、d 等相混。

3. 文字的价值只靠它们在某一个由一定数目的字母构成的系统中互相对立而起作用。因为书写符号是任意的，它的形式并不重要，或者毋宁说，只在系统所规定的限度内才是重要的。

4. 文字符号是怎样产生的，这完全无关轻重，因为它们与系统没有关系。人们把字母写成白的或黑的，凹的或凸的，用钢笔写还是用凿子写，对它们的意义来说并不重要。所以，文字依他看没任何特殊之处。

五大特点中的其他几点均与这一点相关，尤以第五点为要，因为这是过去的语言研究中所缺少的。

所谓"关系"是指索绪尔的"横组合"与"纵聚合"这两个概念。虽然传统语言学里也有相应的范畴，如词性分类和语法结构，但现代语言学的独到之处，在于它坚持语言成分没有独立于相互关系的意义，亦即：语言中的每一个分子，它的身份必须由其他相关的成分来界定，犹如我们只有先搞清楚这一颜色与其他颜色之间的关系，才能够把握它们的意义。所以说，语言符号的意义，不在于它是否与某一非语言的实体相对应，而在于它和同一系统中其他成分的关系如何。

这种结构语言学的特殊识见，就是其所以名为结构语言学的原因。语言学之功能，便是分析语言之结构，说明每一成分在该结构中之关系。

但是，语言系统是语言学研究的产物，非母语使用者本人的意识所能及。在具体使用语言时，讲话者的主观意识并不把语言当作一个符号系统。如一个讲汉语的人在实际会话中用"桌子"这个词语时，该词并不是以语言系统中的某一成分出现在话语中，说话者只知道自己和他所认识的其他人曾经在类似的真实生活情境中使用过这一词语。

语言符号的意义与外在事物及状态之间的对应关系，在中国文字中更为明显。例如汉字中"象"这个字，一般指称耳朵大、鼻子长、有一对长大门牙伸出口外的动物。如果按照结构主义的理论，概念的形成跟语言之外的物体没有关系，该字或词之所以具有意义，是因为它不是"虎"，不是"鹿"，也不是"马"等；而且，"象"到底是什么，还须由语言系统来决定。这种说法，显然与汉字的发生情形不符，中国人会觉得你神经病。

同样的，索绪尔认为语言的能指与所指并无必然之关系，因此他才会说符号是任意的，字母 t 与它所表达的声音之间并无任何关系。拼音或许确是如此，汉字却不。不仅象形、指事、会意之符号能指与所指颇见关联，形声字之声符亦多兼意。

也就是说，汉字本身就是对索绪尔理论最有批判性的材料。后结构主义者德里达（Jacques Derrida，1930—2004）在反对索绪尔及整个现代语言科学时，便注意到了笛卡儿、莱布尼茨等人当年借鉴汉字所发起的哲学运动。据德里达说，由笛卡儿倡导，经基歇尔（Athanasius Kircher）、威尔金斯（John Wilkins）、莱布尼茨等人草拟的关于文字和普遍语言、万能沟通手段（pasilalie）、多用文字（polygraphie）、通用思想符号（pasigraphie）的所有哲学计划，鼓励人们由当时新发现的汉字中设想一种西方历史上没有的哲学语言模式。

这是汉字对莱布尼茨的影响。在他看来，汉字与发音分离，使它更适合哲学研究；而莱布尼茨的想法又是受到笛卡儿之启发。笛卡儿曾设想，若出版一本涉及所有语言的大辞典，并给每个词确定一个对应于意义而不是对应于音节的符号，比如用同一个符号表示 aimer、amare 和 φιλείν（这三个词均表示"爱"），那么，有这本辞典并懂得语法的人，就可以通过符号而将那些文字翻译成自己的语言。又说，如果发现了这一秘密，他敢肯定，要不了多久，这种语言就会传遍全球，许多人会愿意花上五六天时间学会这门能与所有人沟通的语言。

这个秘密在中国一点儿都不稀奇，每个人都知道：因各地方言太多，语言无法沟通，所以才要"书同文"。一旦写下来，就可让说任何话的人看得懂。这么浅显的道理，在欧洲却是个从来无人想到的秘密。笛卡儿触探到了这个秘密，莱布尼茨再由汉字之启发，才能设想到这种"通用字符"的办法。

莱布尼茨认为：普遍文字，可以节省人们必须节俭使用的记忆与想象，也显露了它可将符号留在书本上，以便有暇时再加以琢磨的秘密；而且，它使人们在推理时不费多大力气。它用符号代替事物，以便使想象力安定下来。

所谓普遍文字或通用字符的模型就是汉字。莱布尼茨渴望从汉字中借用其独立性，因为他相信汉字具有非表音性质，汉字似乎是"聋子创造的"，故可独立于语言之外。他说："言语是通过发音提供思想符号。文字是通过纸上的永久笔划提供思想符号。后者不必与发音相联系。从汉字中可以明显地看到这一点。"又说"也许有些人工语言完全出于选择并且是完全任意的。我们相信，中文就是如此"。

在致白晋（Bouvet）神父的信（1703年）中，他更把埃及的、通俗的、感性的隐喻性文字，与中国的、哲学的、理性的文字区分开来，"汉字也许更具有哲学特点并且似乎基于更多的理性考虑，它是由数、秩序和关系决定的；于是，只存在不与某种物体相似的孤零零的笔划"。

对于莱布尼茨的话，德里达并不完全同意，因为他所要批判的是整个欧洲文化中内含的逻各斯中心主义，因此他更要由索绪尔及现代语言学上溯到黑格尔、卢梭、亚里士多德、柏拉图等，做整体批判。故他认为莱布尼茨之论并不彻底，"逻各斯中心主义是人种中心主义的形而上学。它与西方历史相关联。当莱布尼兹为传授普遍文字论而谈到逻各斯中心主义时，中文模式反而明显地打破了逻各斯中心主义"。

莱布尼茨的汉字观当然颇多错误，不足据以为典要，但在打破欧洲中心论，也就是逻各斯中心主义、在场形而上学、白人人种中心主义、现代语言科学霸权等的意义上，却是值得重视的。德里达称述之，其作用亦在此。

莱布尼茨对汉字的误解，最明显的就是说汉字与声音无关。其实汉字并非完全与声音脱离，形声、转注、假借均与声音有关，声义是结合的。莱布尼茨只从字形上去认识，自多误说，故德里达也批评他对"汉字的偏见"。而声义相关这个特点，在德里达手上就发挥得更有批判力。

德里达针对拼音化的问题说，许多人以为拼音化是一种进化的历程，没有文字能摆脱此一进程，可是实际上根本没这回事儿，因为连所谓"拼音"这个概念都是虚构的。他说：

> 由于结构上或本质上的原因，纯表音文字是不可能的，而且它从未彻底减少非表音文字。尽管表音文字

与非表音文字的区分是完全必要的和合理的，但相对于人们所说的协同性和基本联觉（synesthésie）而言这种区分只是派生的东西。由此可见，不仅音标拼词法不可能是全能的，而且它早就开始损害无声的能指。因此，"表音"与"非表音"决非某些文字系统的纯粹性质，在所有一般指称系统中，它们是或多或少常见的并且起支配作用的典型概念的抽象特征。它们的重要性很少取决于量的分配，而更多地取决于它们的构造。譬如楔形文字既是表意文字又是表音文字。我们的确不能将每种书写符号能指归于某一类别，因为楔形文字代码交替使用两个声区（registres）。事实上，每种书写符号形式都有双重价值，即：表意价值与表音价值。它的表音价值可能简单也可能复杂。同一种能指可以有一种或多种表音价值，它可以是同音也可以是多音。

由于以索绪尔为代表的现代语言学完全没弄明白这些道理，所以德里达总结说，索绪尔将语言系统与表音文字（甚至与拼音文字）系统相对照，就像把它与文字的目标相对照一样。这种目的论，会把非表音方式在文字中的泛滥现象解释成暂时的危机和中途的变故，因此有理由将它视为西方人种中心主义，视为前数学的蒙昧主义，视为预成论的直觉主义。

透过德里达的论述，我们可以发现欧洲中心主义者的语言观，除了蒙昧及人种中心使然外，更深沉的乃是对文字的恐惧。

语言在他们的论述中是那么崇高，文字只能从属于它。可是实际上，他们之所以要大声疾呼，强调语言，正因他们觉得人们已不重视语言了，语言已经被文字吃掉了或压掉了。所以卢梭说，文字不过是语言的再现；但奇怪的是，人们热衷于确定印象而不是确定对象。索绪尔则感叹，文字与文字所再现的言语如此紧密地结合在一起，以致文字最终篡夺了主导地位。

于是，索绪尔才设想声音与意义之联结应该是最自然的纽带，然后说这种自然的关系往往被文字颠倒了，说词语的文字图画是持久、稳固的东西，比声音更适合于构成语言在时间中的统一性；它远比自然纽带，即声音纽带更容易把握，文字图画通过牺牲声音而最终将自身强加给它们——自然关系被颠倒了。

索绪尔他们的做法，就是想重振语言之声威，把人们普遍认为文字比语言更重要之观念，再颠倒过来。

五、汉字，软弱的崛起

这种对文字的恐惧，在黑格尔那儿即曾表现过，而且与他对中国的恐惧关联起来。

据德里达描述,黑格尔贬低文字或使文字处于从属地位,强调逻各斯的作用,谓文字是自我的遗忘,是内化的记忆的反面,开创了精神史的回忆(Erinnerung)的外化。上承柏拉图《斐德若篇》所说,文字既是记忆的方法,又是遗忘的力量。可是他对文字的批评不触及拼音文字。他认为拼音文字表达声音,而声音本身即是符号。因此,它由符号的符号所组成,是最好的文字,是精神的文字。反之,如莱布尼茨所描述的汉字或象形文字,则是文字本身通过非语音因素背叛生命。"它同时威胁着呼吸、精神,威胁着作为精神的自我关联的历史。它是它们的终结,是它们的限定,也是它们的瘫痪。它中断呼吸,在字母的重复中,在限于狭隘范围并为少数人保留的评注或诠释中,它妨碍精神创造活动,或使这种创造活动无所作为。"最足以代表这种现象的就是中国。所以他说:"中华民族的象形文字仅仅适合对这个民族的精神文化进行诠释。"

黑格尔对中国的诠释,大家都知道,那不仅是欧洲中心主义,更充满了日耳曼种族偏见。可惜,近百年来,讲语言学、提倡拼音化、要废除或简省汉字、畅言文字应该进化为字母文字者,却对他们这种心态懵然不察,落入逻各斯中心主义、欧洲中心主义而不自知,反而自以为是先进的,是为了中国人好。

待解构主义这类批判出现后,大家才恍然发现那些言说原来只是"皇帝的新衣"。

近年兴起的文化语言学，即站在这个基础上，发展出了一批汉字文化与汉字诗学理论，论旨繁赜，主要观点是说：

1. 汉字是表意的文字，其形象有利于形象思维特性，西方语言文字缺乏感性与形象，只是单一的"语言中心"。

2. 由于汉字和汉语的特性，中国文化是以与西方不同的思维方式为基础的。中国的思维方式，因汉字形象化而具有感悟性强的特点；西方拼音文字符号抽象，不利于感性把握，因此会形成理性中心的缺陷。这是文化层次的主要区别。

3. 在文本和语境（context）中，汉字汉语的能指与所指相合，而西方语言的能指与所指分离，这样西方会有能指中心现象，而汉文则能避免此类现象产生。

但这类论说大抵都比较温和，最多只是说中西方不同，汉字所形成的汉字文化、汉字诗学自有其特色，跟西方拼音文字及其文化不一样。偶尔也还会有些人想证明或说明中西虽异，其中仍可会通，如钱锺书就在《管锥编》中说，"道"与"逻各斯"都兼有"道理"（ratio）与"言说"（oratio）二义，故可"相参"。

可是谁也不敢像德里达那样，率直指出西方逻各斯中心主义及语言中心论是走错了路，以免被指为汉字沙文主义。

虽然如此，百年来欧洲中心主义加诸汉字的灾难，已略可暂纾，得以在较平等的地位上讨论彼此之异同，亦非坏事。

但汉字的命运并未因此步上坦途。欧洲中心主义并未被德里达一类批判批死。它是一种势力，具有社会实质的力量，更有世界形势的结构性支撑，与社会政经运作是相配合的。因此，欧洲中心主义，在社会上仍继续起着实际作用；且随着形势推移，欧洲中心亦已逐渐发展出以美国为新中心的全球化思维及动势。

六、对全球化及美语帝国主义的质疑

在世界主义者的思维中，有一个全球文化概念的中心问题，即一种全球性的语言。

马克思在思考这个问题时，也受到了 19 世纪建构各种人工通用语言的影响。那些语言中，最驰名，也最为持久的就是本文前面提到的世界语。今天，它已经得到联合国教科文组织（UNESCO）的赞许，而其机构"国际世界语协会"也已经获得联合国教科文组织以及联合国其他组织的支持。

然而，世界语的词汇和书写体都来自欧洲语言（拉丁语、希腊语和日耳曼语），所以，它其实就是欧洲中心主义的语言。

虽然如此，世界语在世界上的适用度远不如欧洲的一种自然语言：英语。

目前，世界上百分之九十的科学家使用英语写作，四分之三的邮件是用英语写的，电子信息百分之八十是用英语储存的。因此美国哲学家罗伊·韦瑟福德（Roy Weatherford）才会把英语取代所有其他语言的现象，视为"美国作为一个军事、经济和娱乐超级大国主导"的结果。他相信这将保证世界和平，因为"世界各地的爱国主义者和沙文主义者最最恐惧的事情就要变成现实了：我们最终要成为'一个世界、一个政府、一种文化'了"。

随着英语、美语的流通，特殊的美国中心文化逐渐建立起了霸权，美国人的价值观、商品和生活方式在四处扩散，形成了文化批判论者眼中的"文化帝国"。

由于所谓的"地球村"实际上是座美国村，所以戴维·莫利（David Morley）等人强调，"如果脱离了美国文化帝国主义的悠久历史，实际上就无法认清后现代理论家们强调的全球化趋势"，"即便不是自20世纪20年代起，那么也至少是自第二次世界大战起，文化帝国主义的战略实际上便一直甚至是美国外交政策中完全有意识、显而易见的举措了"。

全球化成了美国文化帝国主义的论述或事实后，欧洲当然有严重的失落感及认同危机。对欧洲人来说，全球化是一种威胁而不是开辟了新天地，因为它给欧洲造成了身份危机，欧洲的国家不再居于世界的中心，不再是全世界价值观念的发源地——那个叫强者和世界领袖的欧洲不复存在，那个是一切上等文化灵感源泉的欧洲已经干涸。

欧洲曾经象征着文明与进步，现在却是指紧缩与抑制。欧洲的事业曾经是世界主义的，而现在要复苏的理念却是欧洲排他主义。并且，现在"欧化"也不是指欧化世界其他地方，而是指欧化欧洲自身，此即做一个欧洲人，归属于一个共同的欧洲家园的观念。1992年开始促进推广的正是这种欧洲共同社会认同的观念，试图建造一个文化统一体，以作为一个欧洲共同市场的基础——这个市场足令欧洲在世界的经济体系中跟美国竞争。换言之，美国文化帝国的全球化论述及行动，刺激了欧洲自我认同，欲积极保卫欧洲文化。

全球化论述，也引起了许多思想家的反省与批判。例如李欧塔所称的"后现代的状况"，许多人就认为不能普遍化，全球许多地区并无此种体验和状况，其历史也未必就一定要走向后现代。

例如，斯图尔特·霍尔就认为，后现代主义一方面"指全世界如何梦想做'美国人'"，另一方面仅仅是"历史遗忘症的再版，其特征为美国文化——新的专制"，很容易就可以把许多关于"全球后现代"的宏伟宣言看作是意识形态的主张。另一些人则指出媒体与美语这类媒介，并不只是媒介或技术而已。这些东西有非常特定的来源（欧美），受控于特定的利益团体（迪士尼、时代华纳、贝塔斯曼等），因此其所谓交流或交谈只是美国及一部分欧洲国家讲，而其他地方聆听而已。

德里达和扎伊尔德的批评更猛烈。德里达指明：我们仍旧生存在"白种男人把他自己的印欧神话，他自己的逻各斯……他自己习语的神话当作普世事物，对此他一定仍旧期冀称为理性"的环境里。因此他批评西方的逻各斯中心主义"只不过是强迫全世界接受自己的过程中最本源、最猛烈的种族中心主义"。

扎伊尔德则指出：西方版的东方主义和历史决定论常常造就一种本质性的观念，它从西方的视角（并以之为最高点）来看待人类历史，从而形成自恋式的以自我为中心的知识。其实，若不存在西方，那么也不会存在东方。正是西方赋予了东方存在与同一性，但它所定义的东方，在本质上呈劣势且存在缺陷。东方文化被界定为低等文化，这种文化是根据其所缺乏的东西（现代性、理性等）而界定的。因此，东方落后、非理性、独特……

七、面向全球推广汉字的挑战

面对全球化，除了要认识它内中含藏的霸权性质外，更须在行动上有所作为。

首先应该做得更积极的，是面向全球的汉语教育。

目前世界上学汉语的人已渐增加，但台湾的世界汉语教学未得政策支持，海外教学点已渐趋萎缩。大陆之对外汉语教学，相对来说便较为蓬勃。全球孔子学院计划，仿西班牙塞万提斯学院、德国歌德学院之例，在全球开办孔子学院。此举虽壮，但其事是福是祸，不易遽断。目前全球汉语教学的教材、教法、辅助教学工具、教学形式、教学机构等，比起美语教学也是瞠乎其后的，须大力强化推动，自不待言。

另外是中文计算机的发展。目前电子中文的处理方式，一是在系统内采用双音节或多音节内码表征汉字，如 BIG5、GB 2312、GB 18030、CJK、Unicode 等。二是在计算机硬盘建立汉字库，运行时部分调入内存。这汉字库又分一级常用、二级通用、三级扩充等。三是以中文输入法调用汉字库中存放的汉字。输入法"万码奔腾"，拼音、五笔、仓颉、手写、语音辨识等，什么都有。四是按设字的字体、字形、字号显示或打印汉字。可在计算机上显示出汉字，这种状况固然相同，但不同系统中表征汉字的内码完全不同，系统未必兼容，词组的输出率也都偏低。

除中文系统分歧外，众所周知的困难是繁简字的不同。目前繁简字转换技术已渐成熟，但仍不完善。转换的误差很难改善。

中文计算机发展另一问题，是缺乏中文作业系统环境。计算机是西方的发明，故其作业环境就是英文。中文要能具有中文操作系统、程序语言及应用程序等整体的中文环境，跟英文一样，仍是需要努力的。是的，革命尚未成功，同志仍须努力。

科学主义与科学无关

人总要生病了才晓得生命的可贵。

所以,生命哲学都生发在懂得回头之时,如电影《一代宗师》里说,"老猿挂印回首望"。

一

近世西方的崛起,第一步是14世纪到16世纪的文艺复兴,是资产阶级兴起,改革中世纪思想文化,挣脱神权的运动。

第二步是15世纪末开始的大航海时代,开始发展殖民主义。通过抢劫、占领、搜刮和贸易,从各地获得大量土地、原料、技术、劳力、金钱,逐渐赶上中国、印度和伊斯兰国家。

第三步是17、18世纪的启蒙运动,资产阶级结合民众更进一步反教会、反封建。伏尔泰、卢梭、康德、霍布斯、洛克、孟德斯鸠都出现于这一阶段。传教士和商人传播过去的中国物品、思想、文化则形成了"中国热",对启蒙运动起过不小作用,等于站在中国和阿拉伯的肩头又进了一大步。

第四步是18世纪60年代到19世纪的工业革命,建立科技化、工业化、都市化的现代文明,渐渐睥睨一切了。代表思想家是黑格尔。

这几个阶段都是昂扬的、充满力量的,前进、前进,再前进!

前进到世界各地的西方文明,尝尽了甜头,故一直延续这个路向,政教分离、世俗化、理性化、工业化、商战、都市化、科技化,高举达尔文主义,进步再进步。

高涨的自信心,也使得民族主义爆棚,推动了国家权力的发展。英国、俄国、法国以及新统一的意大利、德意志纷纷进行殖民扩张,甚至巴尔干地区的新兴民族国家也加入抢夺者的行列。"新帝国主义"遂成为新民族主义的表现。中国遭受帝国主义之侵略,就在这个时候。

二

可是,《马太福音》说:"人若赚得全世界,赔上自己的生命,有什么益处呢?人还能拿什么换生命呢?"在资本主义赚得盆满钵满,对外"我战则克"而贪得无厌之时,生命要回头看看自己了。

生命哲学乃于19世纪中期兴起。

他们反对黑格尔主义和自然主义,不满意启蒙运动以来所强调的"理性",不满因果决定论,更反对机械科学观以及现代都市生活方式,认为这些都是对个性、人格和自由的否定。他们要从"生命"出发去讲宇宙人生,用意志、情感和"实践"或"活动"来充实理性的作用。他们并不反对自然科学和理性,只是这些经验或知识不完整,必须提高意志、情感的地位,才能穷尽"生命"的本质。

这一路思想常被归入广义"非理性主义哲学"中去。是的,叔本华、尼采都质疑柏拉图、康德。尤其是尼采,强调"重估一切价值",反对启蒙运动所提倡的理性,颠覆了西方的道德思想和传统的价值,揭示了人类面临的精神危机。所以雅斯贝斯说尼采和克尔恺郭尔给西方哲学带来战栗。后来弗洛伊德、萨特、海德格尔、杰克·伦敦、福柯、德里达等都受他影响,迄今未已。

生命哲学则对胡塞尔和主张"信仰的意志"的美国哲学家威廉·詹姆斯等人均有重要影响,存在主义也是。他们都发展了生命哲学的观点。

还有一支,是德国哲学家狄尔泰和鲁道夫·奥伊肯等人的生命哲学。

18世纪的史学是启蒙主义式的,强调人类沿着一条直线(共同规律)进化。19世纪不然,有许多人改由"有机体"的观念去看社会与文化,认为各有其自身的"发展"轨迹而非都沿同样的直线(古代—中古—近代)进化。另有许多则摒弃考证,不想做历史真相的科学重建,而是通过理解、同情和体验建立人文科学,如李凯尔特、狄尔泰、布克哈林等。新康德主义者如文德尔班等人,也区分了自然科学与价值论(或文化哲学、精神科学)。

也就是说,沿用科学方法,不能处理生命问题。生命自有出路,要寻找到它自己的逻辑。

20世纪初,德国杜里舒(1867—1941)的生机主义、法国柏格森的创化论,就是从这些路向发展出来的,试图从生命的进化或生物学的立场,为生命哲学建立自然科学的基础,说明生命是丰富的。

人类学也出现了一个反对达尔文进化论的传播学派,认为文化是有机体,有其"文化圈",人属于文化,产生于文化。

诸如此类,不必再细说了。总之,19世纪后半叶到20世纪前期是欧洲思想剧烈变动的时期,延续启蒙运动而发出了新的、批判性的、反对现代社会及现代性的许多枝条,延伸到现在。

艺术上的现代艺术也起于19世纪中叶。由此发展到20世纪中，其谱系大概如此：

前印象主义1820—1870；印象主义1870—1890；后印象主义1880—1906；原始主义1880—1930；野兽派1905—1910；立体主义1907—1914；未来主义1909—1919；俄耳甫斯主义/蓝骑士1910—1914；至上主义/构成主义1913—1925；新造型主义1917—1931；包豪斯1919—1933；达达主义1916—1924；超现实主义1924—1945。

有人说弗洛伊德的精神分析学说和柏格森的直觉主义是现代艺术的理论基础。不一定！但在传统之外另开新局，非常明显，主要是想通过对启蒙运动以来的现代社会之批判与不满来探索生命（虽然后来可能因追逐形式而遗忘了生命）。

三

由于回头了，所以也重新认识了东方，或开始从东方寻找生命的出口。

20世纪初，庞德、托马斯·休姆、理查德·奥尔丁顿等人反对只会模仿济慈和华兹华斯的欧美诗歌。柏格森的直觉主义、生命哲学成为意象派的思想基础。欧美诗歌的写法则受日本俳句和中国古诗的影响，先是模仿学习日本俳句，后来发现俳句源于中国格律诗。在他们看来，中国诗是纯粹的意象组合，如画挂于眼前。庞德又看到了孔子和汉字的魔力，对此崇拜不已。

苏联的情况也类似，女诗人阿赫马托娃深爱中国诗。

德国卫礼贤、福克等人，又把《易经》《道德经》《南华经》《论语》《孟子》《墨子》等都译成德文出版了，在知识分子中引起广泛兴趣。表现主义诗人对中国诗也很推崇。汉斯·贝特格翻译的《中国之笛》、奥托·豪赛尔翻译的《李太白：中国诗歌Ⅰ》和《李太白：中国诗歌Ⅱ》、阿尔伯特·艾伦斯坦翻译的《黄色的歌》等广泛流传。马勒的交响曲《大地之歌》、艾斯勒的《反战》清唱剧也采用中国诗。元杂剧也很吸引他们。克拉邦德即曾翻译改编李行道的《灰阑记》。

说到戏，布莱希特当然十分重要。大家都知道他曾受到梅兰芳的影响。布莱希特把戏剧分为两大类型：一是亚里士多德式戏剧；二是反亚里士多德的。他想改革西方传统，所以取鉴于中国。他之前就曾借助阿瑟·威利的英译本《中国诗歌一百七十首》翻译了七首中国诗歌。翻译过程中，他对白居易"新乐府"、《秦中吟》这类抨击时弊的讽喻诗非常认同。他作的《德国战争课本》等节奏不规则的无韵抒情诗，也明显带有《道德经》《墨经》的风格。他的剧本，在谋篇布局上普遍吸纳中国戏曲连缀式结构、自报家门、题目正名、楔子、歌唱等元素，还常常以中国戏曲作品为蓝本，如《例外与常规》套用张国宾《合汗衫》，《四川好人》用关汉卿《赵盼儿风月救风尘》，《高加索灰阑记》取材于元杂剧《包待制智勘灰阑记》（用了四次：一是《人就是人》的幕间剧《小象》，二是在丹麦作的《奥登西灰阑记》，三是在瑞典作的小说《奥格斯堡灰阑记》，四是流亡美国时作的《高加索灰阑记》）。布莱希特的戏中还常出现一些中国思想，如《易经》、孟子、庄子、墨子的思想等，他尤其喜欢墨子。

电影方面，20世纪电影艺术的革命性进展，是爱森斯坦对蒙太奇手法的运用，此手法源自他对汉字的理解。他曾经在著作中解释：汉字中的"口"和"犬"都是名词，各自有独立的含义，但是当把它们组合到一起时，便发生了质的变化，成了动词"吠"。把它们展现在银幕上，"口"和"犬"的特写镜头剪辑在一起，自然使观众悟到那有一只狗在叫。这就是蒙太奇。

爱森斯坦也喜爱中国戏。1930年他去美国好莱坞派拉蒙公司拍片子时，就从查理·卓别林那里了解到梅兰芳。看了梅兰芳的演出后，爱森斯坦以莫斯科电影制片厂的名义，替梅拍摄了一部舞台纪录片，剧目是《虹霓关》。此片拍摄手法比梅兰芳在美国拍《刺虎》时还要复杂。爱森斯坦更是将自己新出版的论文《电影造型的原则》送给梅兰芳。

在这种中西方合流的气氛中，辜鸿铭介绍孔子的"春秋大义"到欧洲，才能有这么高的名望。

四

然而,欧洲当时这种气氛或思路,并未感染到我国。

20世纪以来,我国知识分子的心灵仍震慑于18世纪到19世纪初的"欧洲现代文明"中,思想仍集中于达尔文、卢梭、康德、黑格尔、洛克,以理性、科学、民主、建国、现代化为目标。所有反对这些的欧美思想,我们都很忽视,译介传述甚少;即使介绍进来,如美国白璧德的新人文主义,也会被骂出去。所以辜鸿铭这类当时真正能理解欧洲的人,在我们这里才会被看成怪物、老顽固。梁启超去欧洲考察而写的《欧游心影录》则被认为是他保守退步了。

与五四新文化运动阵营不同调的学衡派以及梁实秋、梅光迪、吴宓等都曾受教白璧德门下,深受其影响。在教育方面,白璧德新人文主义是干什么的?不就是反对德国形成的现代专技化大学、工厂吗?可是我们就硬是学德国和"脱亚入欧"的日本,因此而生的弊端大家都看得见。

卡西勒、李凯尔特、狄尔泰、布克哈林讲的人文科学之逻辑,也没人理会。文史研究界,到现在还在考据、写论文、还原历史真相,把自然科学方法普遍扣在人文及社会学上。

表现对现代社会不满的西方现代艺术与诗歌,在中国更被称赞为可以反传统、突破传统,可以表现现代人的生活与意识,有助于现代化。

整体来说,我们拥抱现代社会,对那些质疑、批判、反对现代的非理性思潮、生命哲学、人文主义、宗教、诗性与感性，都不大感兴趣。

五

现在，我不是要大家回头去学西方19世纪后期发展出来的那些生命哲学。只是，哲学即哲学史。从哲学的历史发展中，我们可以看到思想如何运动，看到人在面临现代化之癌时，思考自救的方向。

西方哲学，由形而上学时代，转到知识论时代。19世纪至20世纪，许多人说有一个语言学的转向。其实不是的，是转向生命的探索。早期从语言讲生命，后来渐渐地讲生命自身的经验、体验、精神、爱与美，然后再讲生活世界的生命。

这时，哲学才不是形而上学的空想，不是知识论的架构、语言学的声响，而是真实的生活。

疾疫的世界、灾难中的生命，尤其值得珍视。体而验之，验之以体，故无虚妄，无有恐怖，远离一切颠倒梦想。

何以中国没有史诗?

有段时期,人们由于某些偏见,惋惜意大利没有悲剧、法国没有史诗。

美学家克罗齐认为这个现象很好笑,曾批评说,把某民族不具有某一文类视为耻辱或缺陷,惋惜某国没有史诗,并对该国终于产生了史诗作家,终于有了史诗作品表示庆幸,是种文化偏见。

不幸,这也是近百年来我国常上演的闹剧。

一、寻找史诗

继讨论"中国何以没有悲剧"和在中国作品中寻访悲剧的活动之后,许多卓越的批评家也在纳闷:何以中国没有史诗或长篇叙事诗不发达？

例如林庚《中国文学史》把卜辞、《易经》中的短歌、雅颂等划入"史诗时期"，却又说这个时期并没有史诗，也没有伟大的悲剧和喜剧。产生这种难堪的现象，原因皆在于文字太特殊了。

朱光潜《长篇诗在中国何以不发达》一文则说史诗和悲剧在我国不发达的原因，是哲学思想平易和宗教情操浅薄，好比荒瘠的土壤中开不出繁茂的花来。

至于胡适，一方面说"故事诗（epic）在中国起来的很迟，这是世界文学史上一个很少见的现象"，一方面则设法在历史中寻找故事诗。意思似乎是说，虽然花开得迟些，毕竟还是开了。

王梦鸥先生却认为花开迟了总是不妥，所以他便把商人《玄鸟》之颂、周人履帝武之诗，全算作《诗经》中的叙事诗被删后的残余，又怀疑《离骚》也是模仿古代叙事诗而写成的自叙传。

苏雪林则说，外国学者每谓世界各文明古国皆有史诗，独中国没有，当是中国人组织力欠强之故……其实组织力与想象力也是养成的，国人的文学自来常走错路，何止史诗一端呢？

另一些人，则硬要找出中国的史诗不可。

他们找到的"史诗"真是洋洋大观，从《诗经》、汉赋、楚骚、卜辞、《易经》中的短歌，到《日出东南隅行》《孔雀东南飞》《秦女休行》《悲愤诗》《上山采蘼芜》《木兰辞》，到一切带有本事的诗歌全算在内。其他总总比附，不一而足。可是大家都忘了：文类，必然在语法形式之外，又与其美学目的及价值信念有关，故文类表现必与文化传统深具关联。某一文化体系之内，定有相应于此一文化理念的一种或几种代表性文类；不同的文化体系，其代表性文类必不相同，更不必有共同的文类出现。例如我国的赋、骈文、律诗，在其他文化体系中就没有。史诗和悲剧，也当然不是每个民族或文化体中所都有或必须有的。

还有些人却把诗史误为史诗。如钱锺书《谈艺录》引Vico论荷马之说，以为史诗即是诗与史融而未化，昧者不知，谓古诗即史，是有史无诗也，其说以之论诗史一门，尚觉扞格难通，何况诗之全体，也是把诗史跟史诗弄混了。

其实，史诗（epic）与诗史恰好相反。它不但是个文类的观念，而且属于叙述文类之一，用以区别抒情诗体或其他文学类型。

二、什么是史诗

中国的文类批评，早见于曹丕等人的著作中。西方文类观念则首发自柏拉图，他将物与人的再创造（reproduction）分为两种模式：一是模仿，一是形容。根据这两种模式，又可将诗歌分成三类：（1）戏剧诗（dramatic poetry，模仿人的动作）；（2）叙事诗（narrative poetry，形容人的动作）；（3）对白与叙事混合体（mixed mode of dialogue and narrative）。

亚里士多德继承其说，将文学体裁划分为悲剧、喜剧、史诗等。史诗之为一文类，遂以此相沿迄今。

固然，在如此悠长的时间里，史诗亦曾屡经变迁，但其文类特质大抵还是一贯相仍的。譬如规模之庞大复杂、格律之堂皇浑厚、形式之广纳奇字譬喻、内容之包罗历史及英雄事迹等，不仅有形式结构可资识别，亦有与形式配合的风格内容足供类分。

（一）史诗与历史

史诗与诗史，易混淆处在于它们都与史有关，也都与叙事有关。据美国诗人庞德说，一部史诗即是一篇包含历史的诗。史诗必以历史材料为内容，是不容置疑的，但这并不表示历史即是史诗的主题。因为史诗本身乃是超越写实范畴的作品，其目的固然在传述历史事件，却也因此而具有娱乐大众的效果。所以保罗·麦钱特（Paul Merchant）在《史诗论》一书中说，史诗一方面与历史有关，另一方面与日常现实有关。这清晰地强调了它的两种原始功能。它是一部编年史、一本部落之书、一部有关风俗与传统的重要记录，同时也是一本供大家娱乐的故事书。其叙述活动，既然意在取悦群众，则它所叙述的史迹就不可能是真实的历史，而是为着听众兴趣而恣意想象创造的，充满了作意好奇的幻设以及大量神话、民间故事、风俗与传统的材料。

故而，在史诗里，历史是资材，超写实的虚构是它的性质，而娱乐则是目的。

就其使用历史题材而言，史诗主要是叙述超凡的英雄事迹。因此，英雄与神人的冒险、追求构成了史诗的内在骨干。后来的史诗，虽不再写英雄和神话，却仍以英雄式的个人为主，成为倾向于某人自传的史诗，如华兹华斯的《序曲》、庞德的《诗章》、大卫·琼斯的《咒逐》等都是。

由于叙述超凡的英雄之事迹，所以史诗又必须含有大量虚构与想象，其本身往往成为寓意文学的一种。它不像诗史表现历史之意义，因为它的意义并不在史事或历史上，而是借用史迹来表现另一层含意，例如"追寻"或其他。

波普在《制造史诗的方法》一文，开头就用寓言来代称史诗，并说，写寓言的方法就是：从任何一篇旧诗、历史书、传奇或传说中，把那些能够提供最广泛长篇描写的故事部分抽出来，然后选一个主角（可以因为他名字悦耳而选择），把他放进这些冒险中，让他在那里活动十二卷。其言虽不免过分，却显示了史诗的创作特征以及它可以任意容纳作者想象和寓意的事实。

这种寓意文学，实际的作用在于娱乐：一方面娱乐大众，一方面娱乐自己。当时，史诗吟唱本是大众娱乐的项目之一，而娱乐的基本活动即是佯从（make-believe），以假象创造渲染，在现实世界中另造一意想世界，使自己与他人沉酣其中。

为此，作品如何造成生动、眩人心神的快感，达到戏乐的效果，自然成为作者用力之处。史诗大量穿插神话和想象，引用古典作品，极力显示博学多闻，广泛运用譬喻，恢张敷陈，辅之以音乐，即是为了达到这种效果。

（二）史诗的形式要件

史诗的形式，是为了配合娱乐需求而设计的，并逐渐成为一种文类传统。其中，最明显的就是吟唱。

吟唱诗人自命为神祇与英雄的代言人，宣称："如果你们杀害了一名吟唱诗人——那位为神祇和人类歌唱的人——你们将懊悔莫及。我是无师自通的，而天神在我心里，栽培了歌曲的种种唱法。"

他们对歌唱有着特殊的天赋和研究，自然能引人入胜。就叙述文学而言，这是种非常自然而普遍的情形，因为叙述活动既诉诸群众，对群众反应的考虑便会影响到创作，叙述文学的许多特征也只有当这些外在因素被列入考虑时才能解释。

譬如我国话本小说里赞颂及诗词的运用，即是如此。对当年古希腊吟唱者的演唱状况，一般中国人只要看看《风雨像生货郎旦》杂剧中记说唱人张三姑的自述，"无过是赶几处沸腾腾热闹场儿，摇几下桑琅琅蛇皮鼓儿，唱几句韵悠悠信口腔儿。一诗一词，都是些人间新近希奇事，扭捏来无诠次，倒也会动的人心谐的耳，都一般喜笑孜孜"，也就不难想象了。

一位吟唱者,一个晚上能吟唱完的数量,称为"曲"。史诗的规模和长度,通常以十二曲或十二卷为准,够吟唱者唱十二晚。

当然也有许多超过此数,如《伊利亚特》《奥德赛》有二十四卷,奥维德《变形记》有十五卷,拜伦《唐璜》有十七章(第十七章仅一小部分)等。这种庞然大物,其内容必然是复杂无比。拜伦说他的史诗十二卷,每卷都要包括爱情、战争、飓风、船只、船长和统治新角色的国王,就是其中一例。

这样庞大的形式结构,一方面固然可有充分的创作自由,也容易让人感受充溢磅礴、气象恢宏的快感;但另一方面却也容易使人有"究竟是诗还是帆布袋"的疑问。因为在这么庞大的结构中,组织往往较为散漫(黑格尔即曾说过,史诗较多节外生枝,各部分有较大的独立性,故联系比较松散)。

史诗另一个形式特征,是它充满了祈祷和譬喻。譬喻使用的原因及所欲达成的效果是娱乐;祈祷则来自史诗和宗教、神话的关联。文艺复兴时期,批评家塔索(T. Tasso)甚至认为史诗虽以历史为题材,却必须是一种真正宗教(如基督教)的历史。换言之,史诗不能不涉及宗教,虽不一定以某种宗教信条为主题,却含有浓厚的宗教意味,而且伪教和异教的历史也绝对不适合用为史诗的材料。

三、史诗非诗史

透过这些文类特征,我们可以简单地将诗史与史诗作一比较:

1. 诗史代表一种价值观念,而此观念之发轫,往往在历史文化意识勃兴之际。论者渴望在诗中展现作者的人文精神与文化理想,记录并批判一代史。这与史诗之偏于想象性寓意的宗教精神,截然互异。

史诗自始即弥漫着神秘色彩,吟唱者也以神祇的代言人自居,使得史诗中的人物与神的关系变得非常重要。冒险与奇迹,更是展示英雄或神意的必要手段。这种特殊精神倾向,或许与西方古代文化有关。西方文化,由其起源处看,不但不是人文的,而且是反人文的。心智偏于外向世界的放射,则形成爱奥尼亚(Ionia)诸哲人的朴素唯物论、科学精神以及叙述文学;偏向宗教经验,则产生俄耳甫斯宗教(Orphic religion)重灵轻肉之说。二者相融相即,糅为希腊文化,而史诗则为此古典时代的一种文化表现。史诗之精神迥异于诗史,可谓其来有自。

2. 诗史以历史文化为观照的主体,且含有浓厚的价值判断。史诗则为英雄的行传,即使后来逐渐演变成个人自传,也仍侧重于个体生命的表现。明屠尔诺(Minturno)尝谓,史诗为严重及显赫行动之模仿。丹尼厄罗(Daniello)亦云,英雄诗是对皇帝及慷慨勇敢之人显赫行动的模仿。这和贺拉斯所说史诗的中心是非凡的人物一样，均强调个体生命的冒进与表现。

3. 诗史因为对现实政治有所批判和记录，因此，创作手法多倾向于讽喻，隐喻和写实二者，交互为用。史诗则因其本身乃是超乎现实的，故而譬喻的使用只是纯修辞学的，与诗史完全不同。

4. 史诗借资吟唱，且篇幅阔大。诗史则本身并非叙述文类，故亦无此限制。元白乐府及千字律诗，固然属于长篇，但宋人诗话中，也常引证一二短句以说"诗史"。有史法的山谷《浯溪碑》诗，本身就不长。这是因为"诗史"一词，系就作者整体生命及作品之意义表现而说，与文体本无必然关系。

5. 史诗是大众的娱乐，诗史则是严肃的意识创造。其目的与作用互不相同，写作内容和表达方式遂亦相异。就史诗而言，历史只是材料；诗史则本身便成为史，且能照明历史事件。

6. 最重要的是：诗史仍旧是诗，而史诗则不是诗。诗史本非文类之观念，因此说某人之诗为诗史时，"史"只代表了诗的某种性质，犹如米芾所说的"画史"。史诗则不然，有史诗便有非史诗的文类。借着这些文类划分，我们也可以清楚地看到史诗逐渐蜕化为小说的事实。

四、史诗不是诗

希腊与中国不同，直到亚里士多德时代仍无"诗"之共名，只有某一文类的类名。

因此亚里士多德撰写《诗学》主要的工作有二：一是把一切模仿的艺术统称为"诗"。拉丁文 poesis，在希腊字中本为一般制作之辞，泛指一切制作品而言。他用"诗"总括这许多文类，诸类型虽或不同，却都是"诗"。二是将以上各种文类的不同，视为"诗"在发展时不同阶段的现象：经由祭奠酒神的诗歌、史诗，而到悲剧。

因此，诗的发展史，其实也就是悲剧的发展史。它随时间之演化而表现为多种文类，史诗即其一也，故可以用与悲剧相同的律则来讨论它。但它终究不如悲剧，因为它并非发展的终极，不能浓缩理想。就此而言，"亚里士多德的《诗学》是戏剧的诗学，尤其是悲剧的诗学"。这两点，都和中国传统对"诗"的看法大相径庭。从第一点来看，诗几乎成了文学的代名词，可以总括模仿之艺术。中国诗，除了偶尔可以兼指词曲外，一般不如此用，也不如此想。还有就是，亚里士多德将"诗"视同"文学"，而且又是"模仿的艺术"，则这种"诗"与中国之所谓"诗"，在性质上亦不相同。因为自《尚书》和《诗序》以来，中国歌诗是围绕着"诗言志"这个观念而发展的，其性质并非模仿；而亚里士多德将诗艺术的性质界定为"模仿"，也使得他的"诗学"

缺少了抒情诗，成为戏剧的诗学。

不仅如此，亚里士多德又说，诗是借语言以模仿的艺术，其体或散行或和韵，而在体制上，中国诗也没有不用韵的散行体。

可见无论在指涉、性质、体制各方面，此诗与彼诗皆非一物。隶属于"诗学"观念下的史诗，作为悲剧前身的史诗，要到中国诗歌里来认亲戚，岂非缘木而求鱼？

再就第二点看，史诗之成为一文学类型，乃因为它是悲剧的前行阶段。其艺术成就虽不如悲剧，却与悲剧有相同的艺术律则，例如其故事结构必须和戏剧一样，必须与悲剧做同样的分类等。但由于史诗只以叙述或韵文为媒介进行模仿，不能完全表演，因此它与戏剧间的关系又十分暧昧，徘徊于小说与戏剧之间。早期的长篇小说，往往是剧作家的创作，而冠以史诗之名，例如塞万提斯的《堂吉诃德》、斯特恩的《项狄传》即被称为十七八世纪的史诗。麦尔维尔的《白鲸》等，也博得"史诗"之名。

但另一方面，20世纪20年代德国表现主义者皮斯卡托（Erwin Piscator）及布莱希特则又提倡"史诗剧场"的理论（认为除了表演之外，史诗和悲剧的基本差异是：史诗只有"悲剧的片刻"，而非集中于危机，因此史诗剧场不像戏剧剧场那样直线发展并向观众提供感情的激动，而是呈曲线跳跃地发展，广阔而富变化，逼使观众作出决定，思考事件中所获得的教训）。

因此，史诗无论在性质或发展流变的历史事实上，显然都不是"诗"，而是小说或戏剧，其中又以类同于小说的成分更大些。沃伦和韦勒克合著的《文学理论》曾说，大部分的现代文学理论都把想象性文学（imaginative literature）分为小说（长篇小说、短篇小说、史诗）、戏剧（不管以散文还是诗体写成）和诗（主要指与古代抒情诗相对应的作品）三类，即是基于上项理由。

史诗不管在叙述方式、语型语态、时间空间的处理等方面均与诗（抒情诗）不同，而与小说属于同一体类。其归入小说，较为合理。这种情形，就像词话不是词一样。

词话是说唱系统的文学，其性质是小说而不是诗歌，虽然其中也杂有诗体。这个分别，蕴含了一个颇有意味的问题。对于一般被称为中国 epic 中最杰出巨构的《孔雀东南飞》，吴乔《答万季埜诗问》就说："问：'《焦仲卿妻》在乐府中，又与余篇不同，何也？'答曰：'意者此篇如董解元《西厢》、今之《数落山坡羊》乃一人弹唱之词，无可考矣。'"这个回答精彩极了。若论史诗之在中国，只有与诗歌平行发展的说唱系统才较具有此一性质。故王船山也说："自'庐江小吏'一种赝作流传不息，而后元白踵承，潦倒拖沓之词繁……彼'庐江小吏'诸篇自是古人里巷所唱盲词白话，正如今市井间刊行《何文秀》《玉堂春》一类耳。"

这些说唱系统的作品，本来即介乎小说和戏剧之间，而后来演变则多蜕化为小说。因此，日人中野美代子《从小说看中国人的思考样式》就将《大目乾连冥间救母变文》《大唐三藏取经诗话》和《西游记》视为中国的叙事诗。

此类弹唱文学，向以宗教及历史为两大题材。《孔雀东南飞》自是早期的弹唱类文学，等到唐代变文兴起，这类作品就更多了。

变文本身有全韵、全散及韵散夹杂体三种，其内容则或说佛生平故事如《八相成道变文》《佛本行集经》，或说佛、菩萨故事如《降魔变文》《大目乾连冥间救母变文》，或说历史及时事如《伍子胥变文》《王昭君变文》《舜子至孝变文》《张义潮变文》等。

与变文同时发展的，则有讲史；后来的陶真、崖词、鼓词、莲花落等，亦属说唱系统。崖词多为七字句韵文，陶真则为七言诗体。据耐得翁《都城纪胜》所载，宋代杭俗"凡傀儡敷演烟粉、灵怪故事、铁骑公案之类，其话本或如杂剧，或如崖词"。明田汝成《西湖游览志餘》卷二十说"杭州男女瞽者，多学琵琶，唱古今小说、平话，以觅衣食，谓之陶真。大抵说宋时事，盖汴京遗俗也。……若红莲、柳翠、济颠、雷峰塔、双鱼扇坠等记，皆杭州异事，或近世所拟作者也"。可知此类唱词或与杂剧相似，且后来多衍成散文小说，其性质则为历史故事与民间传奇，与宗教的关系也很密切（红莲、柳翠等均与宗教度化有关）。

莲花落，起于唐五代僧侣募化时所唱的"散花乐"，到宋代才成为贫人的歌唱，元明间极盛，且发展成大型的叙事莲花落。其体以七言诗体为主，较宋代的叙事鼓子词、覆赚等更进一步。

至于词话，其体略同于陶真，但增加了十字句，元明间颇盛，至明末分化为弹词和鼓词二类，多以历代史事为叙述对象，如《大唐秦王词话》《水浒传词话》等均是。杨慎的《历代史略十段锦词话》尤为重要，其书有程仲秩旁注，董世显、朱玑评订，张三异、孙德威辑注。后来江南人改名为《廿一史弹词》，梁辰鱼并撰有《江东廿一史弹词》拟其体。续作则有陈忱《续廿一史弹词》、顾彩《第十一段锦弹词》、金诺《明史弹词》、张三异《明史弹词》、古木山人《明末弹词》等。

关于以上这些说唱文学，凌濛初《南音三籁》卷首所载《谭曲杂札》说"元曲源流古乐府之体，……一变而为诗余集句，……再变而为诗学大成，……忽又变而文词说唱，胡诌莲花落，村妇恶声，俗夫亵谑，无一不备矣"云云，是很好的总评。

说唱，必须以特殊的声腔技巧才能吸引听众。所以唐人效法讲经僧文溆的声调，制为歌曲；宋代孔三传创为诸宫调，士大夫皆传其声。

且其说唱颇与戏剧有关，除上文所举陶真、崖词外，元《通制条格》卷二十七"搬词"说"农民、市户良家子弟，若有不务本业，习学散乐，般唱词话，并行禁约"，《元史·刑法志》也说"诸民间子弟，不务生业，辄于城市坊镇，演唱词话，教习杂戏，聚众淫谑，并禁治之"。"搬""演"都指其表演性质而说，可见它们在说唱中也带有若干表演成分，但与纯粹的杂剧仍有区别而已。

说唱的内容，多为史事，敷演传奇，以供娱乐，且又与宗教有相当的关联。

这些性质与史诗皆有相似之处。尤其是说唱中专讲英雄式个人历险经过的，例如《大目乾连冥间救母变文》《伍子胥变文》等，与史诗之形态尤为接近。

但我们必须注意：

1. 说唱不像史诗那样注重英雄或超凡的人物。所谓"满村听唱蔡中郎"，正与说唱《孔雀东南飞》《木兰辞》一样，门类甚广，且其行动也未必是人类的重大事件。

2. 含有宗教意味的说唱，有时与叙事无关。变文中仅演述经文而不叙写故事的，像《地狱变文》《父母恩重经变文》之类，宝卷中亦有之。

3. 袁枚《随园诗话》曾说："咏物诗无寄托，便是儿童猜谜。读史诗无新义，便成《廿一史弹词》；虽着议论，无隽永之味，又似史赞一派：俱非诗也。"弹词等说唱系统文学，虽大多以诗体为主要构成方式，而历来总未承认它们是诗。原因是弹词多只是事件，不能透视历史，照见史中深微奥义；又客观叙述，未能诗言志，亦非诗之所喜。可见诗必须是合抒情、叙事于一体的。诗家论诗，素推"诗史"，而摒说唱于门外，理由不难由此揣知。

所以，综合起来看，作比较文学是很难的事。要知其同、别其异，不强以己从人（如硬要在中国文学中找史诗和悲剧），也不强以甲同乙（如硬要说史诗即诗史），亦不浑沦貌袭（如说《孔雀东南飞》《木兰辞》就是叙事诗），而真能深入到各自的文学传统内部去洞察幽隐（如搞清楚史诗是怎么回事，词话说唱又是怎么回事），都是要下功夫的。前辈们随意比附，模糊影响之谈太多了，实当引以为戒。

中西戏剧观念的差异

中西戏剧观念大不同,从一个术语、关键词来看,就可一目了然。这个关键词,叫作"情节"。情节乃汉语词语,宋元时期已常用;近代则常被认为是戏剧、故事中之单元。这是因为亚里士多德《诗学》传入中国后,我们用了"情节"这个词去译 muthos。而当时这么做乃是不得已的,因为我国本无他所说的那些个概念,故亦无一相对之词语可供对译。勉强译为"情节",自然也就引发了不少误解。

底下,我会利用辨析亚里士多德"情节"词义的方法,来展示中西戏剧观如何与为何不同。

一

情节，为亚里士多德在《诗学》中论戏剧时的重要术语。但这个词，后来论者各有用法，渐成一烂熟之语，含义越来越模糊。晚清以降，国人用这个词，也很随意、宽泛，大抵指小说或戏剧中的一段故事，或一组事件。法律用语上，亦常说某人涉案情节重大。

某些文学理论、文学批评更是喜欢讨论情节安排，甚至把列维-斯特劳斯的神话单元也译为"情节单元"，做了好多研究，写了好多文章。一些人更直接用"所谓情节，指事件的安排"之类话来解释《诗学》，或用"情节"来讨论中国的小说与戏剧。

本来，一个词语在各个时代必有其不同的含义与用法，这是约定俗成的。日常用语固然不妨从俗从众，但若作文学批评用语使用，则不严谨总是不妥。因此底下我想针对亚里士多德的"情节"一词略作释义，以免误用与滥用。

二

亚里士多德的论说方式，是层层排除、步步紧缩，越讲越窄。首先，他所说的"诗"，并不是中国人所说的诗，是泛指"制作艺术"而言。

依此定义，他应该会讨论各种艺术。但在各类艺术中，他却仅论以节奏、话语、音调构成者，那些以色彩和形态模仿者则存而未论，这就排除了绘画与雕塑。

然后，他又将音乐和舞蹈排除，谓音乐仅有音调和节奏，舞蹈只用节奏。因此，他谈的只是以语言模仿的艺术。此即文学。

但在文学中，他又只论史诗和戏剧，没有讨论到抒情诗。他认为史诗是格律文，以六音步格为主；戏剧（悲剧与喜剧）是兼用节奏、无音乐伴奏之话语、有音乐伴奏之唱段、格律文的艺术。故史诗的艺术地位比较低，因而亚里士多德讨论的主要是戏剧，尤其是悲剧。然后，他认为悲剧必须包括六个成分，即情节、性格、言语、思想、戏景、唱段，但这六者并非一样重要。

他最不重视戏景，其次是唱段。他说"唱段是最重要的'装饰'"。装饰，相当于调味品。菜中固然不能缺少调味品，却没有人炒菜时会把调料当成主菜。唱段在他的看法中地位如何，也就可以想见了。

戏景则比唱段更不重要。他说"戏景虽能吸引人，却最少艺术性，和诗艺的关系也最疏。一部悲剧，即使不通过演出和演员的表演，也不会失去它的潜力"。"靠借助戏景来产生此种效果[①]的做法，既缺少艺术性，且会造成靡费。那些

[①] 指对事情的结局感到悚然和产生怜悯之情。——编者

用戏景展示仅是怪诞、而不是可怕的情景的诗人,只能是悲剧的门外汉。"

音乐对亚里士多德来说也不重要,或者说,对他所说的诗来说并不重要(在《政治学》中,他就认为音乐是很有力的模仿艺术)。可是,他论戏剧而轻视戏景布置和演员演出,实在就不太寻常了。

据他在《修辞学》中的描述,当时戏剧比赛中,演技甚为重要,演员的重要性甚至已超过诗人。因此,他贬抑演出的重要性可视为矫俗之举,但此举实有重大意义。

一般说来,戏剧的"戏剧性"表现在演出。一出戏,若无法演出或未演出,通常会被认为是不圆满或未完成的。可是,亚里士多德却区分"叙述"与"表演"。他说荷马擅长以表演或扮演式模仿进入角色,其他史诗诗人则以叙述。这两种写法,都是史诗与戏剧所容许的,都因模仿行动中的人物而有戏剧性。

换言之,戏剧的戏剧性并不建立在表演上,而建立在对动作的模仿上。戏剧因此不必是表演艺术。对动作的模仿既然可以用表演的方式或叙述的方式,则表演也就不是一定必需的。所以说,情节若组织得好,即使不看演出,仅听叙述也能达到令人净化的效果云云,即是由此推论出来的。

表演既不必然需要,戏景布置当然也就降低了重要性。不但如此,亚里士多德还批评利用戏景徒然造成靡费,且只是低劣诗人的本领。不强调戏景,只靠情节编织即能动人,才是他所心许的。

如此反对演出效果、贬抑表演性,可说是戏剧中"剧本论"的祖师,也使他的戏剧理论接近小说或叙述文类理论。

三

情节、性格、言语、思想、戏景、唱段,六者之中,言语与思想显然比戏景、唱段重要,因为戏剧毕竟只是以语言模仿的艺术。可是语言模仿什么呢?亚里士多德说,戏剧之所以为戏剧,是因为它模仿行动中的人物。

情节和性格都是用来显示人物的,而性格与情节谁又比较重要?那当然仍是情节。

他认为,许多新手在尚未娴熟编织情节前,大抵已能熟练地使用语言和塑造性格。但此种熟练,一方面并不重要。他认为,"没有行动即没有悲剧,但没有性格,悲剧却可能依然成立"。另一方面,"言论或行动若能显示人的抉择(无论何种),即能表现性格",所以性格须透过行动来表现。模仿行动的就是情节。所以,没有行动即无性格可说。

四

六大成分经如此处理后,悲剧大概就等于情节了(他也常把它们当同义词互用)。情节不但是悲剧的成分,也是目的。他说,"情节是悲剧的目的,……是悲剧的根本,用形象的话来说,是悲剧的灵魂。性格的重要性占第二位(类似的情况也见之于绘画:一幅黑白素描比各种最好看的颜料的胡乱堆砌更能使人产生快感)。悲剧是对行动的模仿"。

悲剧是对行动的模仿,这同时也是他对情节的定义。但这样的定义实在不易让人明白,因此需要再做些解释:情节,是对一个单一而完整的行动的模仿。

单一,是说它是个单一的事。例如一个人一生中可能有许多事件可述,但一出戏只能找出一个单一行动来叙述,而不是这也要说,那也要讲,结果东拉西扯,所述之事就会多不相干,或无法形成整一性。

完整,是说事件的各个部分必须是有机的整体,若任意挪动或删减其中任何一个部分,都会使整体松脱、断裂。因此,剧中不应有可有可无的事物。

完整,除了"有机整体"这个意义之外,还须有个结构:一个完整的事物由起始、中间和结尾组成。起始,称为"结",指由事件之始到人物即将变化,转顺境成为逆境的前一刻。由变化开始到剧终,则称为"解"。"结"与"解",事实上涉及命运的问题。"结",指一人或一事逐渐在发展中形成，结成一个命运的困局。"解"，则指这个困局的解决。悲剧所表现的，就是一个人命运的变化。

从起始，到中间，到结尾，从结到解，推动情节发展的要素有三：突转、发现、苦难。突转，指行动的发展突然转出原本进行或预期的方向。发现，指从不知到知——悲剧就是要通过这两种状况，反映人物的幸与不幸。苦难则指毁灭性或痛苦的行动。亚里士多德把情节分成模仿简单行动与模仿复杂行动两种。简单行动，指人物命运无突变、发现及其伴随的行动；复杂行动反是。悲剧情节当然以后者较胜。

组织情节时，除了注意突变与发现之外，亚里士多德又对情节的结构有一些提示：（1）应是复杂型而非简单型，亦即不应表现好人由顺境落败，也不应表现坏人由逆败转为成功，而应写德行跟我们差不多，不十分坏，也不具十分美德，但却因犯了某些错误而遭受不幸之人。受灾并非由于他本身的罪或邪恶，这样才能引发恐惧与怜悯。（2）情节须是单线而非双线，应表现人物由顺境转入逆境，非由逆转顺，更非一个结局是好人得好报，一个结局是恶人受惩罚。

接着，要再解释何谓"行动"。前面一再说情节是对行动的模仿。行动，不是无目的的行为，是指人通过思考与选择而进行的有目的的实践活动。故无自主性的人或未成年人，无行动可言。行动所引起的后果，也必须由行动者承担。

正因情节所模仿的是这样的行动，所以它才有伦理意涵，非一般所谓的故事、事件或动作。通过行动，也才能显示人的抉择，表现其性格。这个性格，也非一般意味，而是具有伦理意义的。正如通过正义的行动，才能让人表现为并成为有正义性格的人。性格与其道德实践是直接相关的。也就是说，平常的人吃喝拉撒睡、聊天闲扯打屁、嬉游消磨时间，都称不上是行动。看相、论星座所说之性格，也并非性格。依我们的才性，随顺生活而发生的事件，也都不能算是情节。情节，须涉及理性化的抉择、思考。

五

亚里士多德如此主张，与其伦理学有关。他把人分成理性与非理性两种成分。非理性指嗜好、欲望等生命本能。人若想成为一个有道德的人，就必须遵循理性原则，不能随顺感官欲望度日。故道德实践的内涵与能力，即是理性，而人又唯有如此，才能获得幸福。过理性且有道德的生活，便是获致幸福的先决条件。

因此，亚里士多德根本就把"幸福"定义为"灵魂遵循完美德行的一种活动"。在这种思想底下，他论行动当然不指一切无意识或感官嗜欲之类，而是要专就人理性化的行为来说。

但是，依他的理论，遵循理性方为道德，遵循道德即可幸福，岂非有道德者必有幸福乎？亚里士多德确实如此想。而悲剧，即被他视为足以佐证此一想法之物。

悲剧中的人物之所以遭受不幸，看起来是命运，其实是因他犯了某些错误。他的理性行为、抉择行动使他蒙受不幸。这抉择的行动既表现了性格，则其悲剧也可说是性格使然。

而正是因为这个伦理实践造成了不幸，所以观剧者才能由角色的遭遇引发道德上的同体震动，引起切肤之痛，感受到悲惧与怜悯。因为那不是他人的命运，而是每个人在道德实践活动时都会遭遇的状况，跟自己的幸福息息相关。

六

以上是针对亚里士多德的阐释。"情节"在中文中，用法跟亚里士多德完全不同。如《水浒传》第五十四回："过卖道：'我店里只卖酒肉，没有素点心。市口人家有枣糕卖。'李逵道：'我去买些来。'"李卓吾评本眉批道："每于小小事上生出情节来，只是贵真不贵造。"第三十八回中"宋江因见了这两人，心中欢喜，吃了几杯，忽然心里想要鱼辣汤吃"，李评也说："从极小极近处生出情节，引出鱼牙主人来，妙甚。"这些都是以情节论小说的例子。

这些用法及含义均与亚里士多德不同。先说节。节，是章法底下的概念，指一段。《水浒传》第三十五回，金圣叹评："篇则无累于篇耳，节则无累于节耳，句则无累于句耳，字则无累于字耳。"篇、节、句、字，正是章法的问题。

同书第二回李卓吾眉批说，"从碎小闲谈处生出节目来，情景逼现"。节目，强调文章要从小地方生出另一段来。前文所谓"每于小小事上生出情节来"，也是这个意思。

"情节"一词的含义这就很清楚了。情节，只是说文章中的一个段落、一个节目、一节故事。节目之所以又称为"情节"，是中国文学强调情的缘故。

一般都晓得我国诗词以抒情为主，可是我国叙事文学一样重视情，或者说我国文化本来就重情。因此我们很少说"事"，总是说"事情"。李卓吾讲"从碎小闲谈处生出节目来，情景逼现"，也是由情讲节。

李卓吾批第二十二回又说"情事都从绝处生出来"。所谓情事，所谓由绝处生出，正与张竹坡评《金瓶梅》第四十回所称"文字无非情理，情理便生出章法"相似。章法节目，事出于情，故云"情事""情节"。

此外，如金圣叹批《水浒传》第二十四回"才子为文，必欲尽情极致"，王希廉《红楼梦》评本第六十七回"上回尤三姐公案已经了结，尤二姐如何结局，自当接叙。但竟接连直写，文情便少波折"，冯镇峦《聊斋志异》评本卷三"文人之笔，无往不曲，直则少情，曲则有味"……大抵也是如此。为文要尽情，文情起伏则见诸情节。

七

情节的核心精神在于情,亚里士多德却是个绝对的理性论者。他所说的muthos与情无关,反而强调理性的统一秩序——这个秩序必须完整,有开始、中间、结尾,又须长短适中,形成一个完美的结构——难怪他被视为美学理性论的创始人,重视"秩序""大小""计算""完整"等概念。可是,中国人说情节与结构,含意恰好相反。

《儒林外史》卧闲草堂本第三十三回:"凡作一部大书,如匠石之营宫室,必先具结构于胸中:孰为厅堂,孰为卧室,孰为书斋、灶厩,一一布置停当,然后可以兴工。"《水浒传》金圣叹评本第十三回中说,"有有全书在胸而始下笔著书者"。中国小说戏曲论结构大抵如此,会从"胸中丘壑"方面立论。这与亚里士多德从剧本、剧场去谈结构长短等,可说南辕北辙。

中国人讲结构当然也有由文本上说的一面,但这属于"法"的一面。中国人总喜欢说"文无定法",不会像亚里士多德那样拘泥。如《青楼梦》邹弢评本第六十二回"随事作文,不可固执。因文成事,不可板滞。若拘以一法,虽作器皿亦不能,况文章哉",《水浒传》金圣叹评本第四十回"文无定格,随手可造也",都是例证。

因此,情节也者,乃是因情而生出许多事情,形成许多节目来的。生出,是生命形态的模拟。生命是活的,且能生出新的生命。故情节重在环环相扣，一节生出一节来。金圣叹评《水浒传》，屡用"生出""行到水穷，坐看云起"，即是如此。第五回"此篇处处定要写到急杀处，然后生出路来"；第八回"直要写到只索去罢，险绝几断，然后生出下文来"；第三十回"行到水穷，又看云起，妙笔"；第四十八回"真是行到水穷，坐看云起"。这样的话语，在其他评书者手中也是非常常见的。

这种"生出"的观念，使得我国小说之情节不是整体统一的有机结构，而是一波未平一波又起，一节串生一节，环环相扣又奇峰突起的既连又断形式，与亚里士多德的想法完全相左。

正因有这些不同，我国讲情节时，当然也就与亚里士多德所欲关联的一些东西，例如命运、悲剧、道德实践、幸福与受难等毫无关系了。

八

若从戏剧的角度说，特重情节的亚里士多德悲剧观，也与我国戏剧迥异。亚里士多德不重戏景、不重唱段。我国戏剧也可以不重戏景，但非常重视唱段。

元杂剧就以唱为主。所谓旦本、末本，即以正旦一人或正末一人独唱到底。现存最早的曲论著作，则是燕南芝庵的

《唱论》。其后《中原音韵》《太和正音谱》《曲律》以降，论戏均称为"曲"。

直到李渔《闲情偶寄》，才在《词曲部》中分结构、词采、音律、宾白、科诨、格局六方面论戏剧创作，但继响并不多。民国初，吴梅才在《顾曲麈谈》中，吸收了李渔的观念，取结构、词采、音律、宾白、科诨、《演习部》的选剧，形成一套剧作理论。

但此所谓结构等，仍与亚里士多德所说有极大的差异。像李渔说的结构，"戒讽刺""立主脑""脱窠臼""密针线""减头绪""戒荒唐""审虚实"，与吴梅所增的"均劳逸"，显然均与亚里士多德讲的毫不相干。

为什么论剧者不会像亚里士多德那样去讲情节呢？因为中西之戏剧原即不同。

亚里士多德针对希腊悲剧立论，我国则至迟在宋代就不可能以"完整统一""模仿动作"的观念去编戏。宋代演《目连救母》杂剧，连演八天以上，即已形成连台本戏的形式。到明郑之珍的《目连救母劝善戏文》则多达百出左右。每地演出时，视情况演一天、三天、七天、十天、半个月不等。戏中除了目连救母外，尚穿插了许多小节目，如《哑子背疯》《尼姑思凡》《和尚下山》《匠人争席》等，可以依演出之需要而调整。在传奇方面，自南戏《张协状元》以来，也类似如此，一场接一场。在生、旦戏进行过程中穿插不少净、丑、末的戏。这种连场的形式，明清传奇也多如是，与西方戏剧大异。

　　换言之，不同的戏，本于不同的思维；不同的思维，又影响着不同的戏剧演出形式。而戏剧的不同，遂使中西方在思考情节问题时，各自发展出了不同的路。我不喜欢如钱锺书先生那样，囫囵说"东海西海，心理攸同"，想真正做点东西异同的比较。故略述亚里士多德情节之说，并与我国传统的情节观做点比较，以供参考。

中西比较文化学到底应该比较什么？

一般人并不知道，也不关心学者怎么想，可是学者的想法常已把他的脑子给搞乱了。同样，世界的争端多起于观念的冲突，而许多正是学者引起的。因此，了解一些学术上的路数，其实是生活上的必需。

底下，我要介绍一下比较文化研究的思路与进展，并借此说明中西文化上最大的不同。

一、关于人类命运的不同思路

近代西方人到处去殖民，学者常随着商人和军队深入榛莽，进入那些所谓原始蛮荒的地区，研究生活在那里的种族。所以民族学、人类学，指的遂不是所有的人类，而只是"未开化的""原始的"人。他们住在欧洲之外,有奇风异俗,等着欧洲"已开化"的人类学家去发现、去调查。

社会学,理论上研究一切人的社会,实际上亦是如此。他们是孪生的,所以1938年成立中国社会科学研究所时,就包括民族学组。1930年,中国社会学社成立于上海,蔡元培先生之报告也是《社会学与民族学之关系》。接着,1934年便成立了中国民族学会。

史学也受影响,因为上古一段十分需要人类学家对"原始社会"的一些研究成果或假说提供推拟。如泰勒(Tylor)的精灵信仰说、局部外婚制说、表兄弟姐妹婚制说、父母依子女命名习惯;摩尔根(Morgan)家族血缘与亲缘制度说;涂尔干的初民心理说、集体表象说;霍布豪斯(Hobhouse)的道德起源说;乃至图腾说、母系说等各式各样的推论,都曾被广泛应用于古史研究中。

这就是为什么比较文化研究看起来应该是客观的,却常不脱西方人居高临下看亚非民族的缘故。

我们文史哲研究中常见的中西文化优劣论、进化的假说就十分普遍。关于文化交流,则深受人类学中播化派的影响。

进化论者认为文化发展的模式是由低到高、由原始到开化,而且这模式是各民族都一样的(将来也都会一样,所以又是趋同的)。例如由图像文字逐渐发展到拼音,由神话时代到人文时代,由神权到理性,由人治到法治。

播化派则主张人类未必是一条相同轨道上的大进化，而是由不同中心、不同原因形成的各个文化起源点，相互传播、影响，交互作用。其中，民族迁移之作用也十分明显。因此，这类学者较重视"文化圈""文化中心"以及"文化迁移"的概念。

这想法当然不错，但主流的意见仍不脱上述模套：文明主要是埃及、希腊、印度影响出来的。例如英国史密斯的埃及论，至今就还深具活力。该理论是说全世界文明均源于埃及，然后传至美索不达米亚和土耳其斯坦、印度、叙利亚、中国、日本；印度那一支则再传至密克罗尼西亚与美拉尼西亚，进而传入波利尼西亚和美洲。

这讲法，后来有许多变形。例如说不是由埃及传播开来，而是由两河流域。在我国古史研究中，统称此类说法为"中国文明西来说"，于清末民初风行一时，迄今仍不乏嗣响。伴随着这个说法的，还有体质人类学方面的"人种非洲起源说"，近年且有近乎"定论"般的架势呢！

我自己接近播化派，认为世界有许多文化起源点，相互传播，交互作用，但各民族又自具特色，各有各的一套。

人神关系，就是其中最重要，也是最突出的。其他东西如文字、青铜、图像、技术都好传播，但这一点绝难改变。所谓民族文化基因、文化特点大抵就在这儿，是上古老早形成且确定了的。

二、不同的人神关系

（一）神话

要说明中西不同的人神关系，最直接的是正视一桩事实：中国神话比希腊、印度少得多，或者说根本没有神话。

"神话"这个概念及中国神话的系统描述和建构，都是民国以后的事。现在找出来的所谓神话，却多是战国至汉朝叙述的古代故事，盘古开天之类故事甚至到三国才有。整个神话数量，即使包括后来的"仙话"与"传说"，也仍是较少的。

所以整个民族的人文性较高成为极显著之特征，与印欧民族很不一样。就连这些少数所谓神话，中国与希腊也非常不同。

在希腊神话中，最早的提坦神话中的神（天、地、海等）是单凭生殖和血缘而拥有神性的，但这种地位随即被后来的神凭借武力所推翻，其后用暴力取得统治地位即成为了惯例。

这些神都不是道德神，也不为人类谋利益，只是一些力量神。他们用自己掌握的自然力互相争斗，也用以威胁人、支配人。

要到奥林匹斯神系产生后，整个神界和人间才有了秩序。以宙斯为首的奥林匹斯神系，最大的特点就是以诸神代表或掌理社会性、精神性的职能（法律、正义、婚姻、交通、文艺、技术、智能等)。自然属性(太阳、雷电、火等)则是从属于这些职能的手段。但这些新神同样也不为人类利益着想,所考虑的只是自己的统治。

相对来看,中国那些为数不多的"神话"里的神就截然不同。祖先神、自然神的地位一直非常崇高,行业神、职能神之位阶则在祖先神与自然神之下,且往往由祖先神或圣哲神兼代。因此,我国不是用神来表示或掌理精神性及社会性职能,而是被用来作为人们对古先圣哲创造功业、泽被人群的感念。

故而中国人在法律、道德、文艺和一切社会生活、精神生活中,只效法先人、圣人,并没有分化出专司某一方面职能的神灵来管理该事物。

例如希腊人说雅典娜代表智慧,维纳斯代表爱情,缪斯代表文艺。又将人的一切精神生活和社会生活都看作是某种神力的体现,如宙斯职司法律,赫拉掌管婚姻,阿波罗主持文艺和科学,赫耳墨斯则是交通和商业之神等。中国人无此类说法。

中国的行业神皆后起,神话时期无之,且位阶都较低,与希腊不同。而所谓行业神也多是该行业的创造者,所谓祖师爷崇拜属于行业中之祖先崇拜。

(二)神学

前8世纪,赫西奥德已把当时流行于希腊的两百多个神,按照一脉相承的血缘关系依次整理为一个合乎逻辑的系统，但他这个系统完全是仿照人类的血缘关系来构撰谱系的。

后来泰勒斯则从事物相互间的自然规律来解释整个世界的形成，并摆脱了希腊神话的"神人同形同性"的比附，认为万物起源于水。

依亚里士多德《形而上学》的描述，其中有哲学含义："有些人认为去今甚久的古哲，他们在编成诸神的记载中，也有类此的宇宙观念；他们以海神奥启安与德修斯为创世的父母，而叙述诸神往往指水为誓，并假之名号曰'斯德赫'。事物最古老的最受尊敬，而凡为大家所指誓的又应当是最神圣的事物。这种关于自然的解释，究从远古何时起始，殊难论定，但我们可以确言泰勒斯曾这样的指陈了世界第一原因。"

这种把全部神人纳入一个系统中，并为之确立一个"最高、最初的第一原因"之行为，不只泰勒斯在做，还有许多其他同道。

如毕达哥拉斯及其学派认为灵魂是"以太的碎片"或各种元素之间的比例和数的和谐，而神则被看作"诸数之数"——"我们在那里发现数，神也就降临到我们"。赫拉克利特则认为灵魂是最干燥的火，神则是本原的火，是永恒的活火。

这些都是用某种自然的元素或关系来解释神的，但这个东西却又是最高的，高于其他一切元素或关系。因此赫拉克利特才说火是"神圣的逻各斯"，逻各斯是本原的火在宇宙中燃烧的"分寸"和"尺度",是万物的命运和规律,也是智慧——"人类的本性没有智慧,只有神的本性才有","智慧者是独一无二和唯一的,它既不愿意又愿意接受宙斯的称号"。

逻各斯的本意是"话语"和"表述",本来是人的精神所特有的东西,即思想和理性的标准(尺度、分寸),用在火和万物的规律身上其实只是一种借用。

逻各斯甚至高于毕达哥拉斯派的"数"。"数"虽然也是抽象的,但它完全是物质世界的一种关系。人们把它用在精神的事物上时只是从自然界"借用"而来。逻各斯却是名正言顺地属于精神世界的。

赫拉克利特把神看作逻各斯,并把作为神的逻各斯看作一种比人的精神更高的精神,即开启了后世希腊理性神学的道路。埃利亚学派又继承并发展了这条思路。色诺芬尼认为"有一个唯一的神,是神灵和人类中间最伟大的,他无论在形体上或思想上都不像凡人","神是全视、全知、全听的","神毫不费力地以他的心灵的思想力左右一切"。

如此一来,往后希腊神学的发展就有一条不同于中国的道路了。

从柏拉图的"创造主"、亚里士多德的"第一推动者"、斯多亚学派的"普纽玛"和"世界理性",一直到新柏拉图学派的"太一",都是沿着色诺芬尼所开辟的这条道路发展的,最后为基督教提供了完备的宗教哲学理论基础。

换言之,神话的性质不同,神人关系也就不一样。希腊神话中的神，对人起掌管、支配作用。后来自然神学的发展，不但没有改变这种神人关系，反而强化巩固之，建立了一个超强的神，全知、全能、全善，人只能是它的创造物，永远不可能是神。这样的神话及自然神学，与后来传入罗马的希伯来宗教异曲而同工。

三、不同的天帝、不同的文化

（一）天命观

中国的神人关系就完全不同了。中国的"帝"不具有"万物起源""唯一""第一推动者""神意目的论"这些含义。中国的神虽也对人世发挥支配作用，可以"帝其令风"，"帝其令雨"，或影响人事，如"王封邑，帝诺"，"伐马方，帝受我佑"，"上帝将复我高祖之德"，但这种支配与希腊神话及自然神话中所讲的支配非常不同，不拥有高居一切具体事物之上，作为"第一原因"那样的支配力。而且，这种支配是神人互动的，人透过修德或敬事，可以知天命，亦可改变帝令；透过占卜，可以与神沟通，趋吉避凶；帝令、天命本身亦与希腊之命运观迥异。

从词源学看，《说文解字》曰，"命，使也。从口令"。所谓天命，就是指作为主神的"天帝"所发布的那些具有主宰效应的命令。段玉裁注中指出："令者，发号也，君事也。非君而口使之,是亦令也,故曰命者,天之令也。"可见"命"字起初是指君的职能,后来才转而被赋予了拟人化的天,成为天之令。

也因此,天命就像君命一样,其主宰效应主要是指向了人们的各种行为活动,很少涉及自然界本身。

诚然,天命也可以支配某些自然界的现象,如"帝其令雨",或造成地震等;不过,天帝在这方面发挥主宰效应的动机,似乎并非要改变自然界,而是"为人事而自然"。不仅雨雪会直接影响农业生产活动,而且在中国人看来,地震、彩虹等自然现象也都不是与政事治理活动无关的。故那些与人文践履活动缺乏直接联系的自然现象,往往不在天命观讨论的范围之内。

虽然天命对于人具有决定性的作用,以致天命往往成为人们必须接受的前定"命运",但中国人从来没有因此主张人们可以消极地听天由命。相反,其往往特别强调:即便在获得了天命允准的情况下,人们也应该充分发挥人为活动的自觉努力,力求在"自天佑之"的基础上,真正实现"吉无不利"的结局,做到"永言配命,自求多福","天命,自度,治民祗惧,不敢荒宁"。甚且,积极的人为努力甚至还能够延续天命惠佑的先决条件,因为只有真正做到了所谓的"王其德之用",才有可能确保"祈天永命"。

可是,天命也像君命一样,虽然具有前定作用,却又不是必然不易、无法改变的;不但可以变更,甚至还有"天命靡常"的特征。导致变更的原因，尽管可以说是直接来自天帝，却往往取决于人为活动的实际状况。例如，倘若某位君王消极懒惰、败坏德行，就会"惟不敬厥德，乃早坠厥命"。反之倘若某位君王积极努力、自强不息，尽管天帝原本并不惠佑，也照样能够将无命变成有命。

因此，一方面，天命对于人具有决定性的主宰效应，因而人必须服从；另一方面，人在必须遵循天命的同时，又可以对于天命产生反馈性的影响，或是积极实现天命，或是导致天命变更。

（二）决定论

希腊的"命运"则不如此。在希腊宗教中，命运并不是出自神的意志命令，甚至也不是出自"命运三女神"的意志命令。所谓"命运三女神"，也不过是命运这种具有前定作用、令人敬畏的冥冥力量的一种拟人化的象征。

故命运不仅能对尘世中的凡人发挥命定的主宰功能，还能对天国里的神灵发挥命定的主宰功能。希腊宗教中的各位主神（像乌拉诺斯、克洛诺斯、宙斯等）对于天上人间的许多事情也能拥有生杀予夺的决定作用，但他们自己的兴衰沉浮，甚至他们自己主神地位的获得与丧失，却依然不得不服从于在冥冥之中已经前定的命运。命运一旦前定，就不可能变更，而是必然会以不可抗拒的力量得以实现。因此，无论人神如何充分发挥自己的能动性，都无法扭转或是改变自己注定的命运。例如，在著名的俄狄浦斯传说中，虽然这位希腊英雄早就获悉了自己的前定命运，并且想尽一切办法努力试图躲避，但最终还是无可奈何地落入了弑父娶母的悲剧结局。同样，虽然天神乌拉诺斯、克洛诺斯也曾经事先得知自己将被推翻的命运，并且千方百计加以预防，但最终也是不可避免地丧失了自己的主神地位。

在殷周宗教中，人虽然无法抗拒天命，却可以凭借自身的积极努力，通过天人互动而影响天帝、改变天命。在希腊宗教中，命运则不受任何人为因素的影响制约，因此命运观是一种决定论。命运超绝于一切之上，其地位亦如造物主或上帝——其意不可知，其命不可改。

在殷周宗教中则不然。天命由天帝发布，直接体现天帝的意志，因此天帝也可以更改命令或是收回成命，以致天命具有偶然性意蕴，并非决定论。

决定论当然也不一定就不好。虽然自此之后，"意志自由"与"决定论"之矛盾，成为西方哲学上缠讼不绝之大问题，历史决定论也导生了诸多诘难，但从另一个角度说，西方自然哲学或科学之源，或许即来自此种命运观及决定论。

罗素就曾指出，以荷马史诗中能够发现的真正宗教意蕴，并不是奥林匹斯山上的众神，而是那种就连宙斯自己也要服从的命运、必然、定数这些冥冥之中的存在。命运对于整个希腊思想都产生了极大的影响，并且也许就是科学能够形成有关自然规律的信念的渊源之一。

这是因为命运的宗教观念转化为必然的哲学观念。例如，阿那克西曼德就认为，万物都按照必然性产生；赫拉克利特认为的"逻各斯"本身就包含着必然规律（确定尺度）的哲理意蕴；亚里士多德更是具体分析了必然性的概念，并且主张三段论式的逻辑证明也是一种必然。

希腊哲学家们有关必然性的这些见解，为希腊自然科学形成必然规律的观念奠定了坚实的基础。

西方科学以追求自然之规律为主，与中国科学以人天互动的"天工人其代之"为思想主轴不同，此亦为原因之一。

彼此优劣，固难断言。但无论如何，中西人神关系、天人关系、天命与命运观之不同，是昭然若揭的。中西文明几乎所有不同发展，都要从这个基点上去了解。西学东渐以来，不能掌握这基本差异而做的胡乱比附、套用、优劣比较太多太多了。

西方的情欲结合不良问题

"东海西海,心理攸同;南学北学,道术未裂",为钱锺书先生之名言,他也努力想证明这一点。然而,通人之弊,吾所惜之。因为中西文化有许许多多不同是明摆着的呀!

现在就要说一个"东海西海,心理不同"的点,而这点是极为关键的:讲"窈窕淑女,君子好逑"的中国,和讲"女人必恋慕你丈夫,你丈夫必管辖你"的希伯来文化,恰好大相径庭。

同样,中国虽祖先神都是男性,但男性意识并未弥漫延伸于整体生活领域,在思维中仍维持着两性架构及性别意识;西方则由男性上帝下贯至整个思维,排除了另一性。

性,是我们理解某个哲学传统时必须考虑的一个维度;在哲学思维中有没有性别的意识,会深刻影响其特点与走向。

一

古希腊哲学一开始就寻求万物的本源，但他们所提出的水、气、火都是单一者。赫拉克利特的"火"虽包含"对立而又同一"的原则，讲双方通过斗争达成和谐，但这并不就是性别的关系。因为对立面之间没有相互交媾而发生之意，杀伐之意甚重。

毕达哥拉斯学派则明确提出"对立是本源"，而且在他们列举的十对本源中有"雄性与雌性"这个对子，很有思想启发力。然这种对立以"数是本源"为前提，也就是以"一与多""奇数与偶数""直线与曲线"为前提。而且，这些对子之间不是"相交而发生"的关系，而是一侧（左侧）从根本上就压倒和高于另一侧（右侧）。比如"一"就从根本上高于"多"，因为"一"被视为众数之源，一个奇数加上一就成一个偶数，再加一又变成奇数。所以在这十个对子中，才会出现"善与恶""光明与黑暗"这些在当时人的价值判断中明显偏于一边的对子。这就使其中的"雄性与雌性"关系成为对立压迫式或源流式的，不是相济相生。

甚且，西方古代形而上学连这样的"对立本源"也不能容忍。继毕达哥拉斯之后，巴门尼德认为只有"一"代表的"存在"才是真实的，因为存在是存在的，而非存在乃是不存在的。以这种独一的、"思想与存在同一"的方式提出的存在问题以及由此而建立的存有论（本体论）成了后来西方传统哲学的核心。

柏拉图与亚里士多德试图松动这个"存在只是一"和"运动不可能"的僵硬状态，以某种方式再引入"多"。

柏拉图认为作为每一类事物范型或本质的理型是实在的，亚里士多德则说作为个体的实体是实在的。由于他们都受巴门尼德思路影响，所以理型和实体尽管有多个，但其本身仍然是"不变的一"。就是亚里士多德讲的"个体"，其真实性也是来自形式，而最高的、最实在的形式是不变的唯一者或神。

因此，理型或实体本身没有内在差异和相交相生的可能。理型与事物，是原本与残缺副本的关系；实体与属性，则是不变者与寄居者、本质的规定者与偶然获得者的关系。这种不成双配对的关系，不可能是性别的关系。

到了近代，笛卡儿提出"主体（我思）"原则，"人"在最根本处出现了，但这仍是一个抽象的、纯思维或纯认知的"人"。在唯理论那里只有思维着的大脑，在经验论那里则加上了感官，以线性方式与大脑相接。

康德之后的德国古典哲学，出现了对立统一的辩证法，但这种"对立"的根基仍是主体与客体、一与多的对立，主体与一仍控制着整个局面。客体是被主体设立的，是由主体异化出来的对立面，以便让主体在克服或扬弃客体时深化和丰富自身，最后达到"绝对"的认识与存在。

因此，辩证的对立面之间，就如同毕达哥拉斯的"一与多""光明与黑暗",无真实性别和性交可言,只有概念的辩证发展。

因此综括来说,整个西方传统哲学,从巴门尼德到黑格尔都是无性或无性生活的。

从尼采开始,西方当代哲学才逐渐有了某种身体感与性感。几经周折,最后才在法国现象学与结构主义者那里初露端倪。梅洛·庞蒂提出了"身体场"之观念,关注到性感的源头、表现和缺失方式。而福柯则关注性与权力之问题。弗洛伊德以性压抑为基础的精神分析理论也因此而具有哲学意义。生态伦理学中也有性别的隐喻(比如自然母亲)。至于女性主义哲学,更是以谈性别差异(gender difference)的含义,批判传统西方哲学歧视女性的历史与现状为职志。

换言之,西方传统哲学的核心部分(存在论与认识论)无性别意识。只有在当代西方哲学中,这种意识正在觉醒。

二

西方慢慢转到这条路上来的"路",才比较接近中国传统思想。中国传统的主流哲学思想是有鲜明性别意识的。

比如中国看重相对相济的动态生成关系,并重视这关系所生成的世代结构,也就是家庭、家族、民族与文化的长久延续；也善于领会生存境域中的时机，认为获得真知的最有效手段是人的互动互感，而非逻辑与科学。西方传统哲学正好相反。

《易经》中之卦象都由相互对比区别的两个爻象，即"--"和"—"构成。卦象，不是一般几何图形，乃是有两性含义的"象"。它们没有实体化的中心、硬核和基础（两爻内在互需，自身无表现意义），靠连断、位置、次序、反正、变换循环等来构成关系和意义。

而且，至少从殷商之际开始，纯阳卦和纯阴卦就被称为"乾"与"坤"，并相应地有一系列对应的性质，比如"天与地""龙与牝马"等。对子中的任何一方都是绝对必要的，在构成意义上是"彼此"的，谁也不比谁在本性上更优越、更真实。任何"实体与属性""存在与非存在""本质与现象""形式与质料""主体与客体"之分，在这里都是无意义的。

清初大儒王船山曾把这一特点概括为一个术语：乾坤并建。大哉乾元、至哉坤元，乃是二元一体论。

因为在易象的结构中，任何意义都要靠爻象双方的相对相生、交错往来而构成。两种爻象的相互区别和相互需要是内在的。故两爻象之间的关系不同于任何一种观念与观念之间、概念与概念之间的逻辑关系，物与物之间的因果关系，主体与主体、主体与客体的关系等，所以才更近于两性之间的关系。

由于易象有性别含义的这些特性，历代解《易》者基本就是看阴阳爻有无交感呼应。有则吉通，无则悔吝。

吴汝纶在《易说》总结云，《易》中凡阳爻之行，遇阴爻则通，遇阳爻则受阻。尚秉和也指出这是"全《易》之精髓"。也就是说，后世解《易》者们都认为：从易象上讲，阴阳爻相交的卦爻辞偏于吉亨，反之则多为悔吝。

"阳遇阴则通。阳遇阳则阻"，意味着异性相交相和而感生变化，可生出新的可能，故而可通达吉亨；反之，只阴阳爻不交，同性相遇，即无新的可能出现，则危殆了。

此所以《庄子·天下》曰"《易》以道阴阳"。阴阳，在《易经》或整个古代中文语境中的变体极其丰富，日月、明暗、天地、上下、左右、冷热、进退、往来、春秋、山水、动静、生死、兴衰等，无处不有阴阳，亦几乎无物不有阴阳。

孔子虽未道阴阳，但不仅曾在《论语·述而》中说要"五十以学《易》"，在《论语》中表现出来的思想方式也与易象的"阴阳相分不相离，相对以相生"的含义相符。且孔子极重《诗》教，称《关雎》乐而不淫，主张《诗》可以兴"等，都表现出他不离阴阳男女之生动情境而言礼求仁。

由此，我们可以说，与西方传统哲学的主流形态不同，中国古代哲理思想之主流是有性别可言的。《系辞下》一段话就直接表达出这个特性，"天地缊缊，万物化醇；男女构精，万物化生"。

三

此即所谓"夫妇为人伦之始",是要推夫妇之理以及于宇宙人生、国家社会。

也许这是上古生殖崇拜遗留或转换的遗迹,被保留在这些古老的典籍里,或许这根本就是儒家有意选择并保存这类文献。而且在《十翼》的说解中,处处坐实了男女之事的解释,可以证明它是有意如此解说,而其说义方式亦正与《中庸》《大学》相符。

《大学》说:"《诗》云:'桃之夭夭,其叶蓁蓁;之子于归,宜其家人。'宜其家人,而后可以教国人。"《中庸》说:"君子之道,辟如行远必自迩,辟如登高必自卑。《诗》曰:'妻子好合,如鼓瑟琴。兄弟既翕,和乐且耽。宜尔室家,乐尔妻帑。'"这都是说男女好合,家室之乐,推而广之,即可和乐天下。男女之道不但不是罪恶、不须忏悔,更应发扬,予以推广。

这种不以好色之心为罪恶,不以为人能无好色之心,谓好色之心亦为天理,又主张扩充之观点,在社会理论方面,使人人能遂其食色之需,无旷男怨女,以成王道。在存有论及伦理学方面,以男女交感、夫妇和合,为一切秩序之基础,由此以讲礼义,讲治国平天下,无一不与佛教、基督教相反,自成一独特的义理形态。

说它独特,是说儒家学说立基于男女性事上,由此展开它整套存有学、伦理观及政治理论。"男女构精""阴阳施化""一索得男""天地交泰",这些语词与观念,明著于圣典,举以为教,传习讽诵之。这在世界其他几大文明中是不常见的。在我们亚洲儒家文化圈中,或以此为相沿已久之传统,不免习以为常,但与佛教、基督教相比,即可见此事甚不寻常。

或许我们会说"《易》以道阴阳",其性质本来如此,不能以之概括整个儒学或中国哲学。但若如此,则我们不妨来看看《诗经》。

《诗经》,在儒家的解释系统中,非常清楚地是以男女情欲问题为基点,推广以言王道教化的,犹如《易》本为卜辞,而儒家解释系统却以男女交媾、万物细缊论人文化成。

何以见得?《诗经》以国风《周南》《召南》开端,是所谓"《诗》始二南",其重要性可知。但《周南》十一篇,据汉儒之说,其中倒有八篇在谈后妃之事。剩下三篇,《麟之趾》言《关雎》之"化",仍是讲后妃;《汉广》《汝坟》亦说文王教化,令男女夫妇相得者。总之都是在谈那档子事。而《周南》始于《关雎》,《召南》始于《鹊巢》,也是说后妃的,其余则略如《周南》。为何夫子返鲁,雅颂各得其所,而《诗经》编次,乃以《关雎》《鹊巢》为始?其义正可深长思也。

四

在哲学思想的本源之处有性别还是无性别，会造成什么样的效应呢？

第一，认为终极实在者是有性别的。这意味着"关系"在最根本处是无法避免的，因为性或性别势必造成一个非单一的交往局面，所谓"一阴一阳之谓道"。故任何意义上的实体主义，任何认为可以脱离关系来把握"存在之所以为存在者"或"存在本身"的做法，均不能成立。终极实在，绝无可以定义的自性可言。而西方传统哲学最鲜明的特点，却正是寻求终极实在。

第二，哲理上的性关系不会是完全可确定的或可对象化的，如逻辑和希腊数学中的那些关系，而一定是一种动态的、相互影响的（interplaying）关系。且这种关系中总有些不可完全预测的、具有危险性的东西，或者是可造成背叛、缺陷、失恋、失败，总之就是"阴阳不测"的东西。因而有性别的思想总有忧患意识，"夕惕若厉""亢龙有悔""西南得朋，东北丧朋"。"作《易》者，其有忧患乎？"所以总要"观变于阴阳而立卦"。

西方的传统哲学与宗教的主流则认为虚假、危险和罪恶都只属于现象界，终极关怀所要求、规定和信仰的则是不可能遭到感染、生病和出错的最高级者，因而也感受不到任何忧患。至极处只有充实、狂喜与感恩。

第三，两性关系也不尽同于赫拉克利特式的或佛教缘起性空式的动态关系。因为它们势必生成新的可能，既不只是永远的相对者，也不会只是"空"的。所以《易传》讲"生生之谓易"，又讲"男女构精，万物化生"。

第四，由于两性关系的生成势态，使得世代延续与交迭互构状的更替不可避免。于是，对两性交生关系的重视，也就自然会延伸为对其所生成的世代形态与结构的尊重。

所以在儒家传统中，亲子关系、家庭、家族、祖先崇拜均占极重要的地位，也深刻地影响到中国文明的社会结构、人际关系、政治形态。

孔子讲的仁爱，就是以夫妇、亲子之爱为基源的。故此爱与柏拉图的"精神恋爱"、基督教的"对神的爱"或"对仇敌之爱"的原则大有区别。也正是由于这一区别，性爱与家庭、家族的联系，才可以理解此后广义的儒家在中国文化中两千多年的主导地位其来有自。佛家缘起说不可谓不善巧，但以出家为主，未从根本道理上充分阐发性别的思想含义，未能使家庭与家族获得尊重，因而只能作为中国人人生境界的补充。

相对来看，西方传统哲学中，家庭并无实质性地位。在某些后黑格尔思想家（如马克思）和后现代思想家（如弗洛伊德、福柯）那里，对本质主义和实体主义的批判，甚至还表现为对教会意识形态、资本主义生产伦理和财产继承制所鼓励的家庭关系的批判，与中国的情况不可同日而语。

第五，两性的交媾化生，总有时间性或时机性。男女怨旷，则诗人"讥失教，伤失时也"。《韩诗外传》卷一说"精气圜溢，而后伤时不可过也。不见道端，乃陈情欲，以歌道义。《诗》曰：'静女其姝，俟我乎城隅，爱而不见，搔首踟蹰'"……《说苑·辨物》也有同样的讲法，谓男子长大以后，精囊中精液填盈，自然就会想去找女人。此时王者教化，即应注意让他匹配及时，否则就会"失时"，令男子怨望，像《静女》就是人在看不见王道之端时自陈情欲的怨诗。

王者之政，则必须要能消除旷男怨女。能办得到，诗家美之；办不到，诗家刺之。美诗，如《毛诗序》云"《桃夭》……男女以正，婚姻以时，国无鳏民也"，"《摽有梅》，男女及时也，召南之国，被文王之化，男女得以及时也"。蔡邕《协和婚赋》："《葛覃》恐其失时，《摽梅》求其庶士。唯休和之盛代，男女得乎年齿。"这是赞美及时的。

反之，《毛诗序》云"《有狐》，刺时也。卫之男女失时，丧其妃耦焉。古者国有凶荒，则杀礼而多昏"，"《野有蔓草》，思遇时也，君之泽不下流，民穷于兵革，男女失时"，"《绸缪》，刺晋乱也。国乱则婚姻不得其时焉"，"《东门之杨》，刺时也。昏姻失时，男女多违"，"《雄雉》，刺卫宣公也。淫乱不恤国事，军旅数起，大夫久役，男女怨旷，国人患之"。这些都是刺诗，批评因荒凶、兵革、乱政等种种原因造成的男女失时之怨旷现象。

第六，在对女性的态度方面，有性别的与无性别的哲理也很不同。从爻卦象的基本结构以及"阴与阳""乾与坤"这些对称词的基本话语方式和含义上讲，阴阳、乾坤在最终极的意义上是相互需要、相互促成的。孤阳孤阴或阳遇阳、阴遇阴，无交无生，均被中国古人视为凶悖悔吝。

在有天然性别和交感的思想氛围之中，"阴"与"女子"的地位，绝不会从道理上就注定了是低级的。故《易传》云"昔者圣人之作《易》也，将以顺性命之理。是以立天之道，曰阴与阳；立地之道，曰柔与刚；立人之道，曰仁与义"，将阴阳、刚柔与仁义相对应。仁对应的是阴柔，义对应的是阳刚。

《周易正义》解释说，仁，爱惠之仁，即慈厚泛爱之德，主于柔；义，断割之义，即正大坚毅之德，主于刚。在儒家学说中，仁的地位即使不高于义，也不会低。所以如果依此语，阴的地位与价值就显然不低于阳。何况，儒家学说是"分阴分阳，迭用柔刚"的，阴阳尊卑并无不可变之常位。

至于道家，更是主张"专气致柔……能为雌"和"柔弱胜刚强"。不少人甚至因此认为"中国文化的发展一直具有强烈的女性性别（gender）特征的色彩"或"提倡一种'女性'伦理"。不过道家也同样是以阴阳相济相生为主的，所谓"万物负阴而抱阳，冲气以为和"。

西方的无性的或单性的哲学与宗教，局面就很不一样。

巴门尼德从毕达哥拉斯的对立表中择一（雄）弃二

（雌），因而主张只有存在是存在的，而非存在乃是不存在的；表示"存在"的思想基因是雄性的，而其表达方式则是无性的。传统西方哲学的二分法都带有强烈的男性至上主义或父权主义的特征。这种二分往往表现为：才智与感性、理性与情绪、精神与肉体、强壮与软弱、客观与主观、独立的与依赖的、自主的与依关系而定的、支配的与受支配的、抽象的与具体的、坚持普遍原则的与附随具体情况的等等。这些对语中的前一项在西方传统哲学和理性文化中均备受推崇，而后者则皆受压抑。很明显，前项基本上是男性化或偏向男性的，而后项则以不利的话语策略指向女性。因此当代女权主义者吉莉根（Carol Gilligan）、格利姆肖（Jean Grimshaw）和福莱克斯（Jane Flax）等人视之为"哲学的男性化"。而格利姆肖所讲的"女性伦理观"，注重具体场合（生存情境），强调同情、养育和关怀（相补相生，世代延续），批判传统伦理学只关注选择与意志，强调在发现和适应具体情境的需要中做适当响应（时机化）等，则反而有与中国哲学符合之处。

诸如此类，通过比较哲学的处理，中西文明对男女的思维之不同实已至为明晰。"东海西海，心理攸同"终究只是违背常识的想象。

中国人不爱看相

人生天地之间，自居万物之灵，总觉得自己跟其他动物不一样，因此各民族都不由自主地发展出"人的自尊"思想。我国上古即讲天地人三才，老子也有"道大、天大、地大、王亦大"之说，后来"天地之间，人为最贵"一类讲法更不可胜数。其他民族也一样。希伯来民族不是说上帝以他自己的形象造人吗？人是上帝的仿本，地位当然远高于其他动物。

可是中国人的身体思维跟其他文明终究非常不同。

一、不以形体为崇拜对象的民族

从刚刚举的例子，就不难看出：我国讲人的尊贵是从才德能力上说，希伯来人则首先由形体说。这就是对"人"的思维有所不同。因这个思维不同，两大文明的身体观遂也不同。

古印度文明，亦极看重人的体相。因此婆罗门之智能，就很强调相人之术。如《佛本行集经》中云，（珍宝婆罗门）能教一切毗陀之论，四种毗陀皆悉收尽。又阐陀论、字论、声论及可笑论、咒术之论、受记之论、世间相论、世间祭祀咒愿之论。所谓"世间相论"，与婆罗门五法中的"善于大人相法"，都是相术。可见相法是婆罗门极为重要的智能。

不仅如此，婆罗门还注重相貌容色，认为好的相貌必定由修行善法而来。如一个婆罗门，在路途中看见了佛陀"姿容挺特，诸根寂定……圆光一寻，犹若金山"，便问佛陀："本事何师？行何道法，以致斯尊？"

佛典中叙及婆罗门时，也常说该婆罗门"颜容端正，人所乐观"。诞生的小孩，如果"颜容端正，人所乐观"，就取名为"孙陀罗难陀"；如果形貌不扬，具十八种丑陋之相，父母见已，极生不乐，名曰恶相。小孩恶相，则不教授婆罗门之学，使他无法成为婆罗门。但一般所说的相貌端正，还不是婆罗门相法中最为人所看重的"大人之相"。

什么是大人相呢？要有三十二种相貌特征，才能称得上是大人，如《中阿含经·三十二相经》所说。

汉译佛典的阿含部、律部、本缘部等较早辑出的佛典中，多处记载婆罗门的三十二相说，足安平立、足下生轮、足指纤长、足周正直、足跟踝后两边平满、足两踝膊、身毛上向、手足网缦犹如雁王、手足柔软、肌皮软细不着尘水、（一一毛）毛色绀青右旋、鹿腨肠、阴马藏、上下圆相称、手摩膝、身黄金色、两手两足两肩及颈七处隆满、上身大如狮子、两颊隆满如狮、脊背平直、两肩间满、四十齿、牙平齿、齿间无隙、齿白、通味第一味、声悦耳、广长舌、眼睫如牛、眼色绀青、顶有肉髻、眉间生白毛。

这是古婆罗门所欣赏崇仰之形象，后来完全被大乘佛教吸收，用来形容佛陀之美。

古希腊亦甚重视人相问题。

亚里士多德《体相学》说："过去的体相学家分别依据三种方式来观察体相。有些人从动物的类出发进行体相观察，假定各种动物所具有的某种外形和心性。他们先认定动物有某种类型的身体，然后假设，凡具有与此相似的身体者，也会具有相似的灵魂。另外某些人虽也采用这种方法，但不是从整个动物，而是只从人自身的类出发，依照某种族来区分，认为凡在外观和禀赋方面不同的人（如埃及人、色雷斯人和库施人），在心性表征上也同样相异。再一些人却从显明的性格特征中归结排列出各种不同的心性，如易怒者，胆怯者，好色者，以及每种其他表征者。"可见体相学在希腊乃是源远流长的。

亚里士多德对以上各项观察体相之法均不以为然，因此他参考相士们的说法再予改造，云："体相学，就正如它的名字所说明的，涉及的是心性中的自然禀赋，以及作为相士研究的那些表征的变化产物的后天习性……相士不外是通过被相者的运动、外形、肤色、面部的习惯表情、毛发、皮肤的光滑度、声音、肌肉，以及身体的各个部位和总体特征来作体相观察的。"

依他的观察，软毛发者胆小，硬毛发者勇猛。若肚腹周围毛发浓密，则是多嘴多舌之征。而动作缓慢，表明性情温驯；动作快速，则表明性情热烈。至于声音方面，低沉浑厚标示着勇猛，尖细乏力意味着怯懦。雄性较雌性更加高大强壮，四肢更加健壮光滑，各种德性也更加优良。感觉迟钝者的表征，是脖颈与腿脚一带肥胖、僵硬、密实，髋部滚圆，肩胛上方厚实，额头宽大圆胖，眼神暗淡呆滞，小腿及踝骨周围厚实、肥胖、滚圆，颚骨阔大肥厚，腰身肥胖，腿长，脖厚，脸部肥胖且长。赌徒与舞者双臂皆短。心胸狭窄之人，四肢短小滚圆、干燥，小眼睛，小脸盘，像科林斯人或琉卡狄亚人。由肚脐至胸脯比由胸脯到脖颈更长者能吃，胃口很好……皮肤太黑者胆小，埃及人、埃塞俄比亚人就是这样。皮肤太白者也胆小，譬如妇人。肤色居中者趋于勇猛。黄褐色毛发者有胆量，譬如狮子。火红色毛发者狡猾，譬如狐狸。身体不匀称者是邪恶的，雌性就带有这种特性……

他这种相人术明显带有性别、种族之歧见，在今天看都是笑话。但无论如何，由其叙述可知希腊相术之大凡。相法为时所重，故亚里士多德专门写了《体相学》一书以为斯学张目。

该书开宗明义说道,"身体与灵魂之间存在着的这种相互作用……在同一种类的动物之中,身体与灵魂的关系总是:有如是的外形,便必然有如是的心性"。故其体相学重在由形体观察心性状态,与婆罗门相人术有类似之处。

相对于古印度、古希腊,中国古代却是相人术最不发达的。

上古没有相术,根据《左传》,相术起于文公元年(前626年)左右,孔子同时代人郑国的姑布子卿。所以《荀子·非相》曾批评:"相人,古之人无有也,学者不道也。古者有姑布子卿,今之世,梁有唐举,相人之形状颜色而知其吉凶妖祥,世俗称之。古之人无有也,学者不道也。"

足证此术最早也仅能上推至姑布子卿,再往上找,就无渊源了。此法渐渐兴起,与相宫宅、相狗、相马一般为流俗所称,则是战国的风气,但地位在相牛相马之下。现在社会上流行的相术,如麻衣、柳庄之类,更都是宋明以后的东西。相士,属于下九流跑江湖的底层人,跟婆罗门、亚里士多德他们地位悬绝。

故这种看相的风气会惹来荀子的批评不足为奇。因为依中国思想的一般特征或重点而言,中国人是重内不重外的。

荀子说:"故相形不如论心,论心不如择术。形不胜心,心不胜术。"其实非他一家之私议,即使后世论相面、相手、相形体者,也仍要说"相由心转"。庄子《德充符》载各种德充于内而形貌丑陋畸特的人，更可以显示思想家对体貌体相不甚重视。

庄子这类说法，在婆罗门或亚里士多德那儿，就都是不可想象的。因为依他们的看法，外形与心性是相合的，外貌丑陋者心性也必不美不善。庄子、荀子则相反。荀子说，"仲尼之状，面如蒙倛；周公之状，身如断菑；皋陶之状，色如削瓜；闳夭之状，面无见肤；傅说之状，身如植鳍；伊尹之状，面无须麋；禹跳，汤偏"。圣贤都长得难看，坏人却不然，"古者桀、纣长巨姣美，天下之杰也；筋力越劲，百人之敌也。……今世俗之乱君，乡曲之儇子，莫不美丽"。因此他们主张不必论形相之美恶。

二、不以人体为审美对象的民族

比较东西方的体相观是非常有趣的事。苏美尔、古希腊、古印度都有造像的文化，或铜铸人面、人首、人身，或石雕，或塑像，十分普遍。但在中国，出土千万件青铜器中，除三星堆有人形及面饰之外，绝不见铸造人体者。上古石刻也不见人像石雕，祭祀则用木主，不立图像、不塑人形。

故古希腊、古印度是造像的文化，我国是不造像的文化。且古希腊等文化刻塑人体，以为美善之欣赏崇拜对象，这个观念或行为在中国亦绝不存在。

这些古文化的差异，即本于彼此不同之体相观。

中国不但不像古希腊、古印度那么重视体相之美，认为应重心而不重形；甚且我们认为形体非审美之对象，衣裳才是。赤身露体那种原始形体，相对于衣裳冠冕黼黻乃是可羞的，因为衣裳等才是文化，赤身露体则如动物那样，是非文化、无文化的样态。故赤身跣足肉袒以见人，若非羞辱自己便是羞辱他人。如廉颇向蔺相如肉袒负荆请罪，就是自居罪人；祢衡肉袒击鼓骂曹操，即是用以羞辱别人。

我们不曾有过人体艺术，自古崇拜的天神、人王、父祖也都不塑像。制俑者更被孔子批评，谓其"象人而用之"，甚为缺德。是人不必相、不可相，相亦无意义也。后世塑像造像之风，乃受佛教影响。

换言之，中国体相观的特点：一是不重形相之美，亦无人身形相崇拜（为了强调这一点，往往会故意说丑形者德充，形美者不善）；二是形德分离，"美人"未必指形貌好，通常是说德行好；三是不以形体为审美对象，而重视衣裳之文化意义及审美价值。

三、重视黼黻文章的民族

古来传说，黄帝轩辕氏正妃为嫘祖，能制蚕丝为衣。相较于其他民族之以兽皮为衣，则此自为华夏之特色。其后

"尧舜垂衣裳而天下治",更说明了中华文明之特点正在服饰。

故以往中国往往以"衣冠上国"自居,自认为其文化高于周边民族。唐王维诗所谓"万国衣冠拜冕旒"者,即指此。历来帝王建立新政权亦无不以"易服色"为首务、重务,即是以衣饰为一时代文化之代表的思想具体表现。

这在思想文化上,亦不妨说是嫘祖之重要性胜似黄帝。除轩辕氏发明指南车的传说令人景慕之外,中国不像印度发展出了对轮子的崇拜。古《奥义书》及四"吠陀"[①]均有轮的崇拜,后来佛教乃有"法轮""转轮圣王"等说法。中国则无此信仰,只说衣服。且以蚕丝制衣之发明,也令其他文明视蚕衣为中国之代表。

推而广之,遂亦有以衣裳喻说思想者,如颜元《四存编·存性编·棉桃喻性》云:"天道浑沦,譬之棉桃:壳包棉,阴阳也;四瓣,元、亨、利、贞也;轧、弹、纺、织,二气四德流行以化生万物也;成布而裁之为衣,生人也;领、袖、襟裾,四肢、五官、百骸也;性之气质也。领可护项,袖可藏手,襟裾可蔽前后,即目能视、耳能听、子能孝、臣能忠之属也,其情其才,皆此物此事,岂有他哉!"

古人说美,常就"黼黻文绣之美"说;说容,也不只

[①] 最古的《吠陀本集》共四部:《梨俱吠陀》(颂诗)、《娑摩吠陀》(歌曲)、《耶柔吠陀》(祭祀仪式)、《阿闼婆吠陀》(巫术咒语)。——编者

指容貌，而是就衣饰说，如《荀子·非十二子》云："士君子之容：其冠进，其衣逢，其容良，俨然，壮然，祺然，蕼然，恢恢然，广广然，昭昭然，荡荡然，是父兄之容也。"

这衣冠黼黻文章，就是古代"文"的意思。一个民族、一个时代乃至一个人的文章文化即显示于此。

像希腊那样以裸身人体为美者，古人将以之为不知羞，谓其为野蛮、原始、无文化也。像印度那样造像论相者，古人亦将以为无聊。因此在我国绝无《造像量度经》《三十二相经》那样的经典；论佛像塑法画法，也只说"吴带当风""曹衣出水"，仍是就衣服讲。

在我国，论相也一直只是旁支末流之学，与婆罗门之重视论相、佛教之"佛身信仰"迥异。后虽受佛教影响，造像之风渐盛，但思想上终究以此为低俗信仰。中国佛教哲学更是强调"不着相""若以色见，以声音求，是行邪道，不见如来"的。中国人的价值判断，更是以着相为劣，强调凡做人做事都不可太着相。即或要观相、见相，大抵也非"观相"而是"观象"。

《尚书·益稷》载舜向禹说道："予欲观古人之象，日、月、星辰、山、龙、华虫，作会；宗彝、藻、火、粉米、黼、黻、絺绣；以五采彰施于五色作服，汝明。"把日、月、星辰、山、龙、华虫绘在衣上，把宗彝、藻、火、粉米、黼、黻绣在裳上；或加以参差变化，如以日、月、星三辰为旌旗，以龙为衮，以华虫为冕，以虎为毳；或以之为上下级

197

秩之分，如公用龙以下诸图案，侯用华虫以下诸图像，子用藻、火以下各象，卿大夫用粉米以下等象。此即为象也。象非人体形相，乃是秩宗之职、章服之制、尊卑之别，整体表现于衣饰上。观此图像，即见文明。故舜告禹曰，汝明之乎？这就是"以五采彰施于五色作服"以为文明的想法。

象不以形见，文明不由体相上看，故《易经》论"文"以虎豹之纹为说。人身体上的衣服，则如虎豹之纹。它论文明文化，也从不指人体。《易经》中"君子黄中通理，正位居体。美在其中，而畅于四支，发于事业，美之至也"，即为一证。此不仅可见文明文化是由衣裳上说，更可见中国人论美，不重形美，而重视内在美，是要由内美再宣畅于形貌四肢的。

四、由重视内在美而讲身心合一的民族

重视内在美，自然就会格外重视心。

心，代表人的内在，包括思维、情感、道德各类。故《素问·灵兰秘典论篇》云"心者，君主之官也，神明出焉"，《灵枢·邪客》云"心者，五脏六腑之大主也。心为帝王，精神之所舍"。这类具体说明心之作用的言论，也许出现较晚，但这样的观念应该在夏商周早已通行，因为《易经》《尚书》《诗经》中凡讲到心之处无不如此。《尚书·洪

范》曰"汝则有大疑，谋及乃心"，《尚书·盘庚中》"汝不忧朕心之攸困，乃咸大不宣乃心，钦念以忧动予一人……今予命汝一，无起秽以自臭，恐人倚乃身、迁乃心"，《尚书·盘庚上》"猷黜乃心，无傲从康"，均为其例。

这样的例子太多，我就不引了。但是，我要提醒大家注意：心固然重要，固然也可视为内在部分，与其他的形体部分相对起来，形成"心与形""内与外"的关系，然而，我国并不像佛教或希伯来宗教那样，发展成重内轻外、二者对立的态度。

依希伯来宗教之见，人虽然是上帝依其形象所造，却为欲望所牵引而堕落了，故灵魂是深陷在肉体欲望中的。它讲人的感受和思想，也讲心（leb/lebab'），而不说脑。另外还有一个"灵"（rûach）字，指由神赐予生命的能力，接近中国人所讲的天性。然此非生而有之，乃出于神之恩赐。受恩赐者才能不受肉身之驱使，过着圣洁的生活。

故肉体是要舍弃的，将身体献上当活祭，是圣洁的，是神所喜悦的。后世天主教修道士发展出各类修炼方法及各种忏悔文学，无非发挥此旨，欲克制情欲以求灵魂之净化。在其思想中，灵魂与肉体，恰是对立的。灵属于上帝，肉则为魔鬼所摄。

佛教虽从婆罗门处沿袭不少形体崇拜之观念，但因它有着反婆罗门之态度，故逐渐形成了"以身为幻"的讲法。由佛身信仰进而言法身，由形体崇拜进而言舍离。要脱却臭皮囊，证到无生无灭，离开这个生灭烦恼不断的尘世，故所重者为佛性，为法性，所欲破斥者为对肉体生命的执着。

它们都是二元对立式的，认为腐朽的肉体重重压着灵魂，拖着把人往下拉，才使人不能与上帝的神性契合。一人即使衷心喜悦天主的律法，可是他肢体之中另有一种律法，和他内心的律法相抗，把他囚禁于肢体的罪恶律法中。

中国则非"肉体与精神""神性与欲望"之类二元截然对立之格局，而是主从关系。心，一为五脏六腑之主，二为体之一部分，非能与体相对之物。故虽如孟子之强调心性，亦不至于要黜体去欲，只说大体、小体，谓人能从其大体者为君子，从其小体者便为嗜欲之人。可见心与肉体都是体，人被视为精神与形体整全的存在。没有人会像笛卡儿那样，区分身心，将其视为两个能以自身形式存在的不同实体，谓心灵不必依附肉体，反之亦然。所以在大方向上，整个中国哲学是形神相合、身心合一的。

孔子善于摄生，可见于《论语·乡党》。孟子讲"践形"，老子也说要"长生久视"。且心为形之主，养心固所以养形也。整个形态与佛教或基督宗教极为不同。

后世如嵇康《养生论》"形恃神以立，神须形以存"，老子《西升经》"形不得神不能自生，神不得形不能自成。形神合同，更相生，更相成"等，均可证明形神相合是中国哲学身体观之基本方向。唐宋以后人喜欢说"性命双修"，亦仍是如此。

正因形体非罪恶、虚幻、臭秽或须否弃之物，故取象于身体，如《易经》《尚书》那样，在中国是非常普遍的。儒家如董仲舒《春秋繁露》说"人之形体，化天数而成；人之血气，化天志而仁"，"人之身，首妢而员，象天容也。发，象星辰也。耳目戾戾，象日月也。鼻口呼吸，象风气也。胸中达知，象神明也。腹胞实虚，象百物也。……身犹天也，数与之相参，……故小节三百六十六，副日数也。大节十二分，副月数也。内有五藏，副五行数也。外有四肢，副四时数也"。道教则《太平经》说"头圆，天也；足方，地也；四支，四时也；五藏，五行也；耳目口鼻，七政三光也"。《黄庭经》更是把身体形容成天地，要人观此内景。梁丘子注序云："内者，心也；景者，象也。外象谕即日、月、星、辰、云、霞之象，内象谕即血、肉、筋、骨、藏、府之象也。"这些拟象或象喻，就是顺着上古像《易经》《尚书》那样的身体观而发展来的。

流风所及，中国人不但会把身体想象成是个小天地、小宇宙，也会把物事视为身体。像文学，就以文体论为主，如《文心雕龙》说"才童学文，宜正体制，必以情志为神明，事义为骨髓，辞采为肌肤，宫商为声气"，"百节成体，共资荣卫"等。论书法也说书体。体，兼有体制和风格之义。正像人体，除非是个死人，否则一站出来，其形体便应同时令人看见体格形貌和精神气志的综合状态。

西方人文主义这面镜子里有中国人的镜像吗?

西方人文主义发轫于文艺复兴时期,创造了一个"西方人文主义传统",然后进入中国,也构建了各种人文主义景观。可是这些景观,其中有众多非人文、反人文、异人文、超人文之处,浑灏笼统地奇幻漂流在一起。让我带领诸位梳理一下。

一、被建构的西方人文主义传统

西方自文艺复兴以后,均把人文主义(Humanism)之传统上溯于古希腊。他们认为人文精神或思想与希腊城邦政治的公民社会有关,是经由当时自由艺术(liberal arts)教育所培养出来的个人"涵养"和"见识"。而此一思想与精神又往下延伸，一直影响到近代西方社会。因此，人文主义可说是西方学术文化的主流。这种讲法，就像讲民主思想与政治的人老是把现在民主制度及思想之源头往上推溯至希腊雅典城邦一样，其实是以历史诠释去重构古史，作为当代行动之依据罢了。雅典等城邦实施的所谓"民主制"，与现今之民主制度大异其趣。起码"公民权"的观念及实际运作，便大大不同。一个拥有数倍于公民的奴隶之城邦，其所谓"民主"，实乃贵族统治而已。何况女人与小孩不被当作人，连人权都没有，谈什么公民权、参政权！同理，人文主义强调要在各种自然、超自然、宗教力量之外，彰显人本身的地位与价值。可是古希腊的宗教占什么位置？当时人的价值与地位能与文艺复兴、启蒙运动之后人的地位相提并论吗？人文主义者所尊重的人，在古希腊时期又与现代指涉不同，奴隶也是不被视为人的。而一个把大部分人都非人化的社会，又岂能称为人文主义社会？

约翰·G.冈内尔《政治理论：传统与阐释》一书即曾指出：所谓传统，其实只是一套虚构的神话，是史家基于处理他自己这个社会所面临之问题，重新评价其当代事物而建构的一套说辞。其假设在历史庞杂纷纭的事相中，存在着一个足以统摄诸多事物，而且是一脉相传，并有逐渐发展过程的传统存在。且这个传统，对当代事物与思想也有着因果意义。文艺复兴时期的人，正是为了处理当时社会所面临的问题，所以才借由诠释希腊史，发掘人文精神，来重新评价当代事务，推动改革。于是，一个自古希腊时期便已发畅辉煌的人文精神传统被建构起来；而且它还不断发展延伸，成为一个贯穿在诸多历史时代与事物中的传统。也就是说，人文主义或人文精神，不见得是西方文化的传统，但却是文艺复兴时期所揭示的价值及所追求之目标。

二、人文主义的艺术内核

对文艺复兴的研究，汗牛充栋。本文也无意全面评析这个时代，只想指出在一个提倡、揭举人文主义的时代，美学与艺术在其中所占的位置。文艺复兴时期，天文学、数学、物理学、化学等各门科学都有突破性的进展。化学从炼金术蜕变为现代性的实验与分析；天文学由占星术或上帝中心观蜕变到哥白尼、伽利略、牛顿的近代天文学；医学也摆脱巫术而发现了细菌、血液循环，开始建设成一门专业。印刷术则增进了知识的交流、普及与提升。这些，每一项几乎都改写了历史，影响后世至为深远。但是，人们谈起文艺复兴，立刻联想到的恐怕不是维萨里（Andreas Vesalius，1514—1564）那几千张肌肉、骨骼、内脏解剖图，不是温度计、望远镜的发明，不是鼓风炉、眼镜、时钟之改良等，而是那些绘画与雕刻以及恢复古典形式的建筑。中世纪的绘画甚为呆板、平面化，雕刻也以浮雕为主，用以装饰墙壁与石器；而其精神，则全是宗教的，目的是表现宗教情操。文艺复兴时期才以写实的方法来表现人与自然的关系，强调个人的感情。米开朗琪罗等人以健壮、动态、变化多端的人体，为新时代的人造型。虽然可能也是装饰教堂，题材也可能仍取自《圣经》故事，但其中却充溢着人的感情与生命力，与中古时期神压倒了人的情况截然不同。其中，达·芬奇的人体造型，是由对真实人体之解剖研究得来的。拉斐尔的《雅典学院》等画更表现出理性的秩序之美，每一个人物均有其个性，有其独立之价值，又与其他人在画面上构成整体的联结。这些艺术比那时的哲学与科学更具体、更形象地示人以文艺复兴之人文主义面貌，使"人的价值""人的尊严"等理念可以默会于耳目观见之顷。因此，虽然阿伦·布洛克（Alan Bullock）《西方人文主义传统》一书对大多数人都很容易把人文主义与文艺复兴时期的艺术视为同一件事，而不把它和当时的思想或文学看成是一件事感到不满，强调当时有些艺术跟人文主义关联并不太大；但谁也不能否认，艺术仍是文艺复兴时期最耀眼的成就，也最足以代表那个时代。

三、引入中国的文艺复兴，是许久前的事了

但从 20 世纪初叶起，我国知识界就一直有人试图模仿

这个时代，发起一场社会文化革命。胡适、梁启超都借用过这个词语与观念。五四新文化运动，也屡屡被比拟为中国的"文艺复兴运动"。如此比喻，当然甚为不妥。西方文艺复兴是要复兴中古基督教化以前的古文明，我国"文艺复兴"则动辄以打倒传统文化为宗旨，两者显然异趣。但论者喜欢使用这个词语，喜欢做此比喻，却显示了一种企图在我国发扬人文主义精神的态度。因此，他们反对宗教迷信，提倡科学理性，强调摆脱权威，要自主发声，伸张自我意识，重视人在宇宙自然中的主体地位。顺此而为，民国以来的人文主义传统，也确有不少建树，对社会产生许多具体影响，在思想上尤其成果丰硕。许多人都喜欢自称是人文主义者，"发扬人文精神"更是大家挂在唇边的口头禅。包括当代新儒学学者对儒道释三教的诠释、天主教界对中国文化传统的重新认定，也都是人文主义式的。

四、号称人文主义的非人文化

但是，我国人文主义与文艺复兴时期的人文主义，实有绝大的不同。旁的姑且勿论，单就艺术来说说。文艺复兴时期之人文精神体现且弥漫于艺术中，我国之人文主义则与艺术甚不相干。除蔡元培曾提倡"以美育代宗教"之外，倡言人文精神者大多以思想辨析为主，甚少措意于艺术。艺术、美育，既未能成为新时代之宗教，更连在教育体系中占一地位都极为困难。一般知识分子，即使是标榜人文精神者，在其人文素养之培育陶成阶段，通常也无与于艺术；既成为一名知识人以后，大抵也没有什么审美能力及艺术知识。整个社会，发扬着文艺复兴以来所强调的科学与理性，而对艺术却漠不关心。人文及艺术在整个教育体系中皆居弱势之地位。高等教育如此，中等及小学教育更是如此。中等学校中，音乐、美术等课常被挪用来教英、数、理、化，几乎完全丧失了作用。小学阶段的艺术教育，也仅属于美劳、唱游层次。部分家庭以"才艺培养"的方式，让孩童学琴画画，稍长则弃之，以免妨碍了功课，故艺术向来不曾成为我国知识阶层必备的人文素养。在知识界，艺术之研究、教学、人才养成也从来不是关注之问题，否则，何至在教育领域中如此弱势的人文学科的情况亦复如此。不必赘述了。故而整个知识界的构成原理在于知识、理性、认知，而非审美。这与整个人文主义精神是背离的。

在文艺复兴时期所理解与描述的希腊人文主义教育中，至少有以下几点跟我们现在的教育颇为不同：

1. 人文主义教育强调以教育来促进人类个性的发展。

2. 教育的内容，以语法、修辞、逻辑、算术、几何、天文、音乐为主，且须予以统整。

3. 提供书本以外进行教学和讨论的技巧及能力。

相对于第一点，晚清民国以来的教育皆强调以教育来富国强兵或提高个人政经地位。相对于第二点，教育越来越不重视此类基本能力与涵养，所有这些科系都没有人要读，读了也没有"出路"（即利禄之途），而以实用技术及知识为主。且教育仅志在训练一技之长的专家，不重视统整，也仅偏于知识。音乐等美学素养，更不在考虑之列。相对于第三点，我们的教育概以书本知识为主，记诵、演练、考试之。书本子以外，如何与人相处、沟通、理性交谈论辩之能力，付诸阙如。

于此可见，五四运动以来，我们虽然喜欢谈人文精神，企图效法文艺复兴，但整个教育方向及内涵却背离了人文精神，以致由此教育体制培养出来的国民也都普遍不具备人文精神和人文素养。

再把视野缩小到艺坛内部来看。艺术创作及教育，都是西式体系。其内涵，大抵也与人文精神无大关联，只是技术和形式的操演。书画的文人精神，事实上只是模仿、貌袭，因为整个文人传统，到现代业已断绝了。故溥心畬先生逝世时，周弃子先生便悼以文曰"中国文人画的最后一笔"。嗣后，文人画的精神也不断有人提倡，但是最多只能说该传统仍不绝如缕，尚未死绝罢了。借由书画来彰显人文精神、体现文人传统，现在一般书画匠是做不到的。

现代艺术部分，则基本上是另一个方向的模拟，不模拟传统而模拟西方。大陆的模拟、抄袭，大家都知道了。所以这里介绍一下台湾的情况。日据时期的台湾，透过日本，模仿西方，出现印象写生时期。光复以后，受美国影响，则有抽象表现时期。20世纪70年代以后，乡土写实风行一时。解严以后，则以前卫为标榜。

1991年倪再沁曾以《西方美术，台湾制造——台湾现代美术的批判》一文批评过这样的历程，引起甚大回响，相关论战文字达25篇以上。本土论者认为台湾执迷的是西洋现代的尾巴，而西画派则以为现代主义是进步智化的源头。前者怀疑西洋艺术在台湾的适用性与存活率，因为西洋艺术已使艺术与生活严重脱节。而且，由于历史因素，台湾美术体制中非自主性的模仿与无选择的接纳，使得台湾美术难有独立面目。尤其1980年以降，因信息狂潮与留学生回流，更是以西洋前卫的"渣"，作为解放本土的"汁"。相反，后者坚信台湾美术要步上世界舞台，必须掌控最新理论信息，以展现与国际同步的思维。反之，对现代主义的敌视与无知，就成为反智、反进步的"原初奴性反抗"。他们彼此固然针锋相对，但综合其所说，便可令吾人发现：台湾的现代美术，事实上就只是因袭现代主义而已。

五、现代艺术与人文精神的冲突

现代主义与人文精神间的关系，却恰好是大有争议的。例如当代新儒家健者徐复观，即曾本于人文主义之观点，对现代艺术深表不以为然。徐先生认为艺术应该是"在人的具体生命的心、性中,发掘出艺术的根源,把握到精神自由解放的关键,并由此而在绘画方面,产生了许多伟大地画家和作品",因此他视现代主义为"非人的艺术""毁灭的象征",谓现代艺术:

> 它把以前一切艺术的观念与传统,完全加以解体、粉碎了。艺术已经不是美的,也不是生命,也不属于精神。它断绝了对全人类的责任或关系,而与之背驰、反抗;爆破了人类的良心及由良心而来的活动,以还原于原始的黑暗混沌之中。他们倡言"艺术是愚劣",是"故意的疯狂化"。他们要由一切的混乱,由反自然的黑暗,以开辟出新的领域。艺术家与诗人,为了创作而必须集中其精神与生命,这乃属于过去之事。……真的,恰如西班牙的 Ortega y Gasset(奥尔特加·伊·加塞特)所说"近代文学的特质,在于它的非人化"。非人化,即是超现实主义的具体说明。……现代艺术、文学的上述倾向,对传统而言,可以说是一种彻底的革命。但是若稍加分析,即不难发现这是虚无世纪中反常的无穷苦闷的时代告白。

> 他们不承认科学的法则性,却非常为科学的成果所掀动。因此,他们彻底反对的,只是人性中的道德理性

及人文的生活。他们也向人生内部发掘，但他们所发掘出来的是幽暗、混沌的潜伏意识，而要直接把它表现出来；拒绝由人性中的理性来加以修理淘汰，他们认为理性是虚伪的，他们不承认人性中的理性，不承认传统与现实中的价值体系，而一概要加以推翻、打倒，这即是他们所说的超现实主义。

徐先生的见解，代表着人文主义者对整个现代或现代主义艺术的批判。而这个批判，也显示了现代艺术确有违背人文主义之处。当代的人文主义论者，如前文所提到的阿伦·布洛克，虽反对奥尔特加·伊·加塞特所谓现代艺术为"艺术的非人化"之说，主张现代文学及艺术仍与人文主义有着亲和的关系，但其辩护恐怕仍与他将希腊城邦文化纳入人文主义的谱系相同。他从以下几个方向来解释道：

1. 参观毕加索画所获得的精神充盈感，与去佛罗伦萨看到文艺复兴时期人文主义艺术时所感到的精神升华和兴奋一模一样。

2. 现代主义与过去的决裂，并不如一般人所以为的那样彻底、完全。一如文艺复兴那样，十四五世纪的艺术家和中古仍有连续性，现代艺术亦未完全毁掉全部西方传统。

3. 20 世纪的文学与艺术，虽与从前颇不相同，但那是用新的方式看人与社会，以适应社会之变迁。可是在变的同时，它仍保持了与理性的联系，也保持了思想和艺术的训练,而这些乃是过去人文主义的特点。故现代这些东西应视为人文主义的一种新版本。

这些辩护,谁也不能说它没有道理。因为万事万物,自其变者而观之,肝胆楚越也;自其不变者而观之,则万古长新,固未尝变也。用这些理由去套,什么都可以说是人文主义的一种新版本。何况,从现代艺术家大多数人的自我声称,或社会大众对现代艺术的感观经验来说,看现代艺术所获得之审美体验,绝对与看文艺复兴时期的艺术品不同;一般人也不会认为现代艺术之连续性大于革命性。也就是说,近百余年间,中国所接受的美学与典范、所表现之美术风气,乃是非人文主义或反人文主义的。艺坛内部,也不易找着什么真正的人文主义者。

六、美学途径的分歧在这样的时代或社会中,人文主义遂仅能靠少数人文学者来发扬

可是人文学者对艺术或美学之态度也并不一致。例如牟宗三先生便很轻视美术,也反对以美育代宗教。他说,蔡元培先生欲以美育代宗教,误也。无论西方意义之"宗教"或中国意义之"宗教",皆不可以美术代。谢扶雅先生谓蔡氏之意正合孔子之意,亦误。儒家之教自含有最高之艺术境界,然艺术境界与蔡氏所说之美术不同。凡宗教皆含有最高

之艺术境界，然宗教不可以美术代。宗教中之艺术境界只表示全体放下之谐和与禅悦，质实言之，只表示由"意志之否定"而来之忘我之谐和与禅悦，故孔子曰"成于乐"。成于乐即宗教中之艺术境界。试看《乐记》中对于乐之境界之阐明，皆当视为儒教中之艺术境界，而非可视为美术也。美术何足以代宗教？美术自当是美术，教自是教。

蔡氏之言，根本反宗教，亦根本反儒家之为教。后来他再论人性时，区分两种人性论的路数说，"顺气言性"的才性一路只能开出一美学境界，下转而为风流清谈之艺术境界的生活情调；反之，"逆气显理"一路才能开出超越领域和成德之学。这时，"艺术境界"并不再是指宗教中所含之艺术境界，而是带有贬义的词语，是要被超越之物。

这样的两种艺术境界，其不同要透过牟先生对康德的论述才能了解。牟先生在译毕康德《判断力批判》时曾说："吾原无意译此书，平生亦从未讲过美学。处此苦难时代，家国多故之秋，何来闲情逸致讲此美学？故多用力于建体立极之学。"把讲美学看成是闲情逸致与不急之务，轻蔑之意，溢于言表。这与康德用美学来沟通知性与道德，把美学看得无比重要的态度截然异趣。牟先生也率直地批评康德这种态度，说康德所说审美判断之超然原则颇有未谛。他自己则是要超越康德的。如何超越呢？牟先生《商榷：以合目的性之原则为审美判断力之超越的原则之疑窦与商榷》一文，指出康德所说的判断力担当不了沟通实践理性和知性的责任,"'即真即美即善'之合一之境者仍在善方面之道德的心"。须能挺立此心,挺立道德主体,方能"摄美归善",以善统真,以善统美,开出即真即善即美的合一之境。这本于道德主体而开之真善美合一之境,就是他所谓的"儒教中之艺术境界"。此乃是良知教,是由良知、善性、仁心所显之境。至于那未摄美归善、未逆气显理、只显示美的艺术境界,就只是世俗所说的风流清谈、生活情调、美学境界,非其所能首肯者矣。这种美学,其实是反美学的美学,要以超越美来包摄美,让美摄归于善之中。此时之美,实不复显其为美,唯显其为善而已。是以善所显之自由、充实、无相为美,故说是"即善即美"。其所谓美善合一,绝不能倒过来说是"即美即善",因为从美是生不出善的,美亦不能显示为善。

整个牟宗三的哲学,也贬抑情感而强调理性。他说"本心明觉其自身就是理性(法则),就是觉情(道德之情)……觉情、理性与法则,这三者是一……如康德所说,凡是情即是感性的,凡是心亦是感性的(所谓人心)……如是,则理性处无心、无情"。道德之情,非一般的感情,犹如人心并非本心或道心,故道德之情乃是觉情,乃是理性。在这样强调理性的哲学中,由感性主体发展出来的审美创作与活动,在这中间之地位亦可想而知了。倘依其所分判,则中国除了孔孟及若干宋明儒者,能经由道德心而开显一艺术境界或美善合一人格之外,一切文学艺术其实均落在才性、感情一路，未能向上翻转出实践理性。这样的美学，不但难以应用于中国文学史、艺术史的研究中，也无法据以发展文学批评与艺术批评。方东美曾说康德哲学之弊在于，"除却真理以外，其他艺术、道德、宗教价值亦殊无法安排。这在康德批评哲学里面确是一个极严重的问题"。牟先生的问题则比康德严重得多。

人文主义者徐复观，情况则与牟宗三不同。他在《中国艺术精神》一书中，先申论了类如牟先生所说的那一路美学，讲孔子所开启的乐教是如何地仁乐合一、美善合一，使人的精神透到音乐中去，所谓"人欲尽处，天理流行，随处充满，无少欠阙"，故显其为美。但随之，徐先生就说这种艺术精神已逐渐转化于音乐，无待于乐教。为人生而艺术，超越一般人审美愉悦之层次，要求人向上提升以发其善心的艺术，也终因不好听、不好看而为世所厌弃。儒生、知识分子又不再有对音乐的追求，更无僧侣之教团组织维系音乐与仪节，以致这一路艺术精神毕竟是没落了。

再描述孔子乐教这一部分，徐先生与牟宗三一样强调其美善合一、以仁心透显至音乐的性质，但具体解释并不相同。依徐先生的想法，是仁与乐会通，其根源处（亦即仁与乐之本质）可通，其最高境界也可相同，故可以道德充实艺术，艺术也助长并安定道德。这与牟先生摄美归善之说便极为不同。艺术较具地位，本身也可呈现出"大乐与天地同和"的境界，不必一定要由道德心显艺术境界。但无论如何，据徐先生描述，这一路"为人生而艺术"者终归转化、终归没落。故后世中国艺术，则都是由庄子学接来的血脉。

> 庄子之所谓道，落实于人生之上，乃是崇高的艺术精神；而他由心斋的工夫所把握到的心，实察乃是艺术精神的主体。由老学、庄学所演变出来的魏晋玄学，它的真实内容与结果，乃是艺术性的生活和艺术上的成就。历史中的大画家、大画论家，他们所达到、所把握到的精神境界，常不期然而然的都是庄学、玄学的境界。

这个讲法，几乎就是说，那种美善合一、仁乐合一的形态乃是无生机的，后世亦难有所发展；要发展出具体的艺术创作及艺术生活，只有靠庄学、玄学这一路。他解释庄子的"心斋""坐忘"为什么可以呈现艺术精神的主体，当然是非常精彩的。然而顺其说，我们恰好可以发现：他推崇的魏晋玄学或艺术生活和艺术，正是牟宗三批评为"顺气言性"，而希望予以超越者。同时，"心斋""坐忘"所把握到的心，固然可以是艺术主体；但这种心，落实在人生上，只是去欲、去私、游戏、无用、虚静。这样的心，这样的人生，与徐先生阐发人文主义的人生观，难道可以忻合无间吗？纯艺术的精神，真可以作为人文主义者的归趋？徐先生自己未注意到这一层，反而摄儒归道，说"儒道两家的人性论的特点是，其工夫的进路，都是由生理作用的消解，而主体始得以呈现；此即所谓'克己''无我''无己''丧我'"。这是把儒学道家化了。儒家诚然也有此遮拨功夫，却更以建体立极为主，本心发愿，致知尽心。是"志于道，据于德，依于仁，游于艺"，而非仅游于艺，非仅以"心有天游"为功夫，亦非以艺综道德与仁，而显一纯艺术精神也。徐先生这样的美学，追求"官知止而神欲行"，要去知去欲，以获纯粹意识（Reines Bewusstsein），其形态实亦与人文精神或人文主义相去甚远。

唐君毅《中国人文精神之发展》第一部论《人文、非人文、次人文、超人文及反人文之概念》时，便曾判分孔孟为人文，墨子为次人文，庄子为超人文，法家为反人文之思想。古代荀子亦曾说庄子是"蔽于天而不知人"。人文主义者的美学，居然自认为人文思想于秦汉以后便无法再开艺术与艺术精神。或说"儒家所开出的艺术精神，常须要在仁义道德根源之地，有某种意味的转换。没有此种转换，便可以忽视艺术，不成就艺术"，而遁入天界，以天为人，以心有天游为人生之旨趣，实在也是件奇怪的事了。

唐君毅先生的情况又颇为不同。唐先生与阿伦·布洛克等人迥异，认为：

1. 西方人文主义并非西方思想的主流。

2. 西方人文主义在19世纪前，主要在礼仪、历史知识、文学、技术、艺术中求表现，而未能在人类文化之全体及人性或人存在之本质上立根。故其最高表现，亦只能到德国新人文主义透过艺术精神，以体验道一即自然，即神知人的生命为止。

3.现代西方之人文主义则有四型：一为偏宗教而重集体之教会组织的，如天主教中圣托马斯之人文主义思想；二为偏宗教而要个人自由的，如贝德叶夫；三为重科学，重人之为一自然的存在、物质的存在，而又重人之集体的组织活动的，如孔德、费尔巴哈和马列主义者；四为重科学，以人由自然进化来，较重人之个体自由的，为一般英美之人文主义及自由主义者，如罗素、杜威、桑塔亚那、塞拉斯等。

4.以上这几型现代西方人文主义又都存在着极多的问题。唐先生胪列这些问题为以下十四项。

（1）古代对人尚有一确定方向之看法，近代则无。人本身成了问题。

（2）人文主义与宗教是否兼容，尚未解决。

（3）人文主义与科学之关系，亦无答案。

（4）如有超人文之超越界，此世界是以理性或实有或价值为第一义之实在，或以上帝为第一义之实在？

（5）若上帝为第一义之实在，人能否同于上帝？

（6）人若欲上达超越界，是否只能通过信耶稣或教会？

（7）到底有无上帝，或能否说有上帝，或是否必须说有上帝，或如何说上帝，目前均仍为未解决之争论。

（8）如吾人信人而不必信上帝，则人之本质究竟是个体性,抑或集体性的?

(9)如肯定人为一自然之存在,而与自然相连续,是否有独立于人以外之自然物之性相能为人所认识?人对自然之知识,是人所发现或制造?

(10)人对自己之知与对上帝、自然之知,何者为先?

(11)人之存在以外,若有上帝及自然,人之存在是否须依赖它?若依赖,是内在的或超越的?

(12)人之存在与其本性本质关系如何?

(13)论人应重在理性一面,抑或非理性、反理性的一面?

(14)人文主义对当代社会,能有何种实践性?

通过这十四问,唐先生一一考察西方近代各派及其与人文主义之关系,判断:西方现代人文主义思想中间问题之多,在根本上是因西方人文主义缺乏一个在本源上健康的传统。希腊偏于自然主义与理性主义;希伯来信仰超自然主义,重视信仰,以神为本;尚个体之希腊雅典思想与尚法制组织之斯巴达、罗马亦为对立。因此,西方人文主义思想陷于上帝与自然、宗教与科学、法制组织与个人自由等种种对峙中,人的主体性不能真正树立。故依唐氏之见,要树立人的主体性,仍应回到中国文化。

综观唐氏一生,也极为关切世界文化问题及中国人文精神的发展。他的思想,总环绕这一核心而展开,念念不忘以"中国文化之精神价值",进行"人文精神之重建",达成"中国人文精神之发展"（均为其书之书名）。可是，唐先生所理解的中国人文精神，究竟是何种精神呢？这不是宋明理学格局或牟先生那种思路所能把握的。因为从宋明理学或陆王式孟子学来看，中国思想文化的根株主脉在于心性论。然而，依唐先生之见，中国文化实即一礼乐文化。礼，涵政治、宗教及道德；乐，涵文学与艺术。礼，成就人生命精神的秩序、节制与条理；乐，成就人生命精神之充实、和融与欢喜。此种礼乐文化，兴于三代，既是我国文化的原始精神，又不断回应历代的新挑战而绵延下来，成为民族的具体文化生命。展望未来，唐先生更期待能把西方科技、民主、宗教等"中华礼乐化""中国人文化"，形成一庄严阔大之人文世界。依此礼乐文化观，其视中国文化之重心便在道德与艺术，和西方文化的重心在宗教与科学，适成对比。

正因为唐先生之思想重点，在于重建此中国人文礼乐精神，故美学在其间便自然有着不可忽视的地位。从乐的这一方面说，唐先生又提出人格美、人文美之说法，来解释礼为何不只是对人生命的限制，而更能成就生命活动的秩序与条理。艺文美与人文美，两者合并起来，才能构成唐先生所谓的礼乐文化。因此，美学，并不是唐先生整理理论中边缘性的东西。恰好相反，美学在唐先生思想中之地位，不但如康德之第三批判，用以通第一批判与第二批判之邮，且其总体文化观，即是美学的。礼乐文化就是礼文艺文俱美的生命境界，礼与乐两端也通过"美"这个观念通之为一。至于专论礼乐文化之乐的一部分，唐氏也有《文学意识的本性》《中国哲学中美之观念之原始及其与中国文学之关系》《文学的宇宙与艺术的宇宙》《间隔观及虚无之用与中国艺术》《音乐与中国文化》《中国艺术与中国文化》等文。论旨甚为繁赜。也就是说，类似像唐先生这样的人文主义者，其人文主义与美学甚有关系，甚或其本身就显示为一套美学。吾人欲求当代之人文主义美学，不应求诸艺坛，反而须于此类人文学者著作中寻访之。只不过，类似唐先生这样的人太少了。即使同样提倡人文主义、人文精神，牟宗三、徐复观等人亦无法发展出人文主义美学，遑论其他！未来中国人文主义的出路，终究还得靠我们这一辈人打出来。

孟德斯鸠迷惑了中国

欧洲人对中国的看法，在启蒙运动时期，那可真是太好了。一片"中国热"，从穿衣、喝茶到思想、艺术，跟我们现在崇洋媚外一个样。可是18世纪中叶以后就翻转了，欧洲变成自由、进步的，中国则停滞于君主专制社会中。直到今天，西方人谈起古代中国，都仍不脱贪婪、虚伪、不自由、不民主、长期停滞、专制、父权、业农、勤俭、禁闭妇女、家国一体、宗教法律风俗礼仪相混而法律尚未独立等几个基本概念之运用。这就是孟德斯鸠的影响。这位法国钞票上印着他头像的学者于1748年出版了《论法的精神》倡之于前，黑格尔等人继其于后，渐渐塑造了一般社会认知。这样的认知，最有趣的地方不只于此，而更在于它还变成了近代中国人自己对于中国的认知。因为，引进西学时，就引进了这一套"骂中国"的论调，所以大家渐渐都学会了。

一、君主立宪者的孟德斯鸠

孟德斯鸠最早被介绍到中国,是1899年梁启超《蒙的斯鸠之学说》一文。1901年梁氏又发表《立宪法议》,一方面介绍孟德斯鸠三权分立之观念,批判专制政治,一方面也借机提倡君主立宪。在这样的论述情境中,梁启超完全接受了孟德斯鸠对中国专制政治的批评,认为"泰西政治之优于中国者不一端,而求其本原,则立法部早发达,实为最著要矣"。

1913年严复所译《法意》出版,附有按语三百三十则,是他所有译著中按语最多的,影响尤大。严复对孟德斯鸠之学说并不尽数赞同,例如两人的宗教观即差异甚大。严复根本视宗教为迷信,更担心洋教会扰乱中国的社会,所以说"孟德斯鸠生于法民革命之前,故言宗教之重如此。假使当一千七百八九十年之间,亲见其俗,弁髦国教,吾不知其言又何若也","他日乱吾国者,其公教乎"。他又批评孟德斯鸠根本不懂佛教:"孟氏以此攻佛,可谓不知而作者矣。"推此意,严复也必不会同意孟德斯鸠基督教精神与自由最能相合的议论。

严复又说孟德斯鸠对中国社会礼俗之理解也颇有错误。如说中国因男女防闲极严,所以不可能有私生子;中国人善欺诈;中国礼俗久而不变等——严复都不同意。孟德斯鸠以风土论断民性之论证方式,严复批评尤多。对于礼的问题,严复更与孟德斯鸠不同。严复强调礼，故有一按语举曾国藩之说云："盖古之学者，无所谓经世之术也，学礼焉而已。"又说："欧洲之所谓教，中国之所谓礼。"正因为如此，针对孟德斯鸠大力抨击东方专制主义起于家庭内部之奴役，而家庭内的奴役又以幽闭妇女为其特征的观点，严复却大力主张严男女之防，不但为古人严男女之防辩护，称此制旨在保护女性，且说一夫多妻（其实是一夫一妻众妾制）对男性造成的痛苦更大于女性。同时，还正面借孟德斯鸠提倡女性贞操之言，主张守贞才能真正自由。

守贞才能自由，这种说法显示了严复的自由观非常特殊，起码不同于孟德斯鸠，所以他又说："西士……所急者乃国群自由，非小己自由也。求国群之自由，非合通国之群策群力不可。欲合群策群力，又非人人爱国，人人于国家皆有一部分之义务不能。"他认为国群自由重于小己自由，而自由又关联于义务，是其与孟德斯鸠迥异之处。

两人还有其他许多不同。然无论严复与孟德斯鸠如何不同，孟德斯鸠对中国属于专制政体的批评，严复基本上是接受的。他曾说，"中国自秦以来，无所谓天下也，无所谓国也，皆家而已。一姓之兴，则亿兆为之臣妾。其兴也，此一家之兴也；其亡也，此一家之亡也。天子之一身，兼宪法、国家、王者三大物"。可见他对中国专制之论断甚有会心，不但颇为契合，更因所处时局之故，发言较孟德斯鸠还要激切。他说中国本来也有君主立宪的精神，但这种精神到秦以后就丧失了，人民基本上只是奴隶，所以与西方之君主制不同。这里引申孟德斯鸠之意，揭发中国专制的残酷面，且关联着当时中国沦为次殖民地的"五洲公共之奴"情境来立论，言辞带着感慨痛愤之情，足以令人想见他引荐孟德斯鸠此书到中国是具有强烈的现实性的。其批判专制，亦即欲以此开启民智，建立君主立宪之政。

二、革命者的孟德斯鸠

君主立宪的对立面，是革命者。这些人醉心于民主自由，向往法国大革命，主张推翻君主专制政体，只会比梁、严等人更甚。孟德斯鸠以中国为东方专制主义之代表的论述，当然也就顺理成章地成为中国人诠释中国古代及清末民初社会的典范。而且近代中国政体变造的过程又极长，并不因辛亥革命成功就结束了。辛亥革命废除帝制之后，因袁世凯准备称帝及北洋军阀割据而有护法等役，此后一直到成立国民大会、制定宪法等，都属于由帝制转换到民主政体的过程。在这个过程中，中国的过去均属于必须扬弃的。批判并扬弃它，才能顺利完成宪政改革，成为社会民众普遍的认知。同时，帝王专制时期虽然在形式上已被改变了，但专制政体的精神，亦即"恐怖—服从"的逻辑，大家都认为还没打破，所以民主宪政的建立才会如此困难。五四新文化运动以降，一连串反省国民性、改变中国人奴性的思想文化活动，也都呼应着孟德斯鸠对中国政治、国民性的论点。这些情形综合起来，就形成了孟德斯鸠式中国观典范长存的结果。

三、宪政主义者的孟德斯鸠

近代中国之改革，又与留学欧美之知识分子有绝对之关系。他们有着与孟德斯鸠、黑格尔以降一脉相承的东方观，也是丝毫不足为奇的事。其中，本诸西欧民主宪政学说，对中国传统政治进行彻底批判，以促进宪政之建立，民国宪法起草人张君劢的《中国专制君主政制之评议》一巨册尤可视为代表。此书旁征博引，反驳钱穆中国君主制未必即为专制之说，证成孟德斯鸠以中国为专制政体之论案，可说是孟氏最雄辩的阐释者。此书初在《自由钟》连载，后来结集成书，长达六百五十页。与张先生见解类似，反对钱穆之说者，尚有徐复观。这当然不是说张君劢之说即为孟德斯鸠之说——张氏之见解不尽同于孟德斯鸠，一如梁启超、严复之不尽同于孟德斯鸠——而是说一种学说的接受史往往与接受情境有关。

四、由历史发现历史

孟德斯鸠的东方观,由于其时代因素逐渐在各种论述中得以突显,打垮了赞美中国的各种说法,占据典范地位,而发挥其影响力,影响了西方的东方论。这种影响关系,并不是一个个体对另一个个体所产生的影响,而是一个历史脉络、认知情境与人所发生的意义关联。一种讲法是因为镶嵌到这个脉络中而被理解的,其理解也与这个整体脉络有关。无论孟德斯鸠的理论在纯粹法学意义上有何价值,或在对法兰西当时政治环境之改善方面有何作用,其关于东方专制而欧洲自由的论述,放在18、19世纪欧洲殖民主义扩张的情境中看,当然具有那个历史脉络的意义。正是这个脉络,使得欧洲人不再采纳"圣善天堂"的东方观,而逐步将远东的中国视为"邪恶帝国",继而再视为落后的"黑暗大地"——阳光虽曾照耀过,但沉滞而无进步,永远停留在童稚时期,以致启蒙工作终不可少。晚清民初的启蒙运动,因此必须是引进西方理性之光、敲响自由之钟、建立民主之制。也就是在这个脉络中,中国人遇见了孟德斯鸠,并接受了他对中国的贬抑,诚恳地以忏罪悔改之方式,发现自己原来只是奴隶。

在这个脉络中,孟德斯鸠所提供的只是一幅基本图像,略具山川形势之大貌而已,许多地方是烟云模糊或逸笔草草的。要接受者各以其感受于时代者穿插点染补足之,才终于成为一组混声大合唱。要针对这样的大合唱来指明其基本旋律已然失误，并不容易。仍处在民主政制改革进程之中的知识分子，极少人能跳脱出自己身处的认知情境，反省自己对东方、对中国的观念究竟从何而来，并以"知识还原"的方法，重新思考、理解自我的历程。

五、错误的孟德斯鸠与专制东方

在孟德斯鸠的论述中，法制的西方与那将礼仪、风俗、宗教、习惯混为一谈的中国，是一种明显的对比，而且中国这种情况还被他当成特殊形态来说。可是真正考察西欧法律史，就会发现：法律与宗教、道德、习惯等区分开来的特征，虽可见诸罗马法，但却并不普遍。11世纪前通行于西欧日耳曼民族中的法律秩序，并没有表现出这些特征。据伯尔曼《法律与革命：西方法律传统的形成》的研究，11世纪左右，法兰西、英格兰及欧洲其他地区也都没有这样的区分；要到1080年罗马法被发现，1087年欧洲大学中建立法学院后，才逐渐依罗马法而发展出各国法律与宗教、道德、习惯区分开来的体系。也就是说，罗马法所显示的这种特征，可能才真是特殊的。孟德斯鸠处在西方近代法律传统构建已成的时代，又以罗马法为典范，把中国跟其他民族大抵类似的情况视为特例，大加讥评。以特例为普遍，反谓普遍者为特例，实在不恰当之至。

孟德斯鸠又将东方专制社会形成之原因归诸地理气候等，自然也是不能成立的。对于中国历史及法律状况之理解更是颇多可商，因为整个论述是"立理以限事"的，亦即先立三种政体之分，再分别拣撼摘选史事例证以填塞之。严复说他"其为说也，每有先成乎心之失，而犯名学内籀术妄概之厉禁，……往往乍闻其说，惊人可喜，而于历史事实，不尽相合"，实是一点也不错。

例如论不同政制下妆奁和婚姻上的财产利益，谓君主国妆奁应多，共和国妆奁适中，"在专制国家里，应该差不多没有妆奁，因为那里的妇女多多少少都是奴隶"。君主国家，采夫妻财产共有制。在共和国，这种制度便不合适。"在专制国家，这种制度就是荒谬的，因为在这种国家里，妇女们本身就是主人的财产的一部分"。这些都是他的臆测。因为，事实上，被他称为专制政制的中国，妇女历来都有妆奁，也都实施夫妻财产共有制。且早在汉律中即已规定：妻子离异时妆奁资产可以全部带走。后世除元明之外，均沿其制。家庭分财产时，妻家之财也不在分的范畴。所以妇女在婚后除夫妻共同财产之外，其实还有部分私有财产，这是比西方罗马法以来更为进步、更能照顾妇女利益的法律。孟德斯鸠那套虚立一理以妄概事例之办法，在此是完全说不通的。

讨论各政体中民、刑法之繁简及判决之形式时，孟德斯鸠又说专制国家中因为所有土地与财产都属君王，所以几乎没有关于土地所有权、遗产的民事法规,也"完全没有发生纠纷和诉讼的机会"。可是汉律之中,《户律》便是谈婚姻、家庭、财产继承、所有权、钱债等的。唐律《户律》,以迄清朝《户部则例》也都对此有所规范。如此,又如何能说中国乃一专制国家?

他讲家庭奴隶制时,指的是妇女,将一妻制的欧洲和多妻制的东方对比着说。东方因为多妻,妻子是时常更换的,所以她们不能掌理家政。人们把家政交给了阉人,所有锁匙都交给他们,家务事由他们处理。这样的话,可还真是笑话!他不晓得中国一般家庭均无阉人,而且在法律上,中国也一直是一夫一妻制的。秦汉至明清,法律均禁止有妻再娶。唐律规定:有妻再娶者徒一年,若欺妄再娶者徒一年半。明清律则规定:有妻更娶者杖九十,离异。妻之外,所娶者均为妾。妻、妾的法律地位是不同的。而且娶妾之俗虽普遍见于民间,但在法律上,娶妾原只准施行于贵族大臣,一直到明律中才正式规定:庶人年四十以上无子者,许选娶一妾。至于妻的职责,就是掌理家政,这是每个中国人都明白的事。

在政治方面,孟德斯鸠已对专制政体不应有监察制度而中国居然有之深感困惑,但若对中国政制知道得更多些,他的困惑一定会更多。以唐制言之,号称独裁专制、权力集于一身、可以不必依法行事的帝王,其诰命不但要经中书省、门下省审查,门下省的侍中、侍郎、给事中都有权封驳、退还制诰。此制，宋明以降皆沿用之。《宋史·职官志》一说给事中"若政令有失当，除授非其人，则论奏而驳正之"，即指此。这对王权当然会形成制衡。此外，唐代制度：中书省设右散骑常侍，掌规讽皇帝之过失；设右谏议大夫，掌谏谕皇帝之得失；设右补阙、右拾遗，则掌供奉讽谏。大事廷议，小则上封事。门下省也设有左散骑常侍、左谏议大夫、左补阙、左拾遗，功能相同，都是专门职司监督、纠正天子过失的制度性设计。它们与监察机关监督百官者不同，对制衡君王有比孟德斯鸠所重视的监察制度更强、更直接的作用。这样的设计，以现在民主政治的原则来说，是否仍可称为专制，固然还可有许多争论，但依孟德斯鸠对专制政体的界定来看，是绝对称不上专制的。

可是因为受到东方专制论的影响，现今整个东方法学研究都不断强调它与专制政治的关联。以《古代东方法研究》一书为例。首先，此书将东方法之起源归为三种类型：属于宗教型者为希伯来法、印度法、伊斯兰法；属于习惯型者为俄罗斯法、楔形文字法；中国法则属于伦理型。所谓伦理型，无疑与孟德斯鸠对中国法律混糅于风俗礼仪之说有关。其次，该书第四章即是《古代东方法与专制制度》，下分三节：专制制度是古代东方的基本政治制度、古代东方法对专制制度的维护、专制制度对古代东方法的影响。这样的叙述，很显然是完全立基于东方专制论之上的，所以该书甚至说中国的专制制度已有四千年之历史。此书是中国大陆研究东方法最重要的著作，而其所见如此，不难想见此一领域正如何被东方专制论所盘踞占领。故重新理解中国法制之精神，实深有待于后来贤哲。

此外，讨论中国政体是否属于专制，也不能如孟德斯鸠一般，缺乏历史性之认知。中国皇帝之称为天子，早在周朝已然。但周天子仅为各部族封国之共主，怎能称为专制帝王？魏晋南北朝时期则是门阀贵族政治，帝王即使想专制，又怎能专制得来？孟德斯鸠将中国想象为凝固的社会，才会以专制来概括几千年的政治状况，而不知其间是变化甚大的。

诸如此类，要细谈还多的是，可是仅此即足以说明孟德斯鸠之东方专制说无论在方法上还是论据上都不能成立了。像这样一个建构在错误方法及论据上的东方观，生于历史的因缘中，又因历史之因缘，而成为近两百年来欧洲人与中国人认识中国的基本图像，有什么道理吗？历史发展本身，似乎就是它之所以如此的道理。此外，我们还能说什么呢？呜呼！

历史档案拍卖行里的中西文艺复兴

听我说近百年之思潮乃是复古而非趋新，友朋皆惊，说："岂有此理！"我说："嘿，从来只有此理！不仅现在如此，古代也如此。如人走路，凡想往前走，都需靠脚往后蹬之力；蹬得愈有力，就前进得更远。"最早讲明这个理的，不是我，是老子。他不但要复古到上古结绳而用的社会，还以此为一切运动的法则，所谓"反者，道之动"。后来孔子要恢复三代礼乐，墨子要恢复夏禹之道，庄子要恢复"古道术"等，亦都如此。

一、退步原来是向前

你说这就是中国文化的弊端，崇古太过，不似西方人那样喜欢创新。哈哈，真是奇哉怪也，难道没听过西方有赫赫有名的文艺复兴（Renaissance）吗？文艺复兴，被认为是欧洲中古时代和近代的分界，揭开了近代欧洲历史的序幕，后来两大思想解放运动（宗教改革、启蒙运动）均由此启之；而它的革命性和解放作用，就是由回返古希腊、古罗马而来。因此，复古是要打破现有体制及思想，寻找新典范的动作。通过这一过程，新世界之门才能打开。不"返"这一下，如何能生出新来？

可是古代的东西，陈旧已甚，对未来能有什么作用？刚刚说了，向过去寻找新典范。关键在"寻找"两字。每个时代各有其病，所以我们向古代索要的药方并不相同。古代哪些东西可以作用于今日，正须研究拣择，新思想即出于此斟酌损益之思索中。同时，因为我们已非古人，我们是带着生活意识、问题和需求去看古代的，故我们所说的"古"其实是经由我们诠释、消化、理解、认知的古代，是一种"视域融合"的产物，具有康有为所说"托古改制"的意味。只怕入古不深，不能体会古人精义，根本不怕缺了当代意识。再说啦，凿山取铜，玉人剖璞，从历史文化资源中开采出现今我们要用、可用之资源，正与人们如何从自然物质世界开采资源相似。此天地予人之无尽藏也，干吗偏偏不用？或者是没本事、没眼光用吧，没卞和的眼力，当然会把美玉看成烂石头，弃置不用。

因此，不但文艺复兴要复古，而且反对文艺复兴所开启的近代文明者，也仍是通过复古来反对它。像维科（Giambattista Vico，1668—1744）的《新科学》，就是在科学理性开始展现霸权地位时，强调人文学科之价值，在研究方法上强调古希腊的"论题（topic）法"，反对笛卡儿的"批判（critic）法"。另外，他如老子那般将眼光关注到更古的原始社会，认为原始人有一种与近代科学理性思维不同的"诗性思维"。其说甚是，故朱光潜晚年还特予翻译。且他如此复古，事实上也颇开19世纪各种后现代相关思想大潮。思想家纷纷取途于人类学、神话、古文明、早期宗教，如弗洛伊德既写《文明及其不满》，也写《图腾与禁忌》《摩西与一神教》。荣格更是深入神话、古文明、佛教、道教，呼吁"让我们重返精神的家园"，更不用说列维-斯特劳斯（Claude Levi-Strauss）的《结构人类学》《神话学》《野性的思维》。

二、复古的方法、复古的办法

像老子（及这些追溯原始社会、上古文明的19、20世纪思想家）这样"直复古初"，当然是一种办法。另两种常见之法，一是往上追溯到前一个文化世代；二是把从前非主流的部分揭出来，举为大旗。

（一）我爱非主流

抬举非主流以为创新，墨子可能是始祖。因当时谈上古、法先王，多是上讲尧舜，下讲周文，墨子便偏说中间的夏禹。近代墨学复兴，也同样是依了这个理。几千年来都讲儒家，把墨家当成反面教材，以致墨学衰微。其实里面很有好东西，也许可以救中国，我们来发扬发扬。

梁启超、胡适等一大批人都这么想。胡适自己的《白话文学史》也是这样做出来的。譬如口语和文辞，乃是两路。既谈文学，当然就没口语什么事。《文选·序》说得很清楚："若贤人之美辞，忠臣之抗直，谋夫之话，辩士之端，冰释泉涌，金相玉振。所谓坐狙丘，议稷下，仲连之却秦军，食其之下齐国，留侯之发八难，曲逆之吐六奇。盖乃事美一时，语流千载，概见坟籍，旁出子史，若斯之流，又亦繁博，虽传之简牍，而事异篇章，今之所集，亦所不取。"口语与文学无关，所以虽然也有少部分被记录下来"传之简牍"，终究不予收录。胡适则看中了这"传之简牍"的部分，称为白话文学，上连谣谚歌诗，下串小说话本，把正统文学看不上的东西推为正宗，掀起了一场文学革命。后来王国维谈元曲，大夸其"文章之美"，郑振铎把变文、俗讲、宝卷等集起来编成《中国俗文学史》，也都是这种办法。扩大来看，鲁迅的《中国小说史略》和周作人、林语堂之推举明人小品，亦皆同类。

（二）走入前世代

往上追溯到前一个文化世代则更常见。中国史上，汉末至唐朝初期是一个世代，或称六朝或称八代。唐朝中叶之后，直到清末，可算另一个文化世代。唐宋元明清各朝，在改革其时代文风时，往往都会上溯其前一世代。例如唐朝中叶的古文运动，是要跨越六朝，上追秦汉；明初馆阁体"文章尚宋庐陵氏"，复古派遂上溯至"为文法秦汉，其为诗法汉魏李杜"；后来公安派出来，"辨欧韩之极冤"；但复社继起，又认为"宋文最不足法"，而欲上溯秦汉。清代桐城以后，唐宋文的势力逐渐巩固；到了清末，思变者乃又跨越唐宋，上追汉魏六朝以变革之。如王闿运提倡"八代诗文"，章太炎提倡魏晋文章、书法。晚清在帖学（由宋朝开启）长期笼罩下，阮元开始提倡北魏碑刻的书风来寻求改革，到康有为主张"卑唐"，力贬唐以下书风，而上溯南北朝。书法遂摆脱了妍美姿媚的风格，趋向于艰深化，表现出一种"艰难的美"。至于诗，所谓"同光体"诗，也有个"三关"的解释，说诗人必须经元祐、元和，而上追到元嘉。西方同样，文艺复兴是超越中世纪而上追古希腊，但后来从文艺复兴到现代化成为一个文化世代，反省批判者就同样要超越文艺复兴这一文化世代，去古代找答案、寻灵感。

三、"中国的文艺复兴"

近代中国最明显的景观,当然是西潮东渐。但这只是风潮。随风起浪,波涛可观;海之本体,大洋流之动向却怎么可能随风荡漾?引进西潮、带动风潮的代表人物胡适,脑子里回荡着的就是文艺复兴的意象。所以他后来还把五四运动称为"中国的文艺复兴"。在一般人看来,"五四"是革命,是开门迎接民主科学之西潮,怎么会是文艺复兴呢?首先,这是当时的风气。西方近代之成就,皆由于文艺复兴而来。东方也有或可以有这种文艺复兴吗?胡适与日本内藤湖南、宫崎市定等都认为我们不但有,且比西方还早,宋代就已经是了。其次,胡适还认为清朝是文艺复兴的成熟阶段,古学大昌。因此,他对民初的文化运动,并不采取断裂式的革命观,而是延续观。他的许多主张,如毕生提倡的科学方法,即认为是延续清人考据的。

确实,晚清民初的思想界,涌动的巨流正是"古学"。乾嘉朴学,恢复了汉学,开发了史学。道咸以后,又恢复了诸子学、佛学。光宣时,公羊学倾动朝野。接着,先是有章太炎、刘师培的古文学与康有为、梁启超的今文学抗争;然后是国学运动兴起,国学保存会、神州国光社成立,《古学会刊》《国粹学报》出版。古学比清朝更昌。称为古学,是指整个动向是回到古代。但这个"古"不是泛称,而是有专指的。从前魏源说过:"今日复古之要,由诂训、声音以进于东京典章制度，此齐一变至鲁也；由典章、制度以进于西汉微言大义，贯经术、故事[1]、文章于一，此鲁一变至道也。"清朝的复古是跨过唐宋元明，回到东汉许慎、郑玄那儿去；再从东汉往上恢复到西汉董仲舒，追探儒家经学的微言大义。现在则是再往上走，回到先秦。但不是回到孔子，而是先秦诸子，包括孔孟等诸子百家。当时跟文艺复兴一样，认为中古一段皆无可取，秦以下皆是秦学秦政，所以要追溯秦以前，泛说叫作"先秦"。

先秦的诸子百家，其实只是一个空名，许多早就不知所指，就算知道是指谁，大抵也不知其思想详情。农家、阴阳家皆无书流传；法家只剩《韩非子》《商君书》；名家只剩《公孙龙子》残篇；墨家只剩《墨子》残篇；兵家只剩《孙子》及一些残篇和伪作，兵形势、兵阴阳、兵技巧皆亡。至于杨朱，更连是谁都难确定，若要说，只能拿一篇假的《列子·杨朱》装装样子。但现在得说呀，怎么办？于是先收集材料，刊布遗文。前者叫作辑佚，后者叫作整理。辑佚，清人已很有成绩；刊布遗文，国学保存会等利用新印刷及传播技术做得更火热。但这只是初级整理，流传下来和收集来的材料需要确定其性质。故"古书真伪及其年代"（也是梁启超的书名）之讨论与考证蔚然称盛，大体成果可参看张心

---

[1] "故事"疑为"政事"。《魏源全集》第十四册《补录》所载《刘礼部遗书序》本段文字同，"故"作"政"，可资证明。——编者

澂的《伪书通考》。而且这工作一直延伸下来，成为我们现在"文献学"这个学科的基本性质与业务，全国高等院校古籍整理研究工作委员会和各古籍出版社附之。稍好一点的古籍整理须加上校、注、笺、释，而这一部分，清末以来之成果实在远超古人，如《荀子》《墨子》《管子》《庄子》《韩非子》《商君书》《吕氏春秋》《淮南子》之重要注释都形成于此一时期。之前要么简略，要么芜杂，要么根本没有。

人物之考证，与书一样困难，且常跟书的问题合在一起，纠缠不清，到钱穆《先秦诸子系年》出来才有基本框廓。但钱先生主张老子晚出，甚至比庄子还晚，所著《庄老通辨》认为《孙子兵法》乃孙膑所作，都是错的。可见疑古之风，正由当时尊崇古学之大流生出。人物活动涉及时间与空间，故系年之外尚需考证其活动路线和区域，这就又带出了古史地之学。

现在人谈历史地理、人文地理是从地理学去讲，这是现代学术分科使然，当时却是"古学"研究之一端。如钱穆就在作《先秦诸子系年》之同时也作古地理研究，后来辑为《古史地理论丛》《史记地名考》。《古史地理论丛》包含古三苗疆域考、黄帝故事地望考、雷学淇《竹书纪年义证》论夏邑、周初地理考、《楚辞》地名考、战国时洞庭在江北不在江南说、秦三十六郡考、古代江淮河汴水道交通等。你要看这些才明白为何编《古史辨》的顾颉刚后来又会创办《禹贡》，饶宗颐也作《楚辞地理考》等事。钱先生的学友蒙文通所著《古史甄微》颇露机枢：他由诸子学术的分派讲起，说可分为齐鲁、楚和三晋法家之学三系，然后由其地理考察到上古民族，而说民族亦可分为三系。换言之，这种古史研究、民族研究、地理研究，其实是思想史的一部分，是内在统合在一起的。他们不像后来做历史地理的谭其骧等人——这些人不是做古史研究，尤其不是思想史，学脉分也！

天文历法之学，同样也因此而盛。此乃历史冰窖之"绝学"，因考证古史而被翻出来。因为很多事必须有明确的时间点，例如《尧典》的年代、甲骨的先后、武王伐纣的日子、周朝是否行夏时、孔子生日是哪一天、孔子是否见过老子等，都需考证古历法。中国历法复杂，宋朝就用了十八种，古则有黄帝、颛顼、夏、殷、周、鲁六种，其学又长期专属于钦天监，学者难窥其奥。为了考证古史，这才开始钻研，而成绩甚为可观，最著名的是董作宾之《殷历谱》。我师鲁实先生对他很有意见，写了《殷历谱纠譑》，另作《历术卮言甲集》《刘歆三统历谱证舛》及《正史历志校注》五十卷等。他作《史记会注考证驳议》重点也在历法上。这都是民初古学之余烈，发展到现在，"夏商周断代工程"事实上仍属于这一脉。

四、深入蛮荒

此等古学，还有两条延伸线，一是往上，一是往外。像蒙文通这种由晚周诸子向上延伸而讲上古史的越来越多，如傅斯年从《性命古训辨证》到民族学式的《夷夏东西说》，后来作过《春秋公羊传今注今译》的李宗侗写了社会学式的《中国古代社会史》等，早期民族学、社会学的开拓者都是这么来的。这时又遇到甲骨出土，罗振玉的文字考释、王国维的古史解说直接把本来仍徘徊在战国诸子的领域推进到殷商和周初。李济的考古发掘、董作宾的殷历分期、郭沫若的社会史解说相继而起，古史研究可谓蔚然。直到现在，考古、人类学、古文字、出土文献几个专业，可说都是这一阶段的延续。方法可能越来越多参用西方，但向古求索，欲找出中华文明的起源和内涵的答案——这个国学运动的方向和性质大抵未变，愈来愈要"深入蛮荒"。

向外，与向上也不矛盾。如果把向上追索到原始社会与民族形容为"深入蛮荒"，则向外研究边疆民族与史地，甚或是域外，也可以说是另一种"深入蛮荒"（因古人本来即常称此为蛮，常以为荒。此语当然不妥，这里作为形容词用，形容研究进入了一个过去人迹罕至之地）。事实上，清朝从道光以后西北史学已经勃兴，如龚定盦便颇以蒙古、新疆史地自负。晚清时局所需，此学更盛。国学运动带动古学复兴，这一冷门领域遂也被炒热。洪钧、沈曾植、屠寄《蒙兀儿史记》、柯劭忞《新元史》均负盛名。二十四史体系且因《新元史》被列入，成为二十五史。王国维《蒙鞑备录笺证》《黑鞑事略笺证》《圣武亲征录校注》《长春真人西游记校注》《鞑靼考》《辽金时代蒙古考》《南宋人所传蒙古史料考》等也都很精彩。陈垣的《元西域人华化考》，亦是后学奉为圭臬的。早期国学在宗教方面是个短板，只有支那内学院和章太炎、梁启超、陈寅恪、熊十力等少数人知道点佛教，对道教就茫然了，更不用说基督教、伊斯兰教及其他少数民族信仰。陈先生可说是为后学大开户牖。

20世纪30年代，这些研究更与海外结合，但不是引入西潮或新潮，而是与欧洲汉学家合力访古，向伯希和等欧美东方学家学习审音勘同之学并掌握波斯文等语言工具。韩儒林《成吉思汗十三翼考》《蒙古答剌罕考》《元代阔端赤考》《蒙古氏族札记》等，翁独健《斡脱杂考》《元典章译语集释》《蒙元时代的法典编纂》等，邵循正《剌失德丁〈集史·忽必烈汗纪〉译释》《〈元史〉、剌失德丁〈集史·蒙古帝室世系〉所记世祖后妃考》《蒙古的名称和渊源》等，姚从吾《成吉思汗时代的沙曼教》等皆称劲旅。姚从吾后来在台湾也继续发展此路。翁独健则还编了《道藏子目引得》，替后来渐渐正规化的道教研究奠了基。引入域外蒙古史料与论著的译介工作，当然更是助长了古史研究士气。冯承钧的译著就达到一百多种，除翻译《多桑蒙古史》《马可波罗行纪》《蒙古史略》等，还出版了《西域南海史地考证译丛》。

关系上古史和中外交流的《竹书纪年》《穆天子传》《山海经》也成为热门研究对象。王国维就有《古本竹书纪年辑校》《今本竹书纪年疏证》两种。《穆天子传》则法国沙畹认为非周穆王而是秦穆公，且内容虚构，与《山海经》同样无史料价值。我国学者如丁谦《穆天子传地理考证》，顾实《穆天子传西征讲疏》，王贻樑、陈建敏《穆天子传汇校集释》等则皆用以证史，反对沙畹之说。曾与陈中凡等人共同主编《国学丛刊》的顾实更认为穆天子游辙所至，且至欧洲。

五、思想的主干

也就是说，清朝的古学主要是经学与小学（语言文字训诂学），清末国学运动及其发展却主要是古诸子学与古史学。而诸子学包括佛教、道教、基督教等，古史学包括地理、部族、礼俗、社会、神话、文化交流等，所涉至广，可说前所未有。加上新材料出如泉涌（甲骨、敦煌、内阁大库及地下考古所得等），实是替史学开了个大时代。详细的就不再一一说了，如此简单勾勒，诸位应当就能发现：以为早被西潮席卷而去的晚清民初学术界，其内里涌动的大流，恰好就是"复兴古学"。第一流的人才都集中在这一脉络上，几乎所有学术议题也环绕这个主题展开，在这大流中又收获了不少实质成果。而且，现在检点一下，你自然就会承认那时真正有成果的其实在这里，而不是向西方学习或做时尚弄潮儿的那些地方。虽然那些地方也颇动世俗观听，为大众媒体所喜、鼓吹或报道，但观澜者当索其源，观思潮者亦当深入洋流，毋眩于小波碎浪。

权衡中西法学

你一定听过许多开明先进人士说过：中国文化重人治，西方文化重法治；中国文化强调道德伦理，西方文化重视法律规范；中国文化偏于内在主观修养，西方文化长于客观法规制度；中国文化以其礼俗维系，西方文化则仰赖其契约的精神；中国长期专制，西方有民主法治传统；等等。

其实这些都是西方流行的一些观点。我们练习着说，不知不觉竟说顺口了。

一、西方对中国法律的赞美

西方人对中国司法现象的评述，开始得很早。

16世纪葡萄牙商人盖略特·伯来拉（Galeote Pereira）

对中国司法即有描述。这源自他自己的亲身经历。1549年至1552年他在中国南部沿海逗留期间，大都在监牢里度过。

葡萄牙人加斯帕德·达·克鲁兹（Gaspard da Cruz）对中国监狱及司法程序的描述，材料也大部分来自伯来拉之见闻，但他本人于1556年也同样在广东有过短期坐牢的体验。

此类旅行者见闻，细致地介绍了中国监狱及司法实施状况。例如克鲁兹说人犯会遭到"粗如人腿"的竹棍杖打，且棍子在水里泡过，以增加打时的痛楚。又说行刑后，执事者把犯人像羊一样拖回狱内，四周围观者毫无怜恤，互相交谈，不断吃喝并剔牙。这些都很生动，令西方人感到中国之司法颇为严苛。

但16世纪至18世纪，中国在欧洲人心目中，基本上是美好的大帝国，富足之外，文明程度亦令人称许。即使是克鲁兹的《中国志》也对中国的科技、中国人的生活、中国人之劳动方式甚为推崇。故纵使某些刑罚看来较为苛酷，他们对中国的法律体系及法治的整体状况仍是称扬的。

如法国蒙田（Michel Eyquem de Montaigne）在其《散文集》第三卷里就说道："在社会治理和工艺发展方面，我们拥有某些优于他人之处。中国对此并不了解，更不曾与我们进行交流，但在这些方面却超过了我们。中国的历史使我懂得，世界远比我们所知的更大、更丰富多彩。我还从中国的历史中获知，君主派往各省巡视的官员如何惩罚不称职的人员，如何慷慨地奖励恪尽职守、有所建树的人员。"此虽指吏治，却也意味着中国的行政法是很健全的。

此外，莱布尼茨于1697年出版的《中国新论》更说："倘若说我们在工业艺术方面与他们旗鼓相当，在思辨科学方面领先于他们，那么他们在实践哲学方面肯定胜过我们（虽然承认这一点不甚体面）。也就是说，在适应现存生活可以为人所用的伦理学和政治学的戒规方面领先我们。确实，与其他民族的法律相比，中国人的法律之精妙，殊难用言语表达，它们旨在实现社会的安宁、建立社会秩序。"

1716年，莱布尼茨又写了《论中国人的自然神学》，认为："我们称作人之理性，他们称作天意。我们服从公理，不敢稍加违背，并称其为自足，中国人则视其为（我们也一样）上天赋予的良心。违反天意就是违反理性，请求上天原谅，就是自我改造，在言语及行为上回归原点，向理性表示臣服。对我而言，这一切都完美无缺，并与自然神学不谋而合。这一切都清晰明白。我相信，之所以有人会妄加批评，完全是因错误诠释及篡改引起。只要能够持续更新我们心中的自然律法，就是真正的基督教。"

这两段都非常重要，代表了启蒙时代思想家对中国法律的赞叹，而且这种赞叹是放在东西文化对比架构中展开的。前者说我国法律体系完备精美，后者涉及自然法的问题，认为中国人所说的"天理""良心"合乎自然法的原则。

这两个观点，后来都不乏继承者（例如李约瑟《中国科学技术史》第二册即谈到：在人文领域，儒家的"礼"构成一个与西方"自然法"概念对应，且具有理性色彩的相对物），而赞美中国法律者也颇有嗣声。

这个时期，欧洲派往中国的传教士也常在著作中推崇中国经济繁荣、政治清明、道德优美。

二、西方对中国的全面贬抑

可是这些论点逐渐激起了反弹。1748年孟德斯鸠《论法的精神》努力论证这样一个新观点——中国与欧洲不同：欧洲是有自由的精神，有民主法治的地方；中国则是专制帝国，行使恐怖统治。故中国并无法治，仅有政府用以压制人民之刑律及礼教观念而已。刑法混合着礼教、道德、古风俗习惯，即构成了中国的法律，远不及罗马法能保障人民财产与个人权利。

这个新观点，随着欧洲资本主义的发展、向世界殖民扩张之成功及中国之衰弱，越来越占优势。

如近几十年影响极大的魏特夫《东方专制主义》（1957年），副题就是"对于极权力量的比较研究"（*A Comparative Study of Total Power*）。而且他明言其主张直接相通于孟德斯鸠，因为孟德斯鸠首先指出，在一个只允许一个人有自由的世界里，中国皇帝就是那个人。此外，孟德斯鸠还指出了中国许多毛病，如体罚的滥用，私人财产皆为皇帝的家业，风俗、习惯、法律之间的混淆，缺乏独立的宗教及司法机构等。且他认为，中国的专制不同于其他地方的君主制度，因为它是以恐惧而非荣誉作为领导指标。

这类东方专制主义的论调在西方绵延了几个世纪，所以类似孟德斯鸠之说如今可谓洋洋乎盈耳，而其实对中国法治皆甚不了解。

当然，在此类新观点笼罩之下，对中国法治状况较务实的研究也仍有不少。19世纪初，斯当东（George Thomas Staunton）翻译了《大清律例》；其后约翰·亨利·格雷（John Henry Gray）的《中国：法律史，人们的风俗与习惯》（*China: A History of the Laws, Manners and Customs of the People*）一书关于司法程序及刑罚的描述也很受称许。其他旅行者见闻及具体研究质量亦均远胜往昔。

但总体说来，对中国法律的关切程度甚为不足。

许多讨论中国的著作根本不涉及法律问题，如哈罗德·伊萨克斯（Harold Robert Isaacs）《美国的中国形象》（1958年）、M. G. 马森（Mary Gertude Mason）《西方的中华帝国观》（1938年）、卫礼贤（Richard Wilhelm）《中国心灵》（1926年）等都是如此。

1967年D. 布迪（Derk Bodde）、C. 莫里斯（Clarence Morris）合著的《中华帝国的法律》序文中第一句就说"西方学者关于中国传统法律的著述为数较少"，其后正文第一章第一句也说："直到最近，绝大多数研究中国的西方学者都未对中国法律产生大的兴趣。"

之所以如此的原因,他们认为在于:(1)西方汉学界绝少人有法律方面的素养,既不懂相关文献,又只以法律为实用文书,罕能进行理论探究;(2)西方普遍认为中国法律体系偏于刑法而非民法,故一般人民大部分民事行为均与法律无关,因而法律在中国社会里并不重要。

西方对中国文化的描述,大体也仅在哲人语录、道德训诫、宗教思想、伦理行为这些方面着墨。而在为数有限的论述中国法律的文献中,即使是学院里的专门研究论著,误解与偏见仍然极多。这些误解与偏见大多流传已久,早已成为西方人对中国社会与文化理解的预存知识基础或印象。要一一辨析,其实甚为复杂,也甚为困难。

三、西方对于法律在古代中国之地位的认知

阿瑟·史密斯《中国人的性格》曾对中国人的守法精神大为赞扬,"中国人有许多令人赞叹的品质,其中有一种是天生的尊重法律。我们不知道,是社会制度造就了这一品质,还是它造就了社会制度。但是,我们知道,中国人无论从先天的本性,还是从后天接受的教育上说,都是一个尊重法律的民族。……中国人很怕进官府,打官司。它也能说明中国人对法律的尊重。尤其是文人,他们一被召进官府,就

吓得胆战心惊,噤若寒蝉"。

他认为,这种守法的态度与基督教国家恰好成一对比,"在基督国家,无论目不识丁的人,还是举止文雅、有教养的人都有意无意地轻视法律,仿佛不需要法律维护公众的利益,并且违抗法律要比遵守法律更能体现法律的尊严,这难道很光彩吗"?

他对中国人守法的看法,重在三个方面:(1)中国人怕进衙门打官司;(2)他认为法律旨在维护公共利益,而西方因强调个人自由与人权,故常与法律起冲突,中国人则否;(3)中国人重视集体,人不只为自己负责,也要为别人(他所从属的团体)负责,所以非常有责任感,法律也因此而有株连之罪。

这几点,是他赞美中国人及法律的理由。

密迪乐在《关于中国政府和人民及关于中国语言等的杂录》(1847年)中也说自己坚信,作为一种令全民幸福的政府体制,中国以其独具的某些优点,用不着法官或议会也能证明它足可与英格兰和法兰西的政制相媲美,而且优于奥地利及其他一些基督教国家。

他对中国政治制度极为称道。但从制度上说,他又觉得中国其实不太需要法官或职司立法的机构。

他所说中国不太需要法官及立法机构,其实是西方很普遍的看法。柯乐洪的《转变中的中国》(Archibald R. Colquhoun, *China in Transformation*, 1898)即说:

> 中国人与政府之间是人民享有几乎无与伦比的自由，而政府在国民生活中微不足道，这是最大的事实。强调这一点非常必要，因为不了解中国的人常常会有一种相反的看法。中国人有完全的工商业自由、有迁徙自由、娱乐自由、信教自由，而且各种限制和保护并非由议会以立法的形式来实施，政府也完全不介入。他们靠的是完全的自愿联合；政府不受理这些事，尽管有时会与他们发生冲突——但从来不会牺牲民间机构的利益。

西方对中国另有一流行之观点，即视中国为专制统治国家，人民受政府严刑峻法的统治（如前述）。此文反对这种看法，呼应了中国人"天高皇帝远"之说，认为一般民事都不太受政府限制或保护，靠的主要是民间自愿组合的行会、会社之类民间机构来运作。

这当然比较符合中国社会之实况。但也因如此，1967年布迪、莫里斯合著的《中华帝国的法律》一书，却认为正是这个观点使得西方学界普遍对中国的法律不甚重视。

他们认为：一方面，传统中国社会确如柯乐洪所言，并非完全依法律及政府管控调节之社会，在中国，普通人对这类伦理规范的认识及接受主要不是通过正式制定的法律制度，而是通过习惯、礼仪的普遍作用来完成的，这种情形比在大多数其他文明国家要更突出一些。宗族、行会以及由年长绅士掌握非正式管理权的乡村共同体等——这些和其他法律之外的团体通过对其成员灌输道德信条、调解纠纷，或在必要时施行强制性惩罚，来化解中国社会中不可避免的各种矛盾，古代中国人为了寻求指导和认可，通常是求助于这种法律之外的团体和程序，而不是求助正式的司法制度本身。

另一方面，法律本身也对民众行为甚少规范，主要内容只是刑法——"中国法律的注重于刑法，表现在比如对于民事行为的处理要么不作任何规定（例如契约行为），要么以刑法加以调整（例如对于财产权、继承、婚姻）。保护个人或团体的利益——尤其是经济方面的利益——免受其它个人或团体的损害，并不是法律的主要任务；而对于受到国家损害的个人或团体的利益，法律则根本不予保护。真正与法律有关系的，只是那些道德上或典礼仪式中的不当行为，或者是那些在中国人看来对整个社会秩序具有破坏作用的犯罪行为"。

早在古德诺《解析中国》中即有类似他们的话，"中国的商人普遍都加入了行会组织，而行会又是一种秘密团体，是不被官方正式承认的。这些行会组织决定商业的行规，调解商业纠纷。……那些不遵守行规的人之所以会落到如此境地，一方面是由于政府在经济领域内的放任自流政策，另一方面是由于政府认为家庭关系、商业关系属民间事务，不属于政府的管辖范围"。

对于这类见解，我们该怎么看待呢？中国社会，无疑不是某些西方学者所热心宣传的是个专制恐怖帝国。中国社会上存在着独立于正式法律制度之外的民间社会力量，是毋庸置疑的。但有了这样一个力量，并不意味着官吏即可不管民事问题。

四、西方对于中国法律性质的认知

在1890年出版的阿瑟·史密斯的《中国人的性格》中，他就谈到："一个县官至少要处理六大方面的事务，他既是民事、刑事司法官，又是行政司法官、验尸官、财政长官和税务官。"

更早的1872年麦华陀（Medhurst）《在遥远中国的外国人》（*The Foreigner in Far Cathay*）也谈及："由于其独特的行政制度，在我们西方人看来，各种职责应分别由一些官吏和部门来执行。而在中国则集于一人，不但审理民事还要审理刑事案件，掌金融、治安、交通、军需及其他一大堆杂事。"

这些观察报告，都证明了19世纪西方人亲眼见着中国官吏须审理或处理民事问题。

中国俗语谓"清官难断家务事"，正表明家务事令官吏头疼者也不在少数。故柯乐洪说政府不受理工商业迁移、娱乐、信仰等事务，并不正确。

一般情况下，民间可以自治者，政府任由民间自行裁断；民间自己不能解决者，则仍待官府仲裁。而行会、士绅的某些权力之行使，其实也等于受政府之委托，所以有不少法条就是规范宗族、行会、士绅阶层的。民间组织不全然自由自主，也不尽是受政府管控，其性质甚为特殊，后面我们还会谈到。

正因为如此，我国法律体系其实亦非"刑法"一词所能备述，而应称为民刑不分的编纂形式。有关人、物、债、婚姻、家庭、继承等民法法律规定，有关钱债、田土、户婚等民事法律规范，分散在法典的某些篇章，与刑法、行政法、商法、诉讼法混合在一起。

例如，汉九律中《户律》主要包括婚姻家庭、财产继承、所有权、钱债等民法内容。唐律十二篇中，《户律》亦具有民法性质。1397年颁布的《大明律》计三十卷，四百六十条，其中《户律》七卷：《户役》篇十五条、《田宅》篇十一条、《婚姻》篇十八条、《仓库》篇二十四条、《课程》篇十九条、《钱债》篇三条、《市廛》篇五条。无疑也是民法。清代的《户部则例》更具有民法单行法规的性质，但仍与行政法混合在一起。直到20世纪初沈家本主持变法修律，仿照法、德、日的法律体系，分别起草了独立的刑法典、民法典、诉讼法典，才改变了传统诸法合体、民刑不分的法典编纂形式。

因此，以西方罗马法及其衍生之法律体系为标准，认定中国法律仅仅是刑法，并不恰当。

由于上述缘故，故传统上掌司法的官吏中即有专司民事者。以唐代制度为例，当时州有司户参军事和司法参军事（上州二人，中下州各一人），府有户曹参军事与法曹参军事（京兆、河南、太原三府各二人，大都护府一人，大都督府二人，中下都督府各一人）。户曹和司户参军掌"剖断人之诉竞。凡男女婚姻之合，必辨其族姓，以举其违。凡井田利害之宜，必止其争讼，以从其顺"。法曹和司法参军"掌律、令、格、式，鞫狱定刑，督捕盗贼，纠逖奸非之事，以究其情伪，而制其文法"。前者主管民事问题，后者主管刑事问题。分工如此明确，而云中国法律仅是刑法，岂不谬哉！

五、西方常从罗马法看中国法

然而，从罗马法来看中国法，毕竟是西方人理解中国法律制度的基本线索。

斯当东所译《大清律例》载于《爱丁堡评论》（*The Edinburgh Review*）1810年第十六期，即曾高度赞扬中国的法典说：

> 我们承认，与我们的法典相比，这部法典的最伟大之处是其高度的条理性、清晰性和逻辑一贯性——行文简洁，像商业用语，各种条款直接了当，语言通俗易

懂而有分寸，大多数其他亚洲国家法典的冗长——迷信的谵语，前后不一，大量荒谬的推论，喋喋不休地玄词迷句绝不存在于中国法典——甚至没有其他东方专制国家的阿谀奉承、夸大其辞、堆砌华丽的词藻和令人厌恶的自吹自擂。——有的只是一系列平直、简明而又概念明确的法律条文，颇为实用，又不乏欧洲优秀法律的味道，即便不是总能合乎我们在这个国家利益扩展的要求，整个来讲，也比大多数其他国家的法律更能令我们满意。从《阿维斯陀注释》（Zendavesta，波斯文，意为"智识""经典""谕令"，古代伊朗的宗教经典。最早用东波斯语的古阿维斯陀文写成，主要记述琐罗亚斯德的生平和教义。——译者注）或《往世书》（Puranas，梵文，亦称《古事记》，古代印度神话传说的汇集，印度教主要经典之一。——译者注）的怒狂到中国法典的理性化和商业化，我们似乎是在从黑暗走向光明。……尽管这些法律冗长繁琐之处颇多，我们还没看到过任何一部欧洲法典的内容那么丰富，逻辑性那么强那么简洁明快，不死守教条，没有想当然的推论。在政治自由和个人独立性方面，确实非常的糟糕；但对于弹压叛乱，对芸芸众生轻徭薄赋，我们认为，总的来讲，还是相当宽大相当有效的。

他用以比较的，除了波斯、印度的法典之外，当然以欧洲的法典为主。

在他之前，固然孟德斯鸠曾依据罗马法来大肆批评过中国的法律，认为中国可视为东方专制政治的代表。但斯当东以译文来具体说明了中国法典不仅不逊于欧洲，也非印度、波斯诸文明所能及，并因此而将中国拉出了"东方专制国家"的行列。

阿拉巴德（Alabaster）《关于中国刑法和同类性质论题的评注：与主要案例的特别关系，关于财产法的简要附论，主要基于已故阿拉巴斯特爵士的论著》（*Notes and Commentaries on Chinese Criminal Law and Cognate Topics: with Special Relation to Ruling Cases, Together with a Brief Excursus on the Law of Property, Chiefly Founded on the Writings of the Late Sir Chaloner Alabaster, K. C. M. G.*，1899）则专就罗马法与中国法作讨论，谓"许多人会惊异于罗马法与中国法之间有那么多相似之处——尤其在法律的完备性方面。首先，现行中国法典的缘起与《查士丁尼法典》的组成方式有相同之处——都是急切的皇帝由学问渊博的学者来辅佐。其他的相同之处还有：限制《中国法典》之外的出版物的发行（政府除外），罗马亦是如此；中国的《礼》与《查士丁尼法典》的礼条款有共同之处；两国都各自以公告、律令和诏书形式立法。其次是公法。……关于中国父母与子女……夫妻、主人与仆人及自由人、师生等的关系与现状——还有诸如过继、家庭财产共同占有关系等都有相同之处。……在诉讼程序和行政管理方面也有共同点，行政管理方面相同之处在于中国的县官与罗马的法官——以及为防止不公平而设立的补救措施；就诉讼程序来看，最高上诉权都在于皇帝，都由一套班子负责（在中国是都察院，在罗马是监督官）"。

这里面，当然也不乏误解。首先，例如他说中国跟罗马一样，限制法典之外的出版物发行。这可能是因《大清律例》中《礼律》有"收藏禁书"之禁，故令他有此误解。其实殊为不然。

其次，中国的县官与罗马的法官也是不同的。虽然如此，以罗马法为架构来理解中国法（或广义的中华法系），仍如阿拉巴斯特所言，乃西方世界最普遍的方法。

影响所及，中国人研究中国法制史，亦往往采此进路。中国政法大学甚至成立了罗马法研究中心（现名为罗马法与意大利法研究中心），与意大利罗马第二大学合作，参加意大利罗马法传播研究组，进行罗马法与中国法之比较研究。

但罗马法以私法为主，当然显示了较强的保障个人利益色彩。我国法典则以公法为多，两者性质本不相同。以罗马法为标准来衡量中国法，自然会得出"在政治自由和个人独立性方面，确实非常的糟糕"之结论。

早在孟德斯鸠时代即不乏如是云云者。而在西方观点影响下，近代中国学者也常这么说，人云亦云地认为中国法系之特点为君主集权、礼法合一、对个人地位及权力缺乏应有规定、刑法残酷，且此种法律亦应为中国之长期发展停滞负责等。

六、法律与礼、俗的关系

说中国法律是礼法合一，亦是西方普遍的看法。孟德斯鸠即已批评中国法律混合着礼俗与习惯，此后论中国法者亦无不涉及此一特点。

1947年瞿同祖《中国法律与中国社会》一书重新整理了这个观点，提出"法律儒家化"之说，谓儒家所倡导的礼的精神、礼的具体规范被直接写入法律之中，与法律融合为一，乃中国法律最显著之特点。其书1961年又在巴黎及海牙出版，对西方研究中国法律者影响甚大，如布迪、莫里斯等均依循其说。

但推源溯始，我认为此一观点仍然是以罗马法来看中国法使然。伯尔曼《法律与革命——西方法律传统的形成》曾申论西方由罗马法而来的四个法律传统是：

1.在法律制度（包括诸如立法过程、裁判过程和由这些过程所产生的法律规则和观念）与其他类型制度之间有鲜明的区分。虽然法律受到宗教、政治、道德和习惯的强烈影响，但通过分析，立刻可以将法律与它们区别开来。

2.在西方法律传统中，法律的施行被委托给一群特别的人，他们或多或少在专职基础上从事法律活动。

3.法律职业者，无论是在英国或美国，都在一高级学术独立机构中，接受专门的培训。这种机构有自己的职业文献作品，有自己的职业学校或其他培训场所。

4.培训法律专家的法律学术机构，与法律制度有着复杂的和辩证的关系。因为一方面这种学术描述该制度；另一方面，法律制度通过学术专著、文章和教室里的阐述，变得概念化和系统化，并由此得到改造。

批评中国法律未能与宗教、道德、习惯区分开来，或批评中国无专业法官、律师、辩护人，其实都基于罗马法以来的这些法律传统（但伯尔曼说，这仅是由罗马法发展来的特征而已，当代许多非西方的文化都不具有这些特征，11世纪前通行于西欧日耳曼民族中的法律秩序也没有表现出这些特征。在法兰克王国或英格兰以及那个时候欧洲别的地方，亦都没有以下这两种明确的区分：一是法律规范与诉讼程序的区分，二是法律规范与宗教的、道德的、经济的、政治的或其他准则和惯例的区分。12世纪罗马法未复兴之前，欧洲许多地方也不设专职的律师和法官。在教会方面亦是如此，教会法一向与神学合为一体）。

这类批评乃是西方非常普遍的看法，而其实距中国之实况却最远。

法律之学，在中国传统读书人的养成以及仕宦方面都是极重要的。以宋代为例，法律一门，进士要考，选人要考，流外补选也要考。再则，宋的铨选制度下，凡是科举中式的人，第一次派遣职务（释褐）也都是派到府县衙门做处理狱讼的幕职官。故以这些理由或观点来诟病中国法律，或把罗马法及其以后之传统视为普遍情况，而把中国礼法不分、官员兼任法官的情况描述成一种例外或特色，反而是因所见不广，缺乏真正比较法学的眼光所致。

要突破西方法学眼光，了解自家传统，拨乱反正，打开真正的比较法学大门，思索人与法律的关系，尚有待于时代新青年。

鼓吹海洋文化者，该补补课了

黄与蓝，喻示两种文化的关系。蓝代表海，黄代表土地。这样把海与土地对比来论文化，是近代中西文化对比的一种模套，非常常见。

1989年，大型纪录片《河殇》高举"蔚蓝色"大旗，主张中国应该抛弃土地代表的农耕保守形态，奔向海洋，迈向现代化。这套论述的基本设想是：文明可分为大陆型和海洋型，中国属于前者，西方属于后者。大陆型的特征是农耕，因固定于土地而保守。海洋型的特征是商业，人因流动而富冒险性，故开放、勇于进取。

其基调如此，然后捃撺中西史实以填之。讲来论去，竟好像中国之专制、保守、封建、帝制都肇因于我们是个农业的土地文明；西方之民主、科学、商业、进步便均与他们是个海洋文明有关。

近些年，热心推动海洋文化发展的中国海洋机构、学术团体、政府部门往往也采用这个架构，强调不能再局限于中原汉文化心态的大陆型观点，应拥抱开放进步的海洋文明云云。

这些说法都是可笑的。首先是方法上不脱18世纪的地理决定论，其次是对中西历史均不了解，甚或是刻意误读。

一

中国与西方一样，都有农业、渔业及商业。把中西方之产业孤立化，讲得好似中国只有农业，西方只有商业，不可笑吗？

大家都说中国"以农立国"，但周以前那个王朝分明就叫作"商"。商人梯山航海，四处去做生意：陆地上，大规模去采昆仑之玉以为祭器，海上则以龟贝充财用，其货币就是南海之贝。

周朝继起，封太公于齐。齐之经济特征也是擅鱼盐之利，与吴越相似。《史记·齐太公世家》记载"太公至国，修政，因其俗，简其礼，通商工之业，便鱼盐之利"。《管子》也说："渔人之入海，海深万仞，就彼逆流，乘危百里，宿夜不出者，利在水也。"可见其海洋经济之盛。

那些不靠海的内陆封国，固然无法如齐、燕、吴、越这样大力发展江海经济，但商业难道只有与海结合了才能发展起来吗？

像元明以后，势力雄强的大商帮——晋帮就与海没啥关系，发展的是大陆商业。汉唐宋元间地球上最活跃的商贸路线之一——"丝绸之路"不也同样主要是欧亚大陆上的商业活动吗？中国十大商帮正有许多是这种内陆型的，如晋商、徽商、江右帮、浙江金华龙游商帮、陕西商帮等都是。说中国只有农业，大陆只能发展农业，产生不了商业及商业文明，不像是梦呓吗？

二

西方的问题更复杂，错得更离谱。

西方对农业即使不比中国更重视，至少也不逊于中国。我国先秦的农家之学甚至连一部完整的著作也没有留下来，这个学派毫无传承。西方则不然。

在希腊，有色诺芬的《经济论》；在罗马，大加图、瓦罗、科路美拉也都有农业论，西塞罗更翻译了色诺芬的书。直到奥古斯丁写《忏悔录》仍把农业看成是高于一切的经济部门。18世纪法国重农学派亦延续此一观点，认为农业是财富的唯一来源和一切社会收入的基础。在亚当·斯密《国富论》出版之前，这是西方最具影响力的主流经济学派，中国之农学从来没达到这个地位与声势。

西方的商业传统是种特殊形态，除正常贸易与商业活动外，常伴之以海盗式掠夺以及殖民活动。而鼓吹西方海洋文化的朋友，往往于此未予区分，混为一谈。

西方之历史，论者均由地中海看。诚然，西欧历史起于地中海，古希腊、古罗马均是如此，但其文化之发展事实上却是一直往内陆走，由南欧向北进入中欧、北欧，又向东北进入东欧。

因此，西方文明之代表区域逐渐北移、东移，环地中海区便渐渐没落。十八九世纪能代表欧洲的早已不是希腊、意大利，甚至也非西班牙、葡萄牙，而是占据欧洲中心的法国以及尔后的英国、德国。然后他们的视线再往东，注视着东欧以及整个欧亚大陆。

19世纪末，英国地理学家麦金德因此提出了著名的陆心说，认为"谁统治了东欧，谁就能控制大陆心脏地带；谁控制大陆心脏地带，谁就能控制世界岛（欧亚大陆）；谁控制了世界岛，谁就能控制整个世界"。麦金德是英国人，但他不眷恋大英帝国的海上霸权，反而强调陆地争霸才是决战点，而其地则在欧亚大陆的中心区。谁最可能占领这个中心区呢？德国或俄国。但英国、法国于此亦不能缺席，而将霸权拱手让人。

这即是第一次世界大战以来东欧、中亚成了诸方势力角力场的缘故。迄今为止，这套地缘政治论及陆心说，仍是西欧战略思想的主流。相较之下，海洋争霸的殖民史，一方面太古老，一方面不体面，欧洲人基本上是不谈的，并无其文明系由海洋孕育并得到发展扩张之感。海洋论或海权论，事实上要到1900年左右的马汉时代，才作为一种对陆心说的修正而被提出。

三

为何海权论并不能替代陆心说而仅是修正或补充呢？因为马汉明确说了，海上力量不是孤立的，它十分仰赖陆地的"依托"。所以，假若一个国家虽海岸线长、港口多、港口条件优良、从事海洋事业的人口及产业众多，却无足够领土作依托，那也是绝不可能发达其"海权"的。

马汉是美国人，其说虽能突破欧洲陆权观念之格局，但事实上也脱离得不多。其背后之思想脉络正显示了西欧文明虽起于海洋，实际上却是不断朝内陆走的。

所以，欧洲文化之内陆化发展趋向，使得它们的海洋探险实际上并非朝向海洋而是朝向大陆，其动力是想去印度与中国。后来阴差阳错到了美洲，亦自称是："发现新大陆"。

因而，欧洲文化后来之发展，与其地中海起源其实关系不大。今人老是要由希腊讲起，乃是受了文艺复兴以来形成之欧洲史影响，以为欧洲文化是由希腊、罗马一线直承而下的。殊不知此乃文艺复兴以后"建构"的历史观,真相绝非如此。

那么真相为何?真相非常简单,就在"文艺复兴"这个词里。

文艺复兴表明了古文化早已中绝,所以才需复兴。复兴什么呢?整个古希腊、古罗马。历经漫长的中世纪,受希伯来、基督教文化主宰的欧洲人早已不晓得了,所以才需要复兴呀!

希伯来文明当然不属于海洋文化,它与埃及文化在欧洲均被视为东方文化。而那古希腊,早就灰飞烟灭了(前404年,雅典向斯巴达投降,斯巴达成了希腊的霸主。其后各城邦陷入混战。前338年,马其顿大败希腊联军。尔后,亚历山大平定了希腊。但亚历山大死后,帝国随之分裂,古希腊结束)。

古希腊的文学、艺术、哲学、宗教,古罗马的法律,都是文艺复兴以后一步步复兴重建的。重建的材料,一部分来自考古与历史研究,一部分依赖阿拉伯人的翻译或文献。重建以后,欧洲人以认祖归宗的方式,把自己的文化谱系叙了起来,才形成今天我们所看到的:仿佛一脉相承,源自地中海、古希腊的文明。实则那时欧洲不唯文化多元混杂,人种也早已混糅了。

四

地中海时期的古希腊、古罗马，在世界海洋文化中又都称不上什么，不能算是真正的海洋文化。

因为规模小、航距短，属于内海航线，与远涉大洋不是同一回事。相关的观念、技术与冒险性均不可同日而语。跟古代能大洋航行的南岛民族就不能相比了，更莫提中国、阿拉伯长期从事的长途海上运输及贸易活动啦！

据埃利奥特·史密斯《早期文化的移动》的研究：在新石器时代，从地中海到印度，到中国的沿海，到墨西哥，到秘鲁，存在着一种环绕地球的"日石文化"，表明早在四五千年以前，人类便能以独木舟与木筏进行跨洋航行。

这种航海能力，至今仍然可以在波利尼西亚人身上看到。太平洋海域，东起复活节岛，北至夏威夷岛，西至新西兰，都分布着波利尼西亚人。他们可以通过对潮汐、海流方向变化的体会，测知数百里外的岛屿情况。由于对海流与季风极为熟悉，他们能乘独木舟与木筏跨海航行。

古希腊人的航海技术当然已超越了独木舟和木筏，但地中海文化毕竟只是"湖泊文化"，所以航行主要不是以风为动力，而是以桨，以致一艘战舰常要配备上百名划桨的奴隶。然而，用桨只能征服湖泊与近海，却难以进入大洋。他们使用风帆的技术又不成熟（帆是固定的，不能随意转向），故根本不能远涉。

古印度人的航海技术同样落后。他们制木技术太差，即使是海船也只能以苇草来编。这种船经不起大浪，只能靠岸航行。

相较之下，中国的木制品技术一直领先世界，可把制造大宫殿的技术用到造船上。再者，我们有世上发达的钢铁铸造术，所以中国的造船业长期执世界牛耳。榫接技术、铁钉使用技术，加上发明了用石灰、油漆、麻丝混合填料填缝的技术，彻底解决了木船的漏水问题，使木船可以放心地进入远海。不论哪一国的商人，都以乘坐中国帆船为最佳选择。

早在西汉时期，中国人就可以建造宽六到八米、长三十米、载重五十到六十吨的木船。至迟到东汉，船舵已然发明。广州出土的陶船模型上即有舵，欧洲要一千多年后才有。因此，15世纪以前，能在大洋做大规模航行的，只有中国。诚如李约瑟所说："在它的黄金时代，约西元1420年，明代的水师在历史上可能比任何其他亚洲国家的任何时代都出色，甚至较同时代的任何欧洲国家，乃至于所有欧洲国家联合起来，都可说不是他的对手。"美国学者罗伯特·坦普尔（Robert Temple）也写道："中国人在历史上是最伟大的航海者，因为在近两千年的时间里，他们拥有远比世界其他地区先进的船只和航海技术，比较的结果是让人窘迫的。当西方最终赶上他们的时候，也仅仅是以一种或另外一种方式改良了他们的发明。历史上大部分时期，在能想象到的每个方面，欧洲人使用的船只与中国相比都相形见绌，甚至晚至1800年。"

能与中国古代的造船和航海技术相媲美的，只有介于东西方之间的阿拉伯人。为适应印度洋的多礁海域，阿拉伯世界的东部流行用木钉和绳索捆绑而成的轻型平底船，而西部阿拉伯人又发明了大三角帆。在技术方面，阿拉伯人对牵星法和指南针的使用也甚娴熟，也有丰富的航海知识。

故而艳称地中海海洋文化的人，对于世界航海史恐怕还得补补课。

五

结论，其实没什么结论，因为说了也不会改。

地理决定论，是一种古老的思维，老以为什么地方的人或文化就一定怎么怎么样。殊不知同一地方的人千差万别，而山与海又怎能阻绝人的思维？航海者法显、郑和难道是海边人吗？人活在观念里，并不活在地里。活在地里的是植物。

可惜植物人太多，包括那些鼓吹海洋文化的人，用的还是一套土地思维。真正的海洋思维，尚有待建立呢！

一切以西方模式解释中国的讲法都该停下来

近代讲人类文明史与中国文化史都有个基本框架，谓人类由蒙昧至文明，经历了巫术时代、神权宗教时代，最后才进化到理性伸张的人文世界。例如西方古代讲神话，中古讲基督宗教，启蒙运动后才告别上帝，脱离神权。

中国也是，夏人尚鬼，殷商凡事都要占卜，君王即是大巫。周初才开始朝人文精神转向，徐复观先生称之为"人文精神之跃动"。到孔子更是全面人文化，"祭神如神在"，"未知生，焉知死"，"未能事人，焉能事鬼"。其后虽仍有墨家讲天志明鬼，拟恢复夏道，可是基本上已脱离神与巫的时代了。遗风旧俗，仅存于氓庶。无知小民虽仍不免祈禳佑祷、奉事鬼神，或讲风水命数，而主流社会确已人文化，并以此转过来教化群氓，改移风俗。

这个历史进化大框架，其实就是西方史的全球版，但愈讲愈精密，迩来愈趋深化。除了旧时郭沫若、徐复观诸公所论之外，余英时先生结合雅斯贝斯（Karl Jaspers，1883—1969）"轴心时代"之说最引人注目。

其说大抵谓世界文明在几乎同一时期都经历了一场哲学的突破，由原始跨入新境。如希腊苏格拉底、柏拉图、亚里士多德的那个时代，差不多也是佛陀、中国孔孟和先秦诸子蜂起的时代，这即是轴心时代。凡未经这一次哲学之突破飞跃者，如大洋洲、亚洲、非洲、美洲诸土著，就一直停留在原始生活方式与巫术传统中，未能参与或创造文明。

此一学说主要突破点在哪儿？主要就在天人关系上。在此之前，希腊乃神话社会，此后才是哲学的、理性的；印度早期也信仰梵天；中国同样讲鬼神上帝，要卜要祝，进而渐渐不讲天、不讲鬼神，而讲人心之仁、社会之礼、国家之法。故其共同点都是由天而人，展开了人文理性的文明。因此余先生由"天人之际"切入去谈此问题。

余先生《论天人之际：中国古代思想起源试探》一书，由《国语·楚语下》和《尚书·吕刑》中"绝地天通"一词的意义挖掘开始，先描述商周时期祭天与巫文化的概况，并说明君王与巫觋的关系；然后讨论春秋儒墨道各家兴起后，对"天"的意义的重新诠释以及"天人合一"的解读从此进入"心学"时代：忽视天的监临，注重人的修为。

因此，轴心时代突破之后，中国的传统文化走向了"内向超越"。余先生主张"内向超越"非起源于孟子,而是孔子。孔子创建的"仁礼一体"新说,彻底打破了他之前的古人思想。

当然诸子百家也都有功劳,因为自春秋起,"修德"的内在动向成了他们的生命追求。古代巫主以"天"降服黎民,诸子则以自己的德服人,撇开了君巫,自己通天。

他们都说得很动听,可是我总不免疑心这只是由(近代开展的)人文精神或人文主义之角度去讨论历史。故认为周朝的"郁郁乎文哉"即具体体现为这种人文精神,与夏之尚鬼、殷之事巫判然不同。

历史上是否真的这么判然不同呢?

大多数人认为是的。因为中国后来与西方相比,就明显缺乏那种宗教性;宗教在政治社会中未居主导作用,不像西欧中古时期那样。即使西欧在经历过启蒙运动、工业革命之后,宗教在其社会及世俗生活中之影响力也远甚于中国。因此梁漱溟等学者才会以有无宗教来分判中西文明,认为孔子以后的中国,儒家居主导地位,且所谓儒道佛三教,教指教化,并非西方意义的宗教。这是主流的观点,也是许多人至今仍不愿承认儒教(宗教性之儒家)的缘故。

从上述天人已分的文明发展史来看,儒家之性格及贡献恰好就在于它的人文创建上,由仰望天、帝、神、鬼并祈祝之、敬事之,转而踏踏实实在人间行教施化。

可是,即使这些人也不能否认历史上儒家仍有不少是具宗教性的,像汉儒就是。汉儒讲阴阳、五行、灾异、象数、封禅、祯祥、天人感应、皇帝与天命、天志关联得非常紧密,儒家与宗教性语言、仪式、精神的结合度也非常高,分明不符合上述人文精神转向的解读。

对此,胡适、顾颉刚、徐复观、牟宗三、劳思光等人均是以"扭曲"来解释的,谓汉儒是先秦儒家的歪曲、歧出、堕落或倒退,由心性论倒退回了宇宙论,由人文倒退回了宗教,是沾染了方士之说,以致形成一种方士型儒生。

宋元以降,儒家之讲《太上感应篇》《阴骘文》《玉历宝钞》,倡三教合一,或出现上文所说的各式儒宗神教,同样也可援用此模式批判一番,说那是儒家的堕落,变成了佛道型儒家。

可是,我觉得无论是不是扭曲,儒家有一部分具有宗教性或是属于宗教是无疑的。至于这一部分有多少,恐怕也非诸位先生说了算。因为这或许才是主流亦未可知。

正如知识人讲佛教史,都以天台、华严和禅宗代表汉传成就,自修自证,明心见性。可实际上百分之九十九点九的佛教徒却是他力救济之净土信仰,相信阿弥陀佛会接引他去西方极乐世界,观音菩萨也会大慈大悲,循声救苦。

若说儒家反对鬼神上帝实有,古代儒者就明显不认同。例如黄宗羲晚年作《破邪论》,其中一条就痛批以上帝为虚理之说,认为是邪论:"今夫儒者之言天,以为理而已矣。《易》言'天生人物',《诗》言'天降丧乱',盖冥冥之中,实有以主之者。不然，四时将颠倒错乱，人民禽兽草木，亦浑淆而不可分擘矣。古者设为郊祀之礼，岂真徒为故事而来格来享，听其不可知乎？是必有真实不虚者存乎其间，恶得以理之一字虚言之也。"

黄氏反对佛家"以天实有神，是囿于形气之物"，但他不认为儒家古来所说上帝即只是一虚理。其辩词，很值得今时大谈儒家之人参考。

大家若深入一点看，也会发现中国的天人之分与西方的天人之分仍有区别。西方的神人关系原本就比中国严格，人和神有界限，不可逾越。因此西方在神权时代，天人也是分的，人绝不可成神、是神。中国则在所谓巫文化时代，人即与神不那么悬绝，祖先通常可以配帝，人也常可感格上帝。

反之，在所谓人天已分之时代，西方是上帝归上帝，撒旦归撒旦，人类宣称上帝已死，解除了上帝的魔咒，理性精神独占胜场；中国却仍然穷理尽性以知天，天人合一，天与人并不悬隔。因此西方可能一直是一种天人分的格局，中国则不论巫文化时代还是所谓人文时代，一直是天人合的格局。

张光直由考古学上讲天人关系的连续与不连续，我觉得即可与这点关联起来看。

张先生援引佛尔斯脱（P. T. Furst）亚美式萨满教的意识形态内容说，谓：（1）萨满式的宇宙乃是巫术性的。其中自然和超自然状况都是巫术式变形的结果，而不是基督教传统中的自虚无而生的创造。（2）宇宙一般有好多层，中间是人。下层与上层世界又分成若干层，每层皆有个别的神灵式统治者和其人民，有时还有四方神或四土神，另有分别统治天界与地界的最高神。这些神固然控制人和各生物之命运，但也可以为人所操纵，例如通过供奉牺牲。宇宙各层之间有中央柱穿通，为上界与下界升降的通道。萨满还有树，上常有鸟（在天界飞翔与超越各界的象征物）。（3）萨满认为人和动物在品质上是相等的。而且，用斯平登（Herbert J. Spinden）的话说，人绝不是造世的主人，而是靠天吃饭的。（4）与此观念密切相关的另一观念，是人与动物之间互相转形。在萨满领导的祭仪上，参与者会戴上这些动物的皮、面具和其他特征的物件，来象征向动物转形。（5）自然环境中的所有现象都被一种生命力或灵魄赋以生命，因此没有所谓"无生物"这回事。

张先生把此说与我国一些现象结合起来，例如前 3000 年到前 2000 年东海岸史前文化中带兽面纹和鸟纹的玉琮和玉圭，殷商甲骨文中所见对自然神的供奉，四土、四方的精灵，商周祭器上的动物形象，古人对"在存在的所有形式之中'气'的连续存在"的信仰，《楚辞》对巫和他们升降的描述等，都可显示佛尔斯脱所复原的亚美萨满意识和古代中国宇宙观的大体类型十分相似，都是连续性的宇宙观。

相对来说，犹太教与欧洲基督宗教显示的乃是一种破裂性或称为不连续的（即与宇宙形成的整体性破裂、与人类和自然之间分割）宇宙观。

不连续的其实才是特例，世上大部分文明均是连续的。因此我们若继续沿用天人裂解的方式来研究人类整体历史，恐怕甚不恰当。而且只有明白西欧一神教之特异，才能解释为何它才有其他文明中没有的大规模烧杀女巫、设异端裁判所等现象。一神教中，神"魔"是对抗的，对巫绝不宽容。在其他文明中，巫却一直存在，即或人文发展了，巫也不会被视为魔，不必烧之灭之而后快。像西方称为"魔法""魔术"者，在中国就仅称为"幻术"。"幻人"不过是术士而已，恰好与道法巫祝各类术士同称。

儒者在古代也被称为"术士"，谓其以道得民，有时便也神道设教，谓至诚感格，质诸鬼神而不谬。此人文乎？巫术乎？其实交杂兼用，介乎其间；不天不人，又天又人。

我觉得这才是中国文化的真相，天人不隔而隔，隔而不隔，可合可通。天人之际，不是天人之分，故须不落两端，允执厥中，在天人之际的"际"上，遂有一切工夫论、境界论之施展余地。

在这种格局下，自律道德或他律道德之说都不完全，两者俱是，也俱不是。因为人要尽其在我，也要知命知天，仅有一端是不行的。天道与人事一直有相关联之连续性，人之才、性、心、知皆因天而得到保证。天是它的来源，也是性之所以是善，知之所以是良，心之所以是本，才之所以是天的原因。可是人并不因此就失了主宰，本心、良知、善性、天才仍是他自己的。

思想史上，鬼神遂从未退席，属于巫文化之感应、感通原理也一直被普遍运用着。《易·系辞上》说："易无思也，无为也，寂然不动，感而遂通天下之故。"《世说新语·文学》又曰："'易以何为体？'答曰：'易以感为体。'"

易，无思，无为，是因它本无体，因此不适用西方本体论去解释，而亦不是空无本体，如佛教所说。其体正在感中。两物相感相应，乃生变化；孤立一物，就只能寂然不动，不能感而遂通。

所以，不讲感情，不可能懂中国诗；不讲感通，不可能懂中国思想；不能感而遂通，也不可能懂中国的世道人情。孔子说仁，怎么可能在人天破裂处说？人心之仁，社会之礼，国家之法，又怎么能只有反宗教的理性精神？

一切模仿西方近代启蒙论述的讲法，用在解释中国社会与历史时，都该停下来，细思我这些话。

我们需要更多向不可能开放的经验

人是观念的动物,不活在现实中,而是活在思维的空间里。

所以唱歌时虽大喊"同一个世界,同一首歌",而其实对世界的想法人人不同。同一件事,也是理解各异。每个人都在疑惑,都在嘀咕:"他这是怎么想的呀?"

怎么想的,就是思维模式的问题。

每个人的思维模式都不一样,所以父母子女常难以沟通,更别说民族之间了。

但思维模式也不完全是个别化的,只有差异,没有雷同。在一个群体、一个地域、一个时代之中,这群人的思维自然就会有些共性。所谓的"文化",大抵就是指这群人通过其共同思维所表现出来的具体想法、制度、生活方式、行为倾向。就像有哪个地方鲤鱼、螃蟹、兔子泛滥成灾了,中国人必跌足叹息：哎呀，何不让我们去吃？

古人说"非我族类，其心必异"，讲的就是这个。中国和西方的种种矛盾、不理解，包括具体想法、制度、生活方式、行为倾向上的隔阂，也有许多就在思维模式这根子上。

我现在不能讲得太细，仅就大的思维框架略作介绍。先讲世界观。

希腊传统思维模式从巴门尼德（Parmenides）区分真理与意见、柏拉图区分理型世界与现实感官世界以来，在存有论上便有真实与虚假之分，在价值论上也有价值真假之分。依这个分的模式，世界可划分成一个真实且具永恒或完美性（perfection）的本体界，和另一个较不真实，也较不完美的现象界。这种二分模式，或被称为两领域定理（Zweisphärenthenorem，指本体与现象之分），自柏拉图以降，可谓一脉相承，影响深远。至康德，翻转过来，认为现象界是真实的，本体才是一种权宜概念（Problematische Begriff），并非实相。

这虽逆转了柏拉图以来的真假区分与价值判断，且谓柏拉图硬说现实世界虚妄不实是自作孽，可是整个分的模式并未突破。本体与现象之分，依然是西方最重要的思维模式。

据柏拉图说，先有床的理念，才有具体的床。后来亚里士多德再区分道：床有床的质料部分和形式部分。

分的思维，就是将物事一分为二：A 与非 A；A 之中再分成 A-1、A-2，非 A 也可再分为二，一直分下去。

这是整个分类学的基础，也是逻辑的起点。因为 A 与非 A，形成"矛盾律"；之间并无另一物，两者为相排斥的穷尽关系，则是"排中律"。依此分之法，主客分了，理性与感性分了，本质与现象分了，一般与个别也分了。主体之中，又可再分为心灵与身体；客体事相，亦可分为实体与属性；等等。

在两者之下，界定或描述所分的两个部分，则有本体与现象、质料与形式、主体与客体、真实与虚假等。运用这样的分法以及这类区分二者的语词，西方思想家虽然每个人各有创见，却几乎都以此思考着事物、论析着世界。现在，深受西方思维影响的中国现代精英也常会说要"透过现象，掌握本质"。

除了分法以及两领域论述之外，希腊传统在思维上还广泛运用范畴（Category）。运用范畴，主要是用以描述自然世界。据亚里士多德之见，描述事物时可用十个范畴去描述：

  实体（是什么）（实词）
  分量（什么大小）（形容词）量
  性质（什么性质）（形容词）质
  关系（什么关系）（形容词）比较
  场所（什么地方）（副词）地点

>   时间（什么时候）（副词）时间
>   位置（什么姿态）（动词）关身态
>   状态（具体什么）（动词）完成式
>   动作（做什么行动）（动词）主动态
>   被动（接受什么行动）（动词）被动态

这十个范畴后来成为西方思考并描述物事时的重要方法。也有些人予以损益，发展出了不少引申范畴（Predicables），形成一个陈述网络，对西方经验科学的发达极具影响，甚且被认为是人类普遍具有的内在化的"认识能力"。

可是这样的认识能力，并不是所有人类都有或应该具有的，因为认识或表述世界的方法，正因文化不同而有所差异。在不同文化传统中或不同时代中，人可以"看"到意义不同的"世界"，因为"看"的方法本来就不同。

中国在春秋时期即已具有的思维模式大抵也是分，例如"本—末""阴—阳""始—终"均是分。

然而分皆不涉及价值上的真假，而是性质上的比较。较重要者为本，较不重要者为末；较偏于刚者为阳，较少刚者是柔是阴。因此既非真假，亦非相对立、互排斥之两端。两端且是相依相待相需而成。物极者必反，始卒者若环；攻乎异端，乃得中庸。这些，都迥异于柏拉图、亚里士多德的思维。

亚里士多德的十范畴，倾向于对事物做确定的描述，是客观性的说明。我们讲"物有本末，事有终始"，则重在体会事物内部之关系。这也是中西之不同。

熟悉中国人思维的人，都晓得中国人办事时有多么讲究关系。其实面对任何事物都是如此，着重于去体察、体会事物与事物之间的关系或事物内部的关系。

关系的认定，有许多地方非十范畴所能奏功，须恃乎体察。因此，中国人俗话说"找关系"，关系确实是找出来的。一件事的本末、轻重、终始、阴阳或者与什么数相系，每个人的认定都会不同。《左传·庄公六年》说凡事"必度于本末，而后立衷焉"。度，就是丈量长短、仔细揣量的意思。

度，本身是计长短的单位，原应求其客观准确，但中国人说"度"却往往不然，更多的是心中的体会，例如说"审时度势""他人有心，予忖度之"之类。计量时，若说"以某某为度"，指的也是一个约略数，到底可以比这个"度"长多少或短多少，须由人自己去审酌情况。

因而，对关系的揣摩度量、体会玩味，显示了一种非理智逻辑和客观知识性的思维状态。这种状态本身就与二分法、十范畴或"知识量表"式的认知模式不同。

揣量衡酌，拿捏分寸，本于心中对该事之体会，来决定我们对它的认识以及应采取的态度或行动。这种审度，又着眼于我们对事物间关系的判断。某事与另一事有无关系，找不找得出关系，或一事中某个部分与另一部分的关系何在，都取决于我们的关系性思考。

关系性思考，是说一事通常不是孤立的，必与另一事有关。事物也应在关系、关联或脉络中才能被认识。

例如要明白什么是本，得同时知道什么是末；要了解阴，得同时了解阳。同异、有无、进退、高下、短长、前后、美丑、虚实、强弱、动静、开合、荣辱、古今、清浊、曲直、多少、新旧、轻重、成败、巧拙、生死、子母、上下、先后、存亡、远近、奇正、彼此、大小、正反、主客、左右、凶吉、得失、终始、寒热、生灭、贵贱、明晦、损益、厚薄、取与等各类相对语词，遍及一般用语及思想性文献中。这些都是要在彼此相对的关系中去理解的。

这跟西方常以定义一事物的方式对一物予以定性定位非常不同，强调的是其关系与脉络。

例如"彼此"，谁是彼、谁是此要看在什么场合、什么脉络、用什么东西来比较。物无非此也，亦无非彼也。

正如跟天地比，泰山就小了；跟细菌比，蚂蚁就大了。故大小、彼此等词，不仅本身显出一种相互关系，这种关系也呈现其脉络义，让我们明白一事一物均非孤生自成，而是在关联与脉络中显其意义与价值。

关联性思考注意彼此的关系与脉络，即必然带动联想与取譬之思维。何谓取譬？《论语·雍也》有言："能近取譬，可谓仁之方也已。"谓能够处处以自己打比方，可称得上实践仁德的方法。《说文解字》："譬，喻也。"故取譬，就是"以什么作比喻"之意。

《论语》取譬之处就甚多,如"为政以德,譬如北辰,居其所而众星拱之","譬如为山……譬如平地……","色厉而内荏,譬诸小人,其犹穿窬之盗也欤","譬之宫墙……"。《墨子》一书更有《大取》和《小取》,"取"即取譬之取。可见取譬之法是先秦诸子通用之法。

而且我们看《论语》,凡涉及孔子核心思想范畴的语词如仁、孝、礼等,均以比喻作答。

以仁为例。《颜渊》"克己复礼为仁",又"樊迟问仁。子曰:'爱人。'"这些是抽象地对"仁"作比喻。"仁"的具体化是仁者,即有仁德的人。《论语》更多是对仁者比喻作答。《里仁》"唯仁者能好人,能恶人";《雍也》"仁者先难而后获,可谓仁矣","仁者乐山,……仁者静,……仁者寿","仁者,己欲立而立人,己欲达而达人";《子罕》"仁者不忧";《颜渊》"仁者,其言也讱"。由这些地方,可以发现《论语》没有一处对"仁"作"属加种差"式的定义,甚至有意回避对"仁"下定义。此即取譬式思维方法与亚里士多德式方法绝大的差别。

据胡适说:"一个中文的命题或者辞,和西方的与之相当的东西的不同在于系词。系词在西方的逻辑中具有十分重要的地位,而在中文的命题里却被省略,它的位置仅用短暂的停顿来表示。……在西方逻辑中,围绕系词发生出来的一切神秘的光晕就这样被消除了。"因为西方自亚里士多德的《工具论》以来,就是以判断系动词来建立整个逻辑学的。

在存有论中，所谓"存在"直接关联到判断系动词"是"；而且"是"是一个与其他思维世界、可感世界没有内在必然关系的独立自存世界。

在认识论方面，柏拉图举"一"和"是"两个字为例。当"一"和"是"未结合时，它们分别自成一个封闭的世界。若二者结合，即"一是"时，就产生了许多意义世界的变化。"一是"中的"一"和未经与"是"结合的"一"就有差别，在"一是"中的"一"已蕴含了部分与整体等意义世界。同时，"一是"中的"是"和未经与"一"结合的"是"亦不同。"一是"中的"是"已成为联系特定主词，揭示特定关系的"是"而非原来仅表示自身是一种存在的"是"。

这种思维方式的结果是：世界上万事万物及相应概念都被分成了两个世界，如"实体与属性""本质与现象"等。而这些关系的两方并不存在一一对应的关系。

亚里士多德则在《工具论》中将世界分成两类实体，即第一实体（个别的事物，如个别的人）和第二实体（一般的事物，如人这个"种"和动物这个"界"）。据他的看法，在一个由"是"构成的判断句里，第一实体不能被第二实体断言。因此不能说"人是某人"，只能说"某人是人"，也就是第二实体被第一实体断言。另外，种差也不依存于主体。如"陆生的""两脚的"等种差可以被断言于人这个种，但这些种差却不依存于人。如"人是陆生的"，不能倒过来说"陆生的是人"。所以，主词与宾词、第一实体和第二实体等，在一个由"是"构成的判断句里，前后项都不是相互对等的关系。总之，"是"（或"存在"）这一语词世界和思维运动导致了以上哲学认识论、存有论的诸多变化。

中国的情况则完全不同。先秦文献中判断系动词已呈弱化状态。弱化，意指：

1. 判断句可不用判断系动词，而代之以"……者……也"等句式。

2. "是""为"等可充作判断系动词的字，其最初和基本的语义、功能都与判断系动词没有直接关系。如"是"，《说文解字》云"是，直也，从日正"，并注曰："籀文'是'从古文正。"亦即"是"的最初意义为"直""正"，或为通常用语中的"对"。后又引申出"此""这"等具有指示代词功能的含义。所以从词源学分析，"是"不是一个判断系动词。

3. 在某些场合，"是""为"等如用作判断系动词，都必须有某种特定语境和句式的限定。譬如在询问身份的语境里使用"是谁"句型。又如在比喻关系的语境里使用"为"字。

以《论语》来看，《阳货》"偃之言是也"（正确，对），《八佾》"是可忍孰不可忍也"（指示代词）。另外，如"富与贵，是人之所欲也"，"吾无行而不与二三子者，是丘也"，"夫颛臾，昔者先王以为东蒙主，且在邦域之中矣，是社稷之臣也，何以伐为"。此三句中的"是"均非判断系动词，而是用作指示代词。

上述判断系动词的弱化状态，使得说明一物通常不采用限定判断语或种属定义的方式，而须广泛采用取譬的方法。在取譬思维方法中，任何事物都被当作不能分割的整体；任何抽象的概念都有现实具体的东西与之对应，对任何概念的说明都会先采用类比法。

这个道理说来复杂，想必你已看晕了。但简单地用中国话说，那不就是"比"跟"兴"吗？

比、兴都是《诗经》诗歌中的表现方式。比，当然就是指比喻。"桃之夭夭，灼灼其华，之子于归，宜其室家"，桃花之美正象喻着新娘的娇艳以及花开即将结子的新婚景况。这就是取譬比喻之法。

兴的问题较为复杂，或云为比喻一类，或云为象征，或云为无端起兴。但无论如何，都是联类性思考，而且所联之类乍看根本毫无关系，像"关关雎鸠，在河之洲"那般。河上沙洲的鸠相互鸣叫着，本来跟底下要说的"窈窕淑女，君子好逑"毫无关联，可是借此起兴，想头横空而来，却构成了彼此特殊的意义关系。此即为兴，宛若儿童游戏时，一霎时兴高采烈起来，折杨柳为马鞭，堆沙石为城堡，宇宙万汇，触手牵连，绾合捏对到一块儿。此物彼物，捏合作对，若有意，似无情，又无端，又有趣。正如"孔雀东南飞，五里一徘徊"，下竟接庐江小吏夫妻分离之故事。其间的审美性质、创造思维，岂西式理性推论、定义界属云云所能臻哉？

这种中西思维异同的比较，看起来很严肃、很凝重，但你只要多体察一下，近取诸身，远取诸物，一定随处可以找到许多有趣的例子。认识到这彼此的差异之后，当然可以进行优劣判断，争个高下，形成对立。但若能进行沟通理解，欣赏异量之美，就更好了。

一般说来，人都固执于自己的思维方式中，不太可能用另一套思维去想问题。因为外形易改、言词可变，但思维方式是脑根子上的事，要改很不容易。可是若真能换个角度，用别人的思维方式去看世界，却多能看出另一番景光。所以我们更需要的不是坚持壁垒，而是更多向不可能开放的经验。

为救中国，必须把它变成美国？

变动，是世界上唯一不变的真理。但变动有许多类型，我把它分成演化、变化、异化。

一、演化

演化说是把生物的演化史挪来解释人类社会。例如人是由猴子演化来的，鸟是由始祖鸟演化来的。后出者，即以前者为基础而不断演进变化之。这个讲法中，包含了两个相反相成的观点：一是进步观，一是存留观。进步观，是说一物在演化的过程中，会逐步完善其自身，越来越好，越来越进步，所以人就比猴子聪明得多，现代人又比北京猿人能干得多。但是，人固然在各方面都逐渐进化、进步，终究仍是猴性不改。许多地方，人仍然像猴子一样。这就是存留观。

不过，这两个观念也常被分开来强调或使用。近代西方孔德、斯宾塞以后的社会达尔文主义（Social Darwinism），所强调的就是进化观。在中国，则自严复译赫胥黎《天演论》（T. H. Huxley, *Evolution and Ethics and Other Essays*）之后，更是风行草偃，沛然蔚为风气。胡适的"适"字，即取义于此。依进化的观点看来，一切社会既然都是不断进化的，则历史的演变有一必然的趋势，且后出转精，后必胜前。这个观念，在中文词语中，也常用"发展"来表示。刘大杰《中国文学发展史》之立名即是如此。

存留观之发扬光大，则可推当代两性关系之研究。例如过去对男性比较喜欢在外边拈花惹草，女性比较注重家庭，男性比较主动，女性比较被动等印象，多从社会面、文化面、政治面来解释。现在则有许多人从生物演化的观点来说明，认为人类之行为与动物择偶之行为有诸多吻合之处，现代社会中的男女其实仍保留了他们生物学上的许多特性。

在文化研究上，迩来常见的"历史积淀说"或谓"传统的积淀"云云亦是如此。其指已进化到现代的人类，仍在灵魂深处存留着野蛮、原始之动物性或传统性。但它与用生物演化理论来"解释"男女性态度者不同，采用这种讲法的很大一部分原因是要刨根，把那仍存留在身体里的传统因素挖出来，以便于扬弃。

二、变化

变化与演化的不同，在于它不是一个延续的过程，而代表着断裂，是革命式的大人虎变、君子豹变。历史上，这种革命的变化也并不罕见，俄国彼得大帝之变法，日本之明治维新或我国历史上都不乏先例，如唐宋变革期即是其中之一。据日本京都学派内藤湖南的分析，唐宋之变化乃是指社会结构、政治体制、经济形态、文化性质、权力关系、政府组织全面改变。这样的改变，在我国历史上，至少发生过四次：一是在殷周之际，即古代传说中的周公制礼作乐或王国维《殷周制度论》所描述的那种变革；二是在周末，经春秋战国而至秦汉，贵族凌夷，封建邦国统一成为郡县制帝国；三是唐宋之际，结束了南北朝隋唐之门第社会，形成了如内藤湖南所说的那种变动；第四次，就是晚清民国这一段时期的改变。郡县制帝国瓦解为民主宪政体制，然后再革命成立社会主义体制，变化仍在持续之中。但变化虽然显示了非演化的历史断裂状态，历史却从来就不可能真正断裂。

抽刀断水水更流。变化的时代，其前之传统及其后之变貌二者之间其实有着极复杂的动态关系。以唐宋的变革来说，自中唐以后，整个唐宋文化的创新活动是从一种自觉的反省精神发展而来。透过自觉的反省，进行了对传统的批判与价值的选择。例如，文学上批判六朝隋唐之骈文，而选择了秦汉古文作为新时代的美感与价值新典范。古文这种文体，体式古，思想意识也古，且载负着被重新发掘选取出来的古人之道（所谓文以载道）。儒学上，批判汉魏以迄隋唐之经学，建立理学新的道统，并选撷表彰《四书》，与五经并列。诗歌方面，争辩何者方为"本色"，以黜伪显正。对于应走李白、杜甫、韩愈，还是走晚唐贾岛、许浑之风格路向，也颇有争论，而逐渐建立起与唐诗风格分庭抗礼的宋代诗风。

三、异化

这是马克思提出的观念。对这个观念的讨论汗牛充栋，甚且曾因对异化论之理解不同，而形成政治事件，但此处不拟涉及那些争论。此处所谓异化，只是说在历史上，不论演化或变化，都有可能出现原有物之对反者。这种状况看来诡谲，实极常见。如老子主张绝圣去智、小国寡民，至汉乃以之为君人南面之术。又如儒家本来讲道尊于势，天下应由有德者居之；后世乃以有天下者为有德，儒学转为帝王控驭天下之术。在文化或观念变迁方面亦复如是。

观念之异化，可以汉人的性情观为例。依汉初《礼记》或董仲舒等人的看法，人性本静，此为天生之性，属阳，又称为天理。但这个性若感物而动，即成为情，属阴；如不能克制，就会汩没天理。到了刘向，却因性静情动，而发展出"情接于物，形出于外，故谓之阳；性不发，不与物接，故谓之阴"的说法。这是因"性，生而然者也，在于身而不发；情，接于物而然者也"。所以他根据阳动而阴凝的观点，直指情应为阳。但情若为阳动，则情亦未必为恶鄙贪利。这是与早期说法完全相反的见解。此即为异化，由董仲舒式的讲法，走到它的反面去了。

文化上的异化，则可以五四运动为例。许多人都指出过康有为《孔子改制考》本意是在尊孔，希望君主立宪，建立孔教，不料却曲折地促成了"五四"以后的反传统疑古风潮，出现了他做梦也想不到的反面效果：打倒孔家店。从整个大趋势上看，其实这也不是康有为一个人的遭遇，而是整个时代的走向。早期无论革命派或维新派，采取的策略其实大抵和唐宋变革期差不多，或上溯更古的文化世代，以推倒存在于当时的传统势力。如常州学派及康有为等讲公羊学，上溯西汉，批判宋明理学及乾嘉朴学家之所谓汉学。文章上溯六朝骈俪，批判古文八大家及桐城文风。书法，亦倡北碑，批判唐宋代以后的帖学……在这个过程之中，改革者超越了自身所处时代及在那个时代中主要的文化势力，溯寻古代文化因素以为资粮。

这些因素，在他们身处的那个时代亦非毫无遗存，只不过跟当时主要的势力相比，显得微弱或非主流。例如古文运动以后，骈文就死亡了吗？当然不！在宋朝，它仍以实用的官方文书公牍等形式存在着，为宋代之"时文"。随着唐宋八大家势力日益巩固强大，骈文虽日蹙日销，然亦终未死绝，只是不复为文章之主流罢了。明末张溥等人在反对唐宋八大家所代表的文风时，清朝从李兆洛、阮元到章太炎、刘师培在反对桐城派时，都曾把这非主流因素找出来，特予标举，俾便促进改革。换句话说，溯求前一文化世代的行动，同时也可以理解为：在传统的主流之外，寻找旁支、非主流因素，来批判主流，而达成文化变迁。

由这些事例看，它与唐宋变革期的文化变迁模式差异并不太大。然而在中国历史中，溯求往古及援采非主流因素来达成文化变革，虽是最常见的模式，但那都是在中国文化内部这一个封闭而自足的体系中运作的。西力东渐以后，形势即顿尔改观。此时改革者汲引西学，固然仅是视为传统的非主流因素之一部分，以强化其变革文化之说，然非主流因素既然有时无法提供继续开展的资源，则势不能不加深西学的成分，因为西学所展示的是另外一个丰富而完整的系统，足供采撷。所以，原先是为了改革现有的传统，以强化民族文化生命，才去吸收西学，最后却异化成了吸收西学必须放弃民族文化。

例如胡适提出的白话文运动，是要以《水浒传》《西游记》《红楼梦》的白话为主，再参酌今日的白话加以割舍、补充。这仍是援溯往古，并辅以现存之非正统因素而已。然钱玄同、黎锦熙皆可谓其所采撷之时代太古，且亦不敷使用，无法处理新事理、新事物。这即是对白话作为未来开展之资源时内在不足的疑虑。傅斯年则发表了《怎样做白话文》,提出写白话散文的凭借,一是留心说话,二是直用西洋词法。这个说法,前者仍属于吸收非主流因素的模式,后者却开始异化了。然胡适当时并未察觉,仍以为这是"国语的文学,文学的国语"最重要的修正案。其实呢?这个修正案,最后乃是要将白话文变成"与西洋文同流的白话文",故主张"直用西洋文的款式、文法、词法、句法、章法、词枝……一切修辞学上的方法",以使白话文彻底欧化,要使作者"心里不要忘欧化文学的主义,务必使我们做出的文章,和西文近似,有西文的趣味"。据此,他断言:中国语的欧化,是免不了的;十年后,定有欧化的国语文学。然而,既已欧化,何言"国语"?国语的文学,竟发展到"何不爽爽快快把中国字完全去了"(朱有畇之说);然后再到"仅废中国文字乎,抑并废中国言语乎"(陈独秀说)的考虑;最后则强烈主张废汉语,改用世界语。这便既无所谓国语的文学,也根本无国语了。

这种例子,不仅存在于语文及文学的讨论上,也存在于思想内涵的研究里:全盘西化论的提出以及整个知识界思维方式、思维内容的逐步西化。连《国粹学报》都说:"夫欧化者,固吾人所祷祈以求者也。"可见早期的改革者,无论康有为、谭嗣同、章太炎,还是胡适,思想的底子都仍是中国的传统,且以传统反传统。后来则逐渐出现了"传统外"的知识分子,以传统之外的东西来反传统。也就是说,清末流行演化论，欲演化以图强；继而搞革命，欲变革以图存。但发展到后来，其实走上的却是异化之路。

四、近代中国人的自我异化之路

在变动中逐渐异化的中国社会与文化，终于走上了为发达中国而采取"资本主义体制"及"社会主义体制"，然后再为了发达"资本主义""社会主义"而反中国传统的文化途径。在陈独秀论"五四"文学革命时，即曾认为"今日庄严灿烂之欧洲"系拜革命之赐。中国进行文学革命、民主政治革命，也是为了将中国建设成一个"今日之欧洲"。其说充分显示了当时知识分子以欧洲为典范的心态。但在这共同心态底下，却逐渐产生了许多分歧。以欧洲为典范的西化，在第一次世界大战之后，随着国际形势的发展，逐渐分化成两个次级系统：一是"英美资本主义代议制"，一是"无产阶级专政的苏联社会主义"。其间存在着难以化解的冲突。其冲突不仅是历史现实的、权力结构的，也是理念的。

即使到现在，社会主义虽在苏联与东欧土崩瓦解，但在许多地方却仍是批判资本主义的主要武器。针对台湾当局所采取的"英美资本主义代议制"政经文化态度，反对者常采"社会主义工农社会运动"路向，马克思或新马克思思想也一直是台湾社会抗议人士之重要资粮。但在知识分子的争论中,"两岸猿声啼不住,轻舟已过万重山",整个社会现实的状况则是:在器用及技术层次,大概除了基本饮食习惯仍具中国文化特点外、衣、食、住、行、物用均已与欧美无甚差异。在制度层次,无论大陆或台湾也都借鉴了欧美的制度。这不仅是指政权组织、政治制度,许多局部领域亦皆如此。

以教育来说,中国本有悠久之教育传统,但清末教育改革的主要学习对象,乃是德国与日本。罗振玉《日本教育大旨》说:"今日本全国一切学校,悉本之学校令,即《法规大全》所载小学校令、中学校令、高等学校令、师范学校令、大学校令等是也。凡设备、教科管理、教育等事,悉括其中,以便全国遵守。此中国亟当法效者。"由国家制定学校法,规定学校之组织、设备、人员编制、科系设置、教学年限、课程内容等,形成教育国家化的现象。

法律体系的变动也是如此。在全世界五大法系(中国法系、罗马法系、英美法系、印度法系、阿拉伯法系)中,印度、阿拉伯两法系皆出自教典,与其宗教共生,而罕为教外国家所采用;罗马法系施行于欧洲大陆意、法、德、奥、比、荷、卢诸国,拉美、非洲法语诸国、日本、爱尔兰等亦采用罗马法系;英美法系施行于英美及自治领各国,其他英语系国家亦多采用。中国法律源远流长,战国时魏之李悝纂辑《法经》六篇,即为我国比较系统的成文法典之始。其后历代以《法经》为蓝本,不断增修,越趋完备,衍成世界一大法系。除在本国行之数千年外,东亚诸国如高丽、琉球、越南、暹罗、缅甸，均曾深受中国法系的影响。尤其是日本在明治维新之前，其典章制度多采自中国，其法制则渊源于唐律及明律。日本史学界通称飞鸟时代后期至平安时代前期的日本为"律令国家"，指的就是日本吸收中国法律制度而建构国家体制的历程。由于中国法系影响如此广泛，故法学界又称它为中华法系。日本学者仁井田陞曾说："耶陵谓罗马曾三次征服世界，中国于东方古代亚细亚亦曾一度以武力支配之，一度以儒教支配之，一度以法律支配之。"可见中华法系在世界上是有其地位的。

然而，自光绪三十三年（1907年）沈家本参酌罗马法系修订《大清新刑律》以来，法律体系一改再改，至今无论是在法律规定或法制教育各方面，都已成为大陆法或英美法的附庸。中华法系，只在少数法律史的课程中草草叙及。其地位，殆如杨鸿烈《中国法律思想史》所说，清末之法律改革，"虽然还不能说是极彻底的法律革命，但已经是能够根本推翻几千年来'藏垢纳污'伪善的旧礼教所护持的名分、亲属关系、宗法观念，造成了一种不流血的礼教革命了"。

在我们现实社会中，人们所遵循的法律体系，事实上是一套新的东西。何况，我们谈起中国之进步发展、现代化，又几乎众口一词地批评中国人缺乏民主法治之素养，认为法治教育、法治精神必须再加以强调。在讲这些话时，我们观念中是以"人治、道德、礼教、传统的中国"来与"法治、民主、现代的西方"相对比的，根本不认为中国古代亦为"法治社会"。讨论这些问题的先生，对中国法律体系大抵是既不了解又不屑的。几乎每个领域都可以开列出这样的清单，说明制度上如何扬弃中国而趋向于西方。而透过制度，又影响着新一代人的具体生活及思维。在整个已异化的教育体制中成长起来的知识人，存活在整个新教育体制中的学科（例如哲学、法学……），又怎能不扬中而趋西？时至今日，老实说，中国在感情上诚然仍是中国人的家园；但在理解上，甚或精神归趣上，当代中国人，尤其是知识分子，其心灵的故乡，却有可能不在中国而在欧洲、在美国。除了技术器用层次、制度层次之外，在精神、信仰、知识层面也早已离开了中国。他们大多都很爱国，都想使中国好，但其方法与思路几乎可以概括为一句话：为救中国，须把中国变成欧美。

以哲学来说，因对传统已极陌生，对文献又不熟悉，对其美感品味亦不亲切，对古人之为人处世态度又甚为陌生，故研究已导向一套新的典范，研讨的问题和接受答案的判准也改变了。几乎所有人都只能采用西方哲学或科学的思考方式、观念系统、术语、概念来讨论中国的东西。碰到这个新"典范"所无法丈量的地方，便诟病中国哲学定义不精确、系统不明晰、结构不严谨、思想不深刻……这样的研究，看起来颇有"新意"，论者亦多沾沾自喜；但实质上是甚陌生、甚不相应的，令我这种读者读来颇有听洋牧师讲说佛经之感。举个例子，李泽厚、刘纲纪《中国美学史》一书，就常不管《淮南子》怎么说，都把它解释成唯物主义，把《淮南子》装扮成"具有鲜明唯物论倾向"，"意识到自然的规律性是人的合目的性的活动的前提和基础"的思想名著。说《淮南子》所谓的美，即是诉诸人们耳、目、口、舌等感官的物质对象；《淮南子》与先秦道家不同的地方，就在于引导人向外在的现实物质世界去发现美。并说这样的发现，代表中国古代审美意识上重大的发展；归结此一重大发现产生之原因，则系统治阶级重视生产与汉代自然科学之进步云云。

五、如何发展出不丧失自我的变化

这并非一人特为荒谬，而是整个时代的问题。台湾政治大学哲学系项退结教授在其所著《七十浮迹：生活体验与思考》中便自承"五四运动的影响，加上我个人所受的哲学与神学训练，都使我一面倒向理性思考方式。正因如此，中国哲学对我就格格不入。……找博士论文题目时，我最不想做的就是选中国哲学为题材"，"我自幼受五四运动崇尚理性证据之影响，既醉心亚里士多德与亚奎那的哲学，思想的发展可说是西方理性哲学的产物"，"即使是现在，我还是不能不承认，自己对某些中国文化产品虽曾花过许多时间与心力，但骨子里仍是更喜欢西方的东西。……即使在本行园地中，我也是熟谙于西洋哲学的人物与思想，而对中国哲学则仅于先秦儒学比较熟练"。他的自白很有代表性。近代中国知识分子在特殊的时代环境中成长，无论他是留学或由国内的教育体制培养成才，其哲学训练都是西方的，待养成其思维能力与习惯后，再回头治中国哲学。此种经历，自然会使他仍持西方哲学之模型来观看中国。脱离了西方的术语、概念、观念系统，事实上他无法说话，或说自己的话。故邯郸学步，终至于失其故步矣。

目前，当然还有不少人在覃思中国哲学应如何现代化。可是，依上述事例观察，无论是就哲学这门学科的内涵与外延之认定，或由我们讨论哲学的方法等各方面看，中国哲学研究之现代化可说基本上早已完成了。目前已不会再有人用传统的表述语言、思维工具来讨论哲学了。谈哲学的人，对于中西方哲学并不视为不同的两种东西，而觉得它们都是哲学，也都可以用同样的表述方法、思维方式、关心方向去要求它。许多人把西力东渐，中国人开始接触并学习西洋哲学思想的情形，类比为魏晋南北朝时期佛教之传入中国，并认为目前的主要课题应在于"译经"，应在于有系统地介绍西学，应在于消化之。但实际上现在的情况与佛教传入中国之际是不同的。佛教进入中国时，中国人对佛教无知，故以其所知之儒道思想去知之。此称为"格义"。现在却往往是对中国哲学一无所知，故用已知（西方哲学）来说明未知（中国哲学）。这种情形，与"格义"虽完全一样，但却掉转了一个方向。

目前我们所说的"哲学"也者，根据我们目前对西方的一般了解，是指涉知识与理性思维的，而此思维又指向普遍存有。所以哲学并非普通、一般的思想，只有针对事物之本质的探讨才会被视为哲学。如亚里士多德对形而上学的定义，一般即被当作"哲学"之定义。他说："有一类科学，它研究物之为物（being-as-being）及什么属于物之本身。这门科学与所谓的专门科学不同。因为在专门科学中，无探究普遍的物、探究物之为物者。而是从物中分割出一部分来，看其有何属，就如数学中所做的。但是，我们既然是在追究起源和基本原因，很显然这些原因一定有个特别性质。"（见《形而上学》卷四）据其说，哲学不是讨论某一种对象物，如数学、文学等专门学科那样，而是讨论普遍，以说明事物存在之本质，探究物之所以为物的学问。讨论的方法，则是视为客观现象而思维之。故黑格尔说，思想必须"从自然事物里摆脱出来，并且必须从感性直观里超拔出来"。

我们已接受了这样的"哲学"观，故积极去搜寻材料，建构中国哲学史，讨论中国人如何思考普遍存有，如何建立客观的知识。如此建构起来的中国哲学史，探讨的当然主要就是古人如何思考"道"，思考"人之所以为人"的部分，亦即存有论与人性论。此外虽亦有各类思想，多遭摒斥，不纳入哲学史之领域。故刘勰的《灭惑论》可能会被当作哲学来讨论，其《文心雕龙》则不会被纳入哲学史中。哲学只讨论存在与人性，又被认为只能涉及客观之思辨言论；感性直观以及体验的资料，遂多半不予讨论了。

因此，我们所建构的，是老子庄子的知识"论"、存有"论"。对于孔、孟、朱、陆的学问，只能谈他们关于天、道、性、理、心、仁的部分，观察他们如何"思考"这些而建立其客观知识，不仅摒略其整理文献、歌咏应对、多能鄙事等各部分，亦不甚讨论其体验修养或感性生活。结果，便是我们对于中国哲学有了许多关于天、道、性、理、仁、心的抽象概念，明白了中国人思考这些普遍者时观念与观念的联结，而对中国哲学却欠缺具体的了解，不晓得这些观念是在什么样的具体人文生活场域中浮显出来的，也不明白这些观念与具体的人文活动有何关联，以致哲学研究只是抹去时空的概念编织，用没有时空性的知识框架去讨论活生生的历史、人文、思想活动。研读中国哲学的学者与学生，也往往成了擅长运用逻辑与概念，配拟西方哲学学术及理论，以"重建"中国哲学之理论体系的人。

可是他们经常是概念甚多而常识甚少。哲学研究固然与思想史不同，重在理论本身，而不甚关切理论发生的原因及历史境遇；但由于西洋人本身活在其文化存处的社会中，对其中许多观念和理论已有具体的、生活性的理解，故不妨超迹存神，寻探事物之上的绝对、普遍与本质。可是现代中国人则不是这样的。中国历史与文化，对现在的学者来说，已成为未知。骤然舍弃思想史层面的研究，哲学探讨即恐不免陷入丧失历史性、遗忘具体生活场域的危险之中。若哲学研究又排弃了一切文学、艺术、宗教、政治、社会等人文活动之联结，忽略了在中国哲人的生命与思维之中这些本来应该是有机的整体，而去孤立、抽象地讨论理、气、性、命等观念，则这种危险便将更为显著。在方法上，又因视哲学为客观思辨之学，则许多并非由理论思维而得的东西，亦不视为哲学。但中国人做学问，事实上常是"理事合一"的，情理亦辄交融。这些，若在哲学定义中被排斥掉了，对于理解中国哲学文化，当然也是不利的。

这样说并不是文化民族主义，坚决不吃洋食，并非批评西餐东来遂令中国人口味堕落，不再能欣赏中餐之美。只是说，假如现在做中餐的师傅只能用制洋菜之方法烹调，不会中餐的刀法，不能用中式厨房，不擅锅铲炒氽之技，而仅能以制意大利面之法煮面，然后说此即中华古面式也，您以为如何？西力东渐以来，中餐是少数尚能维持其风味与传统的领域，尚未遽遭异化。哲学研究若不想继续被异化，实不妨参考中餐馆的存续发展之道。中餐各系菜色，如淮扬菜、川菜、粤菜、北方菜，在西力东渐，西餐洋食来挑战时，采取什么方法呢？是按照西方观点与方法来炒中国菜吗？是通过理解西方烹饪，以求"中西会通"吗？是以西方菜式为"普遍菜式"，而要令中国菜据此为标准吗？或据西方菜式以评价中国菜吗？又或是以西方做菜的历史为发展阶段来解说中国烹饪史？显然都不是！在论烹调时若有人如此主张，一定会被人笑破肚皮。

可是，在谈到中国哲学时，却恰好相反。人人似乎都觉得非用西方观点与方法来解析中国哲学不可；非通过理解西方哲学以求中西会通不可；非说哲学就是哲学，无中西形态之不同不可；非说中国哲学以西方哲学衡之，有逻辑不足、体系不完备、概念不清楚等毛病不可；非用西方上古、中古、近代等发展阶段来解说中国哲学史不可……不如此，学界就觉得你"保守"、无新意、不预流。因为整个潮流正是如此的，因此谁也不觉得如此甚为荒谬，反而振振有辞，充满使命感地继续荒唐搞下去。

中餐则完全不曾采取这种方式，它只是平实地由其本色菜法中推陈出新。参酌西餐之处亦非没有，例如进餐时的情调气氛、餐点的布置陈设、餐厅的花饰搭配等尽可采酌西式。某些西餐之用料或是烹调技法也不妨择用，如奶酪起司的运用，做酥皮汤、奶油煎菇之类。但这些是在中餐的基本法式中参用的，此外皆以本门刀法、火候、工夫、用料等为主，研练而推出新款。西方哲学之发展，何尝不是如此呢？当代诸哲学新流派，谁不是通过重读其哲学传统，以发展出新理论来？为什么西方哲学不以用东方观点与方法解释西方哲学为时髦，不强调要通过理解东方哲学以求中西会通为事？我们却必须乐此不疲？面对这样的窘境，岂不也应像中餐或西方哲学那样，由古代及中古哲学中不断发展出新的哲学理论与学派，不断对其传统做反刍与反省；然后，再以传统的或新发展出来的理论、思致、方向、形态为"已知"去观察西方，发展我们对世界的解释？一如西方哲学家以其传统的或新发展出来的观念及方法，来解释世界那样。

唯有如此，东西两方才能共同结构成一个对话的情境。否则，只不过是一方发声，一方听受、学习而已。所以，中国哲学在现代的道路，就在于应切实反省过去不恰当的"现代化"作为，老老实实"归而自求"，好好开发中国的学术资源，勿徒以他人之眼光视己，亦不当徒惭形秽，认定老干一定无法在现代开花，只能"接枝"或"变种"。换言之，真正懂得吃中餐的人，大抵也才能懂得欣赏西餐，既不会用制葡国鸡、烤马加休鱼的方法及口味来要求厨子依其法做武昌鱼，也知道武昌鱼须如何处理才能真正让湖北人认为道地。至于专治西庖者，当然也同样会有此态度。诸君皆知味者，必不以吾言为河汉！

汉学研究的话语权应该回到中国

这几年，学术界的象牙塔越筑越高，声望和群众关心度却越来越低。学者们自己在学术体系中争钱、夺权、揽名，崖岸自高，纵横捭阖，虽然自我感觉良好，社会上其实不了解、不关心，也不看重，觉得基本上跟自己没啥关系。

一、反击西方

社会上，要吸引眼球或引话题，除了靠丑闻、绯闻，只能说些"大"话。

如"大湘西"理论，说西方人都是从中国大湘西迁徙过去的。其中英国盎格鲁-撒克逊人就都是来自中国的古英国——现在的湖北英山。所以古汉语是英语的母语，整个英国文化起源于中国……

还有"大昆仑"理论。《大昆仑：新疆秘符》之类文明探秘小说及有声书长盛不衰。以"还我大昆仑""重勘玉石之路"为号召的考察团、研讨会也不胜枚举。他们认为大洪水之后，文明的秘密皆藏在昆仑山，其后并由昆仑山流衍到世界各地，故昆仑为世界文明之源。

"大青藏"理论也不遑多让，认为其地不但有象雄古国、发羌古国、发羌新国、女国等，更是中原文化、中亚文化、印度文化的源头。如今发现的文物，如重达三公斤的黄金面罩，做工精湛，含金量高达百分之九十八以上，即证明了象雄这些古国已有高超的技术。

其他尚有楚雄彝族世界源头说、《山海经》腾冲说等，就不一一介绍了。

除了这些张扬自己之古、之大、之源头地位的说法外，还有声势渐大的"西方伪史论"，说埃及、苏美尔、希腊、罗马之古史、古迹、文物多出伪造，其文明既不如此之古，还多是从中国学去的。清末以来，西方倡言"中国文明西来说"，现在则倒了回去。

与之相呼应的还有"共济会阴谋论"等，说许多知名的开明人士都是共济会培养的棋子，要导引中国一步步走向西方或共济会的世界计划中（犹如许多人说公知都是美国培养的）。

二、反思近代

这些有点喜感的大论述，社会上有捧有骂，混杂在中美贸易战和全球疫情攻防战以来的情绪中，更是难以梳理。学界则以鄙夷讪笑者居多，斥为"民科"，不当一回事。

可事实上提倡这些大论述的，本就是学者，只不过他们还不是主流而已，学术权威们对之还不屑一顾。

而我觉得它很有意思，颇显示一股民气，也不可小觑。他们讲法各异，关注点各不相同，但有共性。共性在哪？

1. 都对清末以来的学术框架不满；

2. 都认为那个框架只是西方一套阴谋论、伪造物；

3. 都主张从中国本土另找源流脉络；

4. 都想提出一套类似西方过去提供的脉络，说我影响了世界。

是这些共性，吸引群众来围观他们还很粗糙的论述。他们的说法，未必即能颠覆现有学术之巍峨殿堂，但显然已经体现了社会上对学术界久蓄不满的气氛。

学术界没这种气氛吗？其实也有！

例如五四运动一百周年，过去这种题目都是要大作的，可是现在更多的是说该"反思"。也就是"五四"所提之口号、所表现之精神、"五四"人物之言行，都是该再想想的事了。

你说这可能是政治环境对"五四"精神有点压制使然，

却未必，台湾更激烈呢！学者甚至出版《学术突围》，直接宣称当代人文学术要突破"'五四'知识型"的围城。

可见"五四"之"范式"，现下在学术界也遭到了质疑，也想突破其格套。只不过，范式要被打破，学界熟悉的办法是一点点地暴露其破绽，让它从局部技术崩溃达到非换个范式不可的结果。这样，过程就很漫长，僵化的范式乃因其僵化而仍继续僵在眼前，几乎凝固不可撼动。

喔，不，僵化之范式，你以为它僵化了，其实不是，它仍在继续生长。

因为想法具体化为言说，言说具体化为行动，行动又具体化为位置，位置具体化为权力，权力再具体化为组织机构，化为职称与饭碗。这些东西，不断联结繁殖，缠绵胶固，形成了现实世界的学术圈与学术秩序。你想打倒旧范式，等于说要打破人家饭碗，你说难不难。

这就是目前我们学术界为什么还维持着植物人状态，且还活得挺滋润的原因。想改变几乎不可能。

但是话也难说，因为如果真这么难改变，那么，现在这一套当年又怎么能打倒传统那一套，摧枯拉朽，成为范式。

可见"城头变幻大王旗"正是寻常之事，城池饭碗都可以不动，只需换换旗号即可，并不太难，大家也都等着它换。

三、在西方话语中觅活计

现在的旗号，从晚清开始树立，经"五四"确立并继续发展。中间名目甚多，如师夷长技、中体西用、维新变法、西化、现代化、打倒孔家店、向西方寻找真理、走向世界、改造国民性、与世界接轨、启蒙救亡、走向未来等，总之是要迎新弃旧、改造自我。

当时提倡有当时的道理，现在不要去"打死人的屁股"，也不建议复述当年的道理。现在要说的只是：这旗号本身暴露了我们处于什么位置，而这种位置该不该或值不值得继续。这旗号凸显的是西方发言者位置，我们是听受者。我们没有发言权，只能听受。听受以后，成为学习者、效仿者。学得好不好、像不像，则仍要以西方标准来检验。

四、西方之学徒

晚清时期的"西方发言者"还不是真正的西方，主要是在中国的洋人、传教士、译书机构、先一步学西方的日本。章太炎、梁启超、刘师培、王国维、陈垣等人的西学，就多由这些地方来。

接着，是留学欧美的留学生，如胡适、汤用彤、贺麟、张荫麟、傅斯年和学衡派等。没出国的也仍要读翻译介绍，如钱穆就被讥讽为是看《东方杂志》得来的西学，而这种乃是受鄙视的。抗战期间，胡适不满于《思想与时代》杂志时，便特意指出编辑人员当中"张其昀与钱穆二君均为从未出国门的苦学者"。可见不留学大有不能"预流"之势。

去西方"取经"回来的人，且个个被奉为祖师爷。如考古学向美国学（李济、梁思永），语言学向美国学（赵元任、李方桂），哲学向美国学（胡适、冯友兰），美学向德国学（朱光潜），汉学、史学从法国、德国学（陈寅恪、傅斯年）等。

当时被视为最新潮流的简牍学、敦煌学、中国境内之古外族之遗文、西域南海考证（方言考证、史地考证和名物考证）、中国传统宗教（道教）和外来宗教（佛教、祆教、摩尼教、景教、一赐乐业教①、也里可温教②、伊斯兰教）、蒙元史、突厥史等更是外国汉学之内容。

如此学西方，学得好不好，当然也得看人家的评价。例如1933年伯希和访华时曾说，在他心目中，中国学者真正够得上世界级水平的，只有王国维和陈垣。他为《王国维遗书》写过书评，看重的不是王氏的古史研究，而是他对边疆史地和蒙古史的研究。陈垣也是以宗教史研究被他看重。西方观点，绝不含糊。

---

① 古代入居中国的犹太人对其宗教（犹太教）的称谓。——编者
② 元代传入中国的基督教。——编者

这种师傅带徒弟的态势，中国人当然也有反思的。

因为情况很明显，就是想当洋人的徒弟也不容易。首先语言就先天没优势，学一门外语花二十年，大多等于人家中小学生的水平，根本谈不上思想交流。而人家拉丁语系、斯拉夫语系内部人，往往还可轻易兼通好多种相关语言，我们则通常做不到。真正精通西学，一百年来，名家到底有几个？稗贩点洋货，吓吓或骗骗国人还行，而其实是西学既不足以驰骋洋场，中国学问又未遑入门，中宵扪心，岂不愧耻？

倒过来说，西方人听、说、读、写中文一样难上加难，真能过关的也是凤毛麟角，名头甚大而根本开不了口的汉学家也不少见（即使中文好到伯希和这样地步，我去梵蒂冈看他编的书目，《诗经》中《麟之趾》就理解错了，以为是讲生物学的）。由他们评说中国，然后我们再去读其洋文著作，学其评说中国之声口，转述给我们的同胞，一起学习。不是很滑稽的画面吗？

所以像傅斯年就提出还是回来建设我们自己，以期将来能实现"科学的东方学之正统在中国"之口号。

但方法呢？可惜他的方法居然还是"师夷长技以制夷"那一套，以更深的西方汉学化，来让自己成为汉学（东方学）重镇。你说这能行吗？

五、融入西方

现在，除了延续上述路线，继续当学生，传播西方新学外，更有些新发展。

例如北京大学直接"国际学校化"，增设交叉学科"中国学"（属自主设置二级学科），面向海内外招收首批 100 名"中国学"硕士项目学生。以英语授课，一年便可获得硕士学位。

西方的中国学也称"中国研究"，跟"汉学"研究古代中国略有区分。上海社会科学院的世界中国学研究所、北京中国社科院国际中国学研究中心，即属于这种。其研究，都是"跟西方接轨"的，并有朝区域研究发展之倾向。

目前，区域研究包括区域经济、城市经济、区域可持续发展、国土规划、区域旅游、区域创新系统研究、城市管理、空间经济学、沿海地区与海洋经济发展研究、中部地区发展、西部大开发、东北经济研究、区域人口与发展、丝绸之路经济带等，配合大陆的区域规划的势头，看来声势不小。

不过，近年区域研究已遭质疑，如 2013 年董玥主编《走出区域研究：西方中国近代史论集粹》即显示：美国的中国近现代史研究，于 20 世纪后期便已自觉地"走出区域研究"，对于区域研究的惯性，至今仍然在持续批评中。

这是因为它：

1. 越来越无人文性，标榜科学，往往轻忽甚至抹杀了区域中的人文价值。

2. 它有浓厚的现实政经导向，缺乏历史观点和意义关怀。

3. 作为区域研究的中国研究，同样也是种"西方的视角"，隐含着不平等的权力关系，把中国当作一个"他者"、一个解剖和审视的对象、一个潜在的敌人或朋友。这样的研究与汉学合流，显然只会扩大西方视角，让西方发言者的声音越来越响亮。

改革开放以后，大学与国际合作的形势大好，更扩大了这种走向。不像过去那样需要中间商、代理人、留学生了，直接跟外国大学合作，办国际项目，出版西方汉学丛书，招待汉学家来讲学，给奖给经费，跟西方议题、论述、方法跟得越来越紧，与西方汉学几乎融为一体了。

学者们对于越来越被西方认可很是满意，常以为自己就是当年的王国维、陈垣。

六、眼前无路请回头

现在，社会上谈起王国维等上述各位祖师爷都还满是大师崇拜，不知道其实多只是西方的学徒。

早已废除了不平等条约，摆脱被殖民恐惧的中国，其实在中国学研究领域就仍是"殖民地"。"八国联军"，早已安营扎寨于吾人意识内容及研究方法中。

我当然也佩服王国维他们，但他们那条路的局限我看得很清楚：是死胡同，是耘他人田。

当年这些大师，本领无多，基本上只是"格义"，犹如佛教初入中土时，用老庄思想去解释佛学。他们倒过来，用西方（还有印度）思想学说来解释中国现象与材料：从欧阳竟无用印度佛学批判中国佛教，章太炎用唯识学解释《庄子》，王国维用叔本华解释《红楼梦》，郭沫若用马克思学说解释甲骨文、金文，朱光潜用心理学建构中国美学，一直到牟宗三用康德来解释儒学，余英时用雅斯贝斯"轴心时代"讲古代哲学突破。

不只是个人，整个社会或时代都如此，一阵子老马，一阵子新马，一阵子行为科学，一阵子结构主义，一阵子现象学，一阵子后现代……

学术群体也如此。像我在台湾，出身虽是中文系，可是读得最多最勤，也跟得最紧的其实反而是西方文论（到现在，大陆的比较文学、西方美学、西方文论这些学科主要也都设在中文系）。

整个学界风气都是如此，用各种西方理论来解释中国。不懂西学，任你文、史、经、子功夫再深都没有用。事实上，经学这个学科早已废掉了，因为它纳不进西方的学术体系中去。诗词歌赋嘛，西方没有对仗、联语、骈文、辞赋，故也不能谈，没价值，更不用写了。要拼命找出来的，反而是中国没有的悲剧与史诗。

结果当然是出现一大堆"庄子与叔本华生命悲剧意识比较研究"之类如鱼似鸟论、牛头马嘴论。《诗经》成了民歌，《墨辩》竟是逻辑，书法忽然抽象，元朝居然不属中国，清朝又为满洲民族国家，新意迭出，胡说乱道，而自诩曰：突破古人矣。

只这样，尚且罢了，只能说是"聊发少年狂"，乱套乱用理论。可是这种反向格义并不只是如此，而是要告诉你：这才是中国的真相，过去你身在迷雾中，故不了解，现在经西洋镜一照，多么清楚！换句话说，这些研究都有夺胎换骨之功，把中国分筋错骨之后，再建立一套新体貌、新经络。

封建、专制、父权、迷信、农业社会、乡土中国、科技落后、差序格局、吃人、伪造古史、长老统治、家国一体、女子无才便是德……替中国定性的标签与理论，便如此沦肌浃髓，深入人心，使人觉得古代中国确实就是如此，然后鄙夷痛骂之。

文史哲政经社，各个学术分科内部也是这样，用新经络讲了一百年。

像王国维，硬套叔本华去讲《红楼梦》，是要告诉你：这才是它的真相。然后他又夸自己比古人高明，古代严羽的"兴趣说"和王渔洋的"神韵说"都不如他的"境界说"更得根本。

叶嘉莹先生曾以为王国维之说与神韵、妙悟均由中国诗的"兴发感动"来，其实不是。王是用叔本华替换了中国传统。在《作为意志与表象的世界》中,"感,这个词的概念始终只有一个否定的内容,那出现于意识上的东西不是概念,不是理性的抽象概念"。跟中国诗歌传统怎么会是同一回事?

这样用西方观念替代中国思维做久了,久假不归,竟至中国的诗学也消失了。现代汉语语境中的"诗学",已不仅是对西方古代 poetics 的意译,更是西方现代文学理论(Theory of Literature)的另一种叫法,跟古代《诗学正源》《诗学禁脔》《诗学纂闻》等早不是同一回事了。

什么都是这样的。文史哲、儒道佛,什么都这样。

中国,遂像《倚天屠龙记》中的武当三侠俞岱岩,被西域番僧用大力金刚指把关节一寸寸捏碎了,全身瘫痪几十年,需靠张无忌用黑玉断续膏医治才能恢复。

我在其中浸淫甚深甚久,本来也准备走这个路子。幸好我原有的中国学问基础救了我,将他们的讲法跟我自己从经子文史中得来的理解相参证、相对勘,才慢慢发现:原来他们着了番僧的道。

所以我四十年来努力"调制黑玉断续膏",写《中国文学史》,汉、唐、明、清、近代思潮史,著《文化符号学》《中国文人阶层史论》《游的精神文化史论》《侠的精神文化史论》,作"三教论衡"系列……百来本书,上千万字,一剑飘尘,从各个学科、各个论题上去纠正被从前的大师(西方学徒们)扭错的筋骨,重新梳理经络。

这样做，当然很耗气力，等于要击破一盏盏灯。大家却还不领情。或不知我在干什么，谓是炫学；或说我狂妄，冒犯了他们的大师；或在个别问题上猎猎争辩；或故作调人，因为怕灯灭了，没了光，就看不见了。

现在我才渐渐明白，过去的辛苦仍只如禅宗所谓"渐教"，想凸显其范式之技术崩溃。若是"顿教"，只需说你那西门的灯关了，别照吧，照出来都是歪斜错乱的黑影，我打开房间本有的大灯照照，自便皎然。或者，西屋自照即可。这样，两屋洞明，反而彼此眉目看得清楚，足以平情交流，免滋误会。

七、汉学研究的话语权如何回到中国

我的意思很简单，汉学研究的话语权应回到中国。

这一百多年来，中国人研究中国只是照着西方话语说，话语权在人家手上。不是吗？胡适博士论文《中国古代哲学方法之进化史》以进化论大谈孔子如何比老子进化，庄子、墨子等人又如何发展了生物进化论。冯友兰《中国哲学史》用新实在论讲宋明理学家说的理气、无极……这样的研究，今天还值得继续吗？

不用这些，自己发展话语体系，取得话语权，既不会如一般人所担心的回到老古董那一套，会有义和团情绪等，而且也并不是什么难事。

首先要再练点内功。打铁还需自身硬，中国书要好好读读，熟悉它本身的性质与脉络。这才不会把比萨认作葱油饼。同样，西学也要钻研，也要弄清楚人家的脉络，免得张冠李戴、捕风捉影。

其次要克制自己攀援比附的心理和习惯。人若以攀援权贵自喜，就会在学问上攀援比附西方。

最后是调整思路和视角。这点，让我以敦煌学为例，说说该怎么做。

过去，大家常说，敦煌在中国，而敦煌学在法国、英国、日本或什么地方，总之不在中国。中国人听了都很不服气。但有什么好不服气的？现在花银子、大建设、声光化电、唱歌跳舞、旅游、开会、数字化就能让敦煌学在中国？

敦煌之被发现、获得重视，本来就是由外国人开始的。探险考古者由中亚、西域进入，一路掠劫考察而抵敦煌，其路线由西而东。因此，敦煌文化乃整体西域考古之一部分，敦煌的洞窟艺术与文书一向也被并到"敦煌吐鲁番学"这个大概念底下看。敦煌，是这一路西域考古的东端。

国内的敦煌学，不仍是附从于这个框架吗？虽名称未必附入吐鲁番，但实际上仍延续着这个学术传统，例如上海古籍出版社出版的《敦煌吐鲁番文献集成》就显示了敦煌是与吐鲁番并着看的。历届"敦煌学"会议中，谈吐鲁番文书的论文亦不罕见，谁也不觉得不自然。

由这个端线发展下来，敦煌吐鲁番学之重点自然在于西域民族与文化如何延伸到敦煌，敦煌如何成为各民族文化交流之地，瓜沙史事中不同民族之表现如何。就其视野之端线看，仍是将敦煌并入了西域。古外族之遗文、西域史地及民族考证、粟特、吐蕃等才是重点。不懂这些，几乎难以涉足。

然而，敦煌乃玉门关所在地，当然与西域文化有关联，但它不是西域，只是出入西域之门户。由过去的观点看，注目的只是由中亚、西亚到敦煌这一线。这一线当然很重要，不过，由洛阳、长安到敦煌的这一线，过去就忽略了。很多人还以为敦煌就是西域呢，殊不知"春风不度玉门关"，玉门关内的敦煌正是汉地的标志和象征。

也就是说，敦煌学的兴起令敦煌备受关注，但敦煌学也遮蔽了敦煌的文化身份，使人的视野局限于敦煌及其西线。将来必须扭转端线，也就是要把眼光转过来，注意由长安到敦煌这一线。

事实上，俗称的"丝路"是由长安出发，入甘肃之第一站为泾川，一路西去，经河西走廊，抵敦煌才出阳关、玉门关而入西域。如果我们把端线由"吐鲁番—敦煌"拉回到"长安—敦煌"，则甘肃全境由东徂西就都可覆盖于其中。脱离目前敦煌单点发展之状况，以点带线，整体拉开河西走廊甚至甘肃的文化格局，泾川、平凉、天水以及河西四郡可以整合成一篇大文章。不会像现在，泾川百里洞窟皆无人闻问。

扭转端线,实际上更意味着要调整方向。

过去谈敦煌,强调它在文化交流上的作用,而且主要是西方或西域文化由此输入中原这一面,是西方向中原输血,提供养分。此等西方视角,固然可以大豁心胸,令人对过去不甚了解的中外交通史熟悉了不少。但汉文化西传,遍及敦煌与西域之声光,却完全被抹杀了。

敦煌石室是僧人开凿的,以此修行,其图画或雕塑自然以佛教内容为主。但就在这样的地方,儒道及相关文书却有大量遗存。一般佛寺里,儒书所存皆甚稀少,敦煌则很可观。以巴黎所藏敦煌文书为例,道教文献占了百分之六点一,儒家文献占百分之四点五,其他文书百分之二十,纪年文献百分之一十九点一,合起来将近百分之五十。其他地方所藏文书虽无如此高的比例,然其量均高于如今国内一般寺院之儒道世俗文书,于此即可见当时汉文化影响之迹!

这些文书,虽有部分各族文字,毕竟仍以汉文为绝大多数。陈寅恪曾说,河西地区"秩序安定,经济丰饶,既为中州人士避难之地,复是流民移徙之区,百余年间纷争抗攘固所不免,但较之河北、山东屡经大乱者,略胜一筹"。汉末中原战乱,西晋永嘉之乱,中原百姓为避战祸,一向长江流域移民,一向河西敦煌。所以这里是汉晋儒家经学深厚的地区。

今存儒家经典,《周易》《尚书》《诗经》《礼记》《春秋左传》《春秋穀梁传》《论语》《孝经》《尔雅》凡三十九种三百五十六件，多为唐以前的稀世写本，篆书、隶书、草书、楷书、行书均有。篆书在所有敦煌文献中，仅两页残纸，却均为儒家类文献，即 P.3568 和 P.4702 两件《篆书千字文》写本。此外还有大量蒙书、文抄、诗赋曲辞、应用文、律令格式抄本、史书抄本、方志抄本、本草抄本、算书抄本等。另有许多摘抄本、略出本、节抄本和新集本，如《论语摘抄》《励忠节钞》《新集文词九经抄》《新集孝经十八章》《杂集时用要字》等。其中甚至还有藏文儒家类文献：P.T.986《尚书》，P.T.1287《史记》，P.T.1291《春秋后语》，S.T.724、P.T.992、P.T.1284《孔子相托相问书》，P.T.1283《兄弟礼仪问答写卷》等以及藏汉文字对照的 P.3419《千字文》写本。此等文献，显示了敦煌汉式教育发达，科举盛行，家族礼法也颇讲究，故多有家训、家教、训蒙材料。而此种思想也影响到佛教，《父母恩重难报经》就有五六十种。

目前敦煌学对儒道方面的关注，却远少于对西域文化、佛教的关注，甚至低于回鹘、吐蕃、景教、摩尼教。粟特商人的重要性，简直要超过汉晋经学。这些与当时汉文化在敦煌居主导地位之情况是极不相称的。

另据杨宪益《译余偶拾》之考证，汉初封建制已传播至大夏王朝。大夏希腊王尤屠帝摩可能东进至疏勒一带，仿封建制，分封诸子；又仿郡县制，一县分为若干驿亭。汉初皇帝谥号上加"孝"字，在前 187 年左右亦被西亚希腊王国诸王采用。可见汉文化西传仍有许多我们未注意到的地方。

据我看,敦煌乃至西域的东西文化交流史,只能说是西来文化被融合收摄于汉文化的历史,整个大趋势当然是汉化。因此,汉文化之向西传播更值得我人关注,也才是当时之大潮流与真相。

所以那时商人、僧人及各民族普遍学汉语、讲汉语,佛经也要译为中国话。不像现在这样大家拼命学英文,连汉学会议和期刊亦以英文为主。

另以新疆回鹘佛经来说,我还发现它并不是由印度及中亚传入的,而是由汉译佛经或汉撰佛经(也就是伪经)译成回鹘文字。壁画及石窟形制,同样有由中亚式转为汉式之情况。

唯有我们注意这种汉文化发展史,平凉、天水这些古代华夏文明创生区所产生的文化,经陇上与北方草原民族交融,再经敦煌而深入吐蕃、吐鲁番的历程,才能重新被世人所关切。

八、新时代的行动

这样的例子,我过去已举示过几百个,诸位不难引申发挥,举一反三。

但基本方向和方法即是如此。大家都不傻,过去只是被风气裹挟了，未意识到西方话语霸权的影响，故随顺学科传统而动罢了。如今若得揭明，殆将太阳既出，浮翳尽去矣！

如不调整，在这没有生机的路上继续耗着，则将如我文章开头所说，只是植物人式的存活状态。可能大部分人还觉得很滋润、很习惯，社会却已经越来越难以忍受了。

学界内部酝酿变革，蓄力亦久，若无回应，反对者必激化其对抗（前述各种西方伪史说、"大湘西"、"大昆仑"、"大青藏"等论述已见端倪），问题更得不到解决。所以我的建议，恐怕是真该参考的。

过去也有许多人做过类似的建议。如台湾早在1970年淡江大学即有"科学中文化"之倡议，1980年杨国枢等人又提倡"社会及行为科学研究的中国化"。后者也很快延伸到大陆，并形成四十年间中国化、本土化、全球化、个别与普遍等争议。比较文学界，则有颜元叔出版《谈民族文学》，李达三想建立"比较文学的中国学派"，影响也一直延续至今。

但如今文学、哲学、社会学及行为科学，事实上都还没本土化或中国化，而仍受困于争议。

像杨国枢先生，后来被我聘到我学校任教。他提倡中国化，却拒绝使用本土心理学（Indigenous Psychology）的概念，认为"全世界只有一个心理学"，而"心理学研究本国化（包括中国化）的目的，不是要建立割地自据的本国心理学，而是要建立更为健全的世界心理学"。态度跟全面用孔孟心性论为主轴来写《新编中国哲学史》的劳思光一模一样。

可见这个问题在他们心中还有无数纠结，而其实践也仍没脱离西方话语，尚未建立起新的、足以与西方对话的话语体系。

我提倡的中国诠释学，所作的《文化符号学》等，在此便可以提供一个机会。何况时代毕竟不同了，新时机显示了新的民气与时代呼唤。汉学研究的话语权回到中国，回到本来该有的样貌，是无可疑的。现在，需要的是我们的行动。

无须等待。

汉学是外国人研究中国的学问？

汉学，你若去查百度，出来的第一句话就是："外国学者研究中国的学问。"

这说法是错的。百度本来就多有错误，这只是其中之一。

其实，汉学有内外两义。

指中国内部学问时，是跟宋学相对的，指汉朝时形成的学问类型，以知识考证为主，故和宋明理学一类直指心性之学问形态不同。

外，就洋人而言。清朝时，汉学、宋学争衡不断，而洋人也开始来学习中国文化、研究中国了。例如康熙年间就有俄国东正教驻北京传教士团开始研习，1814年法国法兰西学院也设立了教中国学问的教授席位。这类人，当时称为汉学家。

中国历朝以汉唐最为煊赫，因此海外称中国和中国人常用华、汉或唐来标目，人称唐人、汉人，区称唐人街或华埠。研究中国的学问被称为汉学，情况亦如此。当时清朝汉学考据盛行，法国、日本研究中国学问的学者也以考据为主，故亦以汉学家自许。

但逻辑学三规律有云：（1）万事万物皆当立名，才便于指认。（2）凡立一名，必会生疑情、起争端。因为"名"和"实"之间是否完全密合、绝对恰当，每个人意见不一致。（3）名实相贸，名义会变迁，也会辗转滋生。

"汉学"一词当然也不例外。美国的学者嫌汉学（Sinology）以"汉"为名显得老气了，要精熟古代文献和语言也太麻烦了，故另立"中国学"（Chinese Studies）之名，只以近代中国为主要研究对象。

我国张其昀、饶宗颐等学者则认为西方所谓Sinology，应为华学，而非汉学，是以整个中华民族为内容的，不像"汉学"常把西藏"藏学"划在汉学之外。这样的争论，到20世纪下半叶逐渐发生变化。

张其昀创办的"中国文化大学"，于1968年召开第一届"国际华学会议"，论文凡一百七十五篇，参加学者二百一十七人，来自世界二十七个国家和地区。事实上就已经把所有海外汉学家、中国学家和国内研究中国学问的学者融为一冶了（后来此会连办多届，饶宗颐先生在香港也不断推动这个概念及活动）。

现实之发展，遂远比某些僵化的学者脑子更灵活。台湾随后便在1970年成立"汉学研究资料及服务中心"。1976

年扩大更名为"汉学研究中心",与台北"中央图书馆"的业务并行。

这个中心进一步脱离了早期"西方人研究中国才叫汉学"这个概念。其协调全世界所有研究中国的人与机构合作、交流,并提供学术性之服务,如调查收集汉学资料,提供参考研究服务,报道汉学研究动态,编印各种书目索引,推动专题研究计划,出版汉学研究论著,协助学人来华研究,举办各项学术活动等。

四十多年来,这中心声誉卓著,成果斐然,完全涵盖了西方传统的汉学与中国的国学。

我早期学术生涯便与这个中心关系密切,替他们出点主意、审理稿件、用其场地办学术沙龙,还有自己的研究小间,在他们的刊物上写稿。所以我对整个汉学领域由海外回归,实有入乎其内的深刻体会。

在此基础上,1991年我自己也创办了《当代中国学》期刊,由学生书局出版。我也是该书局总编。当时这书局也是台湾地区与世界汉学界的重要窗口,所需研究资料和书刊辄由我们建议并采买。

换言之,无论汉学还是中国学,都早已不是"西方人研究中国"的学问,而是指全世界对中国的研究了。中国人不但不应排除在外,更要成为中心主力。

20世纪90年代以后大陆汉学的发展,继续走这个路子。

学者曾归纳近三十年来,大陆关于海外汉学与中国学的名称论争，大抵有三个论题：一是汉学与中国学不同称谓的历史溯源；二是不同名称观点的交锋；三是对于辨名论争现象的分析。争来争去，渐渐大家都觉得"走向新汉学"才是解决上述争议的出路（详见2014年《武汉理工大学学报》，李松、姚纯《走向新汉学》）。

A. B. 罗曼诺夫与张冰针对中国人民大学举办第三届世界汉学大会而写的《崛起中国的"新汉学"》也提到：扩大与深化中国在国际汉学发展中的参与，已成为大会的核心问题。故2007年该校首届世界汉学大会主题为"文明对话与和谐世界"，2009年第二届世界汉学大会的主题是"汉学与跨文化交流"，第三届的主题是"汉学与当今世界"。

但我觉得第五届更有意思。

该届汉学大会有一分组在人大国学馆举行，主题为"汉学刊物的百年回顾"，与会学者围绕《华裔学志》（*Monumenta Serica*）等重要的汉学期刊展开了研讨。这是1935年由汉学家鲍润生神父在辅仁大学校长陈垣先生支持下创刊的学术刊物。中文名称是陈垣取的，在北平以德、法、英文出版。外国人用外文研究中国，陈垣将之统称为华裔，真得《春秋》以文化定族属之义，也是"华学"之先声。

1998年北京大学的汉学研究国际会议也是如此。中国包括台、港、澳地区和外国学者共同参会，且由该校中国传统文化研究中心（现已更名为"北京大学国学研究院"）主办。

国家汉语国际推广领导小组办公室的孔子学院总部，近年也仿台湾汉学中心，设立"孔子新汉学计划"，资助外籍优秀学生和青年学者来攻读汉语和人文社会学科博士学位、进行课题研究或短期研修。

整体形势如此，《文艺评论》官网上唐红丽《超越"旧汉学"，催生"新汉学"》之类文章当然也就很多。但其实不待催生，已经如此运作四五十年啦！

这些还不能只看作是机构活动、宣传，它是有实际学术内涵的，也改变了我们的史学认知。

例如2013年上海古籍出版社即出版了王学典的《新史学与新汉学》，2018年生活·读书·新知三联书店"汉学大系丛书"也有朱存明的《新汉学的学术再造》，都指明了新汉学时代与旧时代的不同学术导向。

姜萌《从"新史学"到"新汉学"——1901—1929年中国史学发展史稿》更是重构近代学术史，认为1901年至1929年间中国史学形态主要有三：一是以中国经学为基础之传统史学；二是由梁启超倡导，以史纂为主，与西方接轨之"新史学"；三是以"科学"观念为指导，以史料的整理考据为主，与乾嘉汉学和西方汉学关系密切之"新汉学"。其中，传统史学逐渐衰落，最终消亡；第二路，"新史学"趋于低迷，直到20世纪20年代末依托社会经济史学才得以再度发展；第三种，"新汉学"则垄断了最主要的学术机构和资源，成为民国历史学的主流。

这就把新汉学一举上推到20世纪30年代，成为近年史学之正宗主流了。

陈峰《傅斯年、史语所与现代中国史学潮流的离合》也是这种思路，认为20世纪上半期是西方史学从兰克式传统史学向新史学过渡的前夕，中国史学也正面临着"新史学"与"新汉学"的消长。"新史学"以社会史、民众史为主体，以社会科学为辅助方法，梁启超的"新史学"思潮、唯物史观派史学以及后来的会通史学都是这一范式的代表；植根乾嘉、外接西学的"新汉学"则重客观实证，以史料为中心，以胡适倡导的整理国故运动为主体。

这种观察对不对可再讨论，但显然都是谈中国内部史学之流变，而非西方人研究中国之是非。

吕进《新汉学时代与中国新诗》更推衍新汉学之说，认为：从传统汉学到"新汉学"的转型，已具体体现于中国新诗在国外的情况，尤其在韩国和日本的研究情况以及中国现代诗学当下的前沿领域中更是突出。

这是汉学发展的新趋势与大趋势，未来当然会衍生出更多新汉学论述，国人不容不知。

2016年我在汉中和北京设立世界汉学研究中心，次年又与北京大学文化资源研究中心举办"世界汉文化大会——产学联动推广汉文化"，则是另一种开拓和发展，要让学界以外的社会力量参与到这个新情势中去。

这个21世纪汉学发展新途径、新形态，更应是国人所当知的。